Passwort D

– der Schlüssel zur deutschen Sprache

Kurs- und Übungsbuch

1

Ernst Klett Sprachen
Stuttgart

Impressum

Autoren: Ulrike Albrecht, Dorothea Dane, Christian Fandrych (Systematische Grammatik), Gaby Grüßhaber, Uta Henningsen, Angela Kilimann, Tina Schäfer

Beratung: Dr. Evelyn Frey, Ronald Grätz

Zeichnungen: Dorothee Wolters

Fotografie: Jürgen Leupold

Projektteam Klett Edition Deutsch

Projektleitung: Jürgen Keicher

Redaktion: Marion Butz, Alicia Padrós

Layout/Herstellung: Andreas Kunz

Marketing/Vertrieb: H. Thomas Vandrée

Satz: Lihs GmbH, Medienhaus, Ludwigsburg

Wir danken den Kolleginnen und Kollegen vom Außendienst und vom internationalen Vertrieb sowie ihren und unseren zahlreichen Gesprächspartnern für die wertvollen Anregungen aus der Praxis.

1. Auflage A1 12 11 10 9 | 2009 2008 2007 2006 2005

Alle Drucke dieser Auflage können im Unterricht nebeneinander benutzt werden, sie sind untereinander unverändert. Die letzte Zahl bezeichnet das Jahr des Druckes.

Druck: Gorenjski tisk
Mirka Vadnova
4000 Kranj
Slowenien

Internetadressen: www.passwort-deutsch.de
www.klett-edition-deutsch.de

E-Mail: info@passwort-deutsch.de
edition-deutsch@klett.de

ISBN 3-12-675800-2

9 783126 758000

ISBN: 3-12-**675800**-2

Was ist Passwort Deutsch?

Unabhängig davon, welche Erfahrungen Sie bisher gesammelt haben und ob Sie im In- oder Ausland Deutsch lehren oder lernen – **Passwort Deutsch** ist das richtige Lehrwerk für Sie:

Passwort Deutsch bietet Ihnen einen direkten Zugang zur deutschen Sprache, zu Land und Leuten, zu Kultur und Kommunikation. Gezeigt wird die moderne Lebenswirklichkeit von Personen und Figuren an verschiedenen Schauplätzen in den deutschsprachigen Ländern.

Passwort Deutsch ist transparent, pragmatisch und kleinschrittig. Sie wissen an jeder Stelle, was Sie warum machen, und haben alles, was Sie zur Bewältigung der Aufgaben brauchen. Die gleichmäßige Progression passt sich dem individuellen Lernrhythmus an.

Passwort Deutsch begleitet Sie in vier Bänden durch die gesamte Grundstufe. Band 5 bereitet auf das *Zertifikat Deutsch* und auf den Übergang in die Mittelstufe vor.

Passwort Deutsch integriert kommunikative, interkulturelle und handlungsorientierte Sprachvermittlungsmethoden. Ein ausgewogenes Fertigkeitentraining ist in diesem Zusammenhang genauso wichtig wie eine konsequente Wortschatz- und Grammatikarbeit.

Passwort Deutsch ist leicht zugänglich, effizient und motivierend. Mit dem kombinierten Kurs- und Übungsbuch, einem umfassenden Internet-Angebot sowie weiteren attraktiven Lehrwerkkomponenten stehen Ihnen viele Materialien und Medien zur Verfügung.

Was bietet Passwort Deutsch?

Kursbuch: Sechs gleichmäßig aufgebaute Lektionen à 12 Seiten • Alles für die gemeinsame Arbeit im Kurs • Vermittlung von Wortschatz und Grammatik • Aufbau der sprachlichen Fertigkeiten • Rubrik *Im Deutschkurs* für die Kurskommunikation • Grammatikübersicht am Ende jeder Lektion

Übungsbuch: Zu jeder Kursbuchlektion eine Übungsbuchlektion à 16 Seiten • Vielfältiges Angebot zur Festigung und Erweiterung des im Kurs Erlernten • Binnendifferenzierung im Unterricht • Hausaufgaben • Selbstständiges Wiederholen

Anhang: Übersichten zum Nachschlagen • Unterstützung bei der Vor- und Nachbereitung des Unterrichts • Lösungen zum Übungsbuch • Systematische Grammatik • Verbliste • Alphabetische Wortliste

Viel Erfolg und viel Spaß in der Praxis wünschen Ihnen

Autoren und Verlag

Inhaltsverzeichnis

Inhaltsverzeichnis

Arbeiten mit Passwort Deutsch

Kursbuch

Alles, was Sie für das Kursgeschehen brauchen.
Vorschläge für den Ablauf und dafür, welche Sozial- und Arbeitsformen sich für die einzelnen Aufgaben eignen, finden Sie im Lehrerhandbuch.

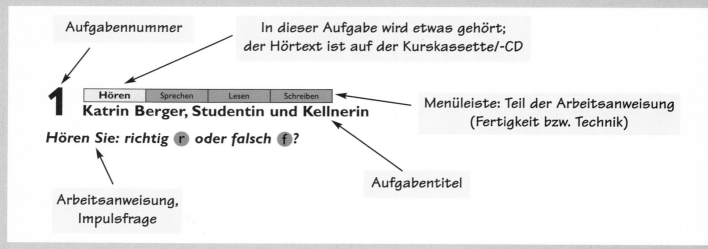

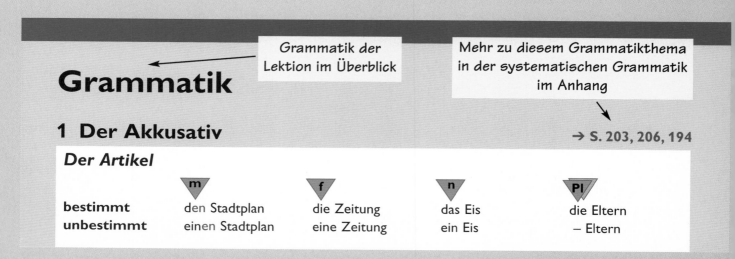

Aufgabennummer

In dieser Aufgabe wird etwas gehört; der Hörtext ist auf der Kurskassette/-CD

1 | **Hören** | Sprechen | Lesen | Schreiben |

Menüleiste: Teil der Arbeitsanweisung (Fertigkeit bzw. Technik)

Katrin Berger, Studentin und Kellnerin

Hören Sie: richtig* r *oder falsch* f*?

Aufgabentitel

Arbeitsanweisung, Impulsfrage

8 | Hören | Sprechen | Lesen | **Schreiben** |

Schreiben und verstehen: *wen* oder *was*?

Grammatik selbst entdecken

Person	Wen	fotografiert Marlene? – Die Menschen in Freiburg.
keine Person		fotografiert Timo? – Das Münster und den Münsterturm.

Grammatik

Grammatik der Lektion im Überblick

Mehr zu diesem Grammatikthema in der systematischen Grammatik im Anhang

1 Der Akkusativ

→ S. 203, 206, 194

Der Artikel

	m	f	n	Pl
bestimmt	den Stadtplan	die Zeitung	das Eis	die Eltern
unbestimmt	einen Stadtplan	eine Zeitung	ein Eis	– Eltern

6 | Hören | Sprechen | Lesen | Schreiben

Hören und sprechen: der Satzakzent

a) Hören Sie den Dialog.

In den Lektionsablauf integrierte Ausspracheübungen; der Hörtext ist auf der Kurskassette/-CD

Im Deutschkurs

Alles, was Sie für die Kommunikation im Kurs brauchen.
Die hier präsentierten Inhalte werden in den folgenden Lektionen vorausgesetzt.

1 | Hören | Sprechen | Lesen | Schreiben

Pablo lernt Deutsch

Pablo hat viele Fragen. Können Sie antworten?

1. „Computer“: Wie heißt das auf Deutsch?
2. Wie spricht man das aus: 18,95 €?

Übungsbuch

Alles, was Sie zur Wiederholung, Erweiterung und Differenzierung des im Kurs Erlernten verwenden können. Alle Übungen sind auch für Hausaufgaben oder zum selbstständigen Lernen geeignet; der Lösungsschlüssel im Anhang erlaubt auch die Selbstkontrolle.

Seite 48	**Aufgabe 6–9**

Verweis auf die Seite bzw. die Aufgaben im Kursbuch, zu denen die Übungen passen

Lernthema, Arbeitsanweisung

Beispiel: Wie funktioniert die Übung?

5 ***Wer? Wen? Was?* Bitte ergänzen Sie.**

1. Was ____ möchte Herr Daume sehen? – Das Münster.
2. Marlene Steinmann fotografiert Menschen in Freiburg. – ________ fotografiert Marlene Steinmann?

Lektion 1

Guten Tag

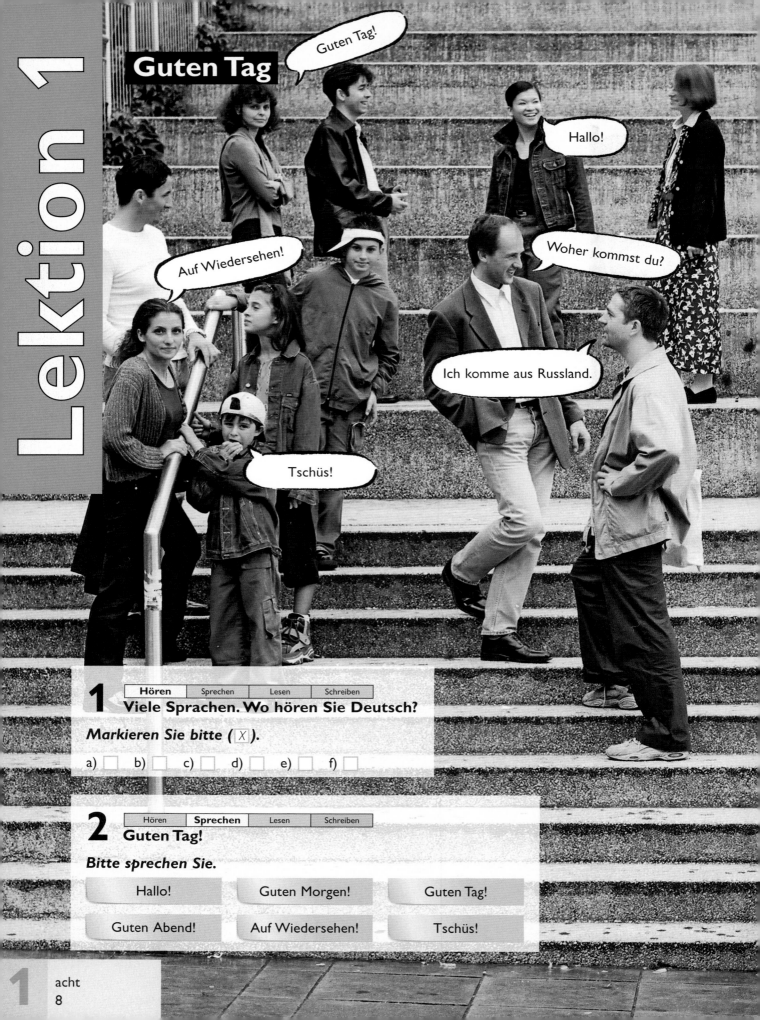

Guten Tag!
Hallo!
Auf Wiedersehen!
Woher kommst du?
Ich komme aus Russland.
Tschüs!

1 Viele Sprachen. Wo hören Sie Deutsch?

Hören	Sprechen	Lesen	Schreiben

Markieren Sie bitte (☒).

a) ☐ b) ☐ c) ☐ d) ☐ e) ☐ f) ☐

2 Guten Tag!

Hören	**Sprechen**	Lesen	Schreiben

Bitte sprechen Sie.

Hallo!	Guten Morgen!	Guten Tag!
Guten Abend!	Auf Wiedersehen!	Tschüs!

Wie heißt du?
Ich wohne in Frankfurt.
Ich heiße Philipp.
Nein, mein Name ist Hansen.
Sind Sie Herr Bauer?
Wo wohnen Sie?

3 Wie heißen Sie? Wie heißt du?

Hören | **Sprechen** | Lesen | Schreiben

a) Hören Sie.

b) Sprechen Sie im Kurs.

Sie		du	
Frage	**Antwort**	**Frage**	**Antwort**
Wie heißen Sie bitte?	Ich heiße …	Wie heißt du?	Ich heiße …
Sind Sie Herr/Frau …?	Ja. Nein, mein Name ist …	Bist du Maria?	Ja. Nein, ich heiße …
Woher kommen Sie?	Ich komme aus …	Woher kommst du?	Aus …
Wo wohnen Sie?	Ich wohne in …	Wo wohnst du?	In …

4 Verstehen Sie Deutsch?

Hören | Sprechen | Lesen | Schreiben

Hören Sie die Dialoge und nummerieren Sie.

a) 1 Guten Tag!
☐ Ich komme aus Deutschland.
2 Guten Tag!
☐ Woher kommen Sie?

b) ☐ Philipp.
☐ Bist du Maria?
☐ Nein, ich heiße Nina. Und du?

c) ☐ In Frankfurt.
☐ Und wo wohnen Sie?
☐ Wie heißen Sie?
☐ Mein Name ist Hansen.

d) ☐ Hallo!
☐ Aus Deutschland.
☐ Hallo! Woher kommst du?

Die Welt

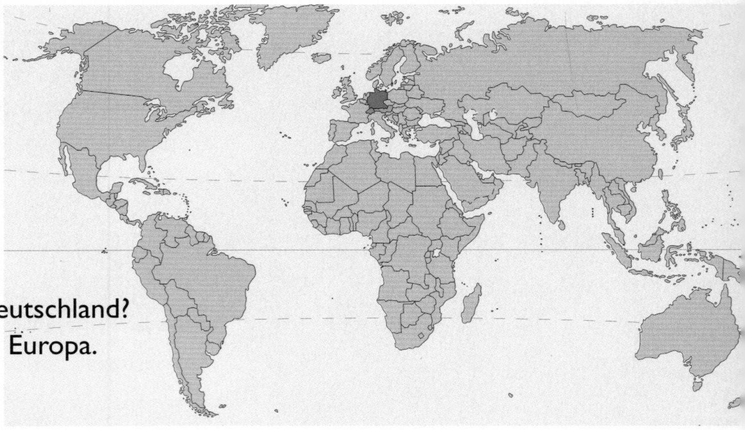

1 Eine Weltkarte

Hören | Sprechen | **Lesen** | Schreiben

Lesen Sie bitte.

Eine Weltkarte. Hier ist Europa.
Wo ist die Schweiz? Wo ist Österreich? Wo ist Deutschland?
Deutschland, Österreich und die Schweiz liegen in Europa.
Hier sprechen viele Menschen Deutsch.
Wohnen Sie auch in Europa? Oder in Asien?
Und woher kommen Sie? Aus Afrika? Aus Amerika oder aus Australien?

2 Die fünf Kontinente

Hören | Sprechen | **Lesen** | **Schreiben**

Suchen Sie im Text.

Europa ________ ________ ________ ________ ________

3 Länder-Alphabet

Hören | **Sprechen** | Lesen | Schreiben

a) Kennen Sie die Länder? Bitte sprechen Sie.

A Argentinien
B Belgien
C China
D Dänemark
E Ecuador
F Frankreich
G Großbritannien
H Honduras
I Indien
J Japan
K Kenia
L Luxemburg
M Marokko
N Norwegen
O Oman
P Polen
Q
R Russland
S Spanien
T Tunesien
U Ungarn
V Vietnam
W
X
Y
Z Zypern

Kennen Sie noch mehr Länder?

b) Hören Sie das Alphabet und sprechen Sie.

A	B	C	D	E	F	G	H	I	J	K	L	M	N	O	P	Q	R	S	T	U	V	W	X	Y	Z
a	b	c	d	e	f	g	h	i	j	k	l	m	n	o	p	q	r	s	t	u	v	w	x	y	z

Ä	Ö	Ü
ä	ö	ü

ß

4 Lernen Sie das Alphabet

Hören | **Sprechen** | Lesen | Schreiben

Machen Sie weiter.

▶ a, b, c …
◁ … d, e, f …

5 Länder und Kontinente

Hören | **Sprechen** | Lesen | Schreiben

Wo liegt …?

▶ Wo liegt **A**rgentinien? ◁ In Amerika.
▶ Wo liegt **B**elgien? ◁ In Europa.
▶ Wo liegt **C**hina? ◁ In …

6 Hören | Sprechen | Lesen | **Schreiben**

Woher kommen die Produkte?

In Deutschland finden Sie …

Tee

aus China, aus …

Kaffee

aus ______

Autos

______

Fotoapparate

______

Wein

______

Tomaten

______

Computer

______

Schokolade

aus der Schweiz

Bier

______

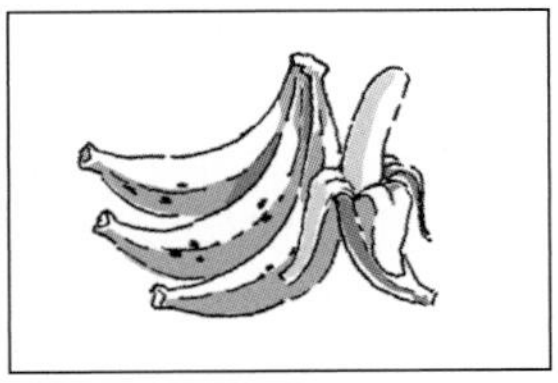

Bananen

______

Zucker

______

Zitronen

______

7 **Hören** | **Sprechen** | Lesen | Schreiben

Hören und sprechen: Zucker aus Kuba

a) Hören Sie. Sprechen Sie.

1. ▶ Zucker. ◁ Zucker? Woher? ▶ Aus Kuba. Zucker aus Kuba.
2. ▶ Bananen. ◁ Bananen? Woher? ▶ Aus Ecuador. Bananen aus Ecuador.
3. ▶ Autos. ◁ Autos? Woher? ▶ Aus Japan. Autos aus Japan.

b) Sprechen Sie.

1. Autos – Deutschland
2. Tee – China
3. Tomaten – Spanien
4. Kaffee – ?
5. Wein – ?
6. Zitronen – ?

Mitten in Europa

1 Wohin fährt der Eurocity?

Hören | Sprechen | **Lesen** | Schreiben

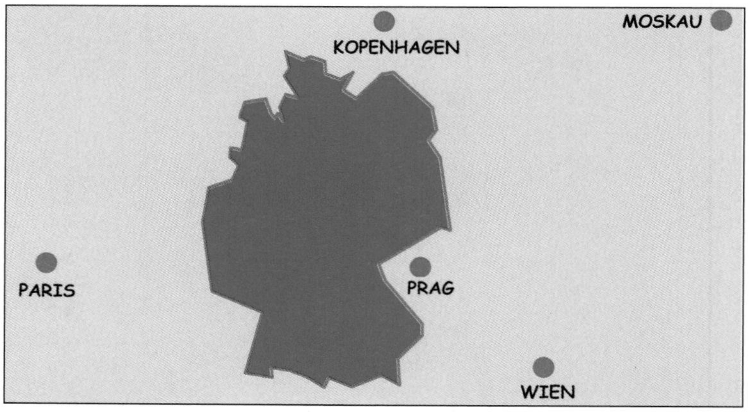

Ein Zug. Ein Eurocity, ein EC.
Wo ist der Zug? In Deutschland.
Woher kommt er?
Aus Kopenhagen?
Oder vielleicht aus Moskau?
Wohin fährt der Zug?
Vielleicht nach Wien? Oder nach Paris?

Deutschland liegt mitten in Europa. Jeden Tag fahren viele Menschen nach Norden, nach Süden, nach Osten oder nach Westen.

2 Woher kommt der Zug? Wohin fährt er?

Hören | **Sprechen** | **Lesen** | Schreiben

a) Suchen Sie im Text.

? ⟶	(?)	⟶ ?
Woher kommt der Zug?	**Wo** ist der Zug?	**Wohin** fährt der Zug?
________ Kopenhagen.	________ Deutschland.	________ Wien.

b) Bitte kombinieren Sie.

? ⟶

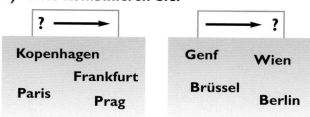

Kopenhagen
Frankfurt
Paris
Prag

⟶ ?

Genf
Wien
Brüssel
Berlin

Der Zug kommt aus Kopenhagen und fährt nach …

3 Hören und sprechen: Fahren Sie nach Wien?

Hören | **Sprechen** | Lesen | Schreiben

a) Hören Sie Beispiele.

▶ Woher kommt der Zug? ◁ Er kommt aus Moskau.
▶ Fährt er nach Brüssel? ◁ Nein, nach Paris.

b) Bitte hören Sie: Punkt (.) oder Fragezeichen (?). Sprechen Sie.

1. Fahren Sie nach Wien [?]
2. Ich komme aus Luxemburg [ ]
3. Ich wohne in Berlin [ ]
4. Der EC fährt nach Kopenhagen [ ]
5. Sind Sie Herr Hansen [ ]
6. Woher kommst du [ ]

Ein Zug in Deutschland

1

Hören	Sprechen	**Lesen**	Schreiben

Situationen

a

Das ist Martin Miller aus Australien. Er arbeitet in Deutschland und reist sehr viel. Heute fährt er nach Köln, morgen vielleicht nach Leipzig, nach Frankfurt oder nach Hannover. Er ist Journalist.

Frau Mohr wohnt in Berlin. Sie reist auch sehr viel. Heute fährt sie nach Brüssel.

b) Richtig* (r) *oder falsch* (f)*?

1. Martin Miller kommt aus Australien. ______ r f
2. Frau Mohr fährt nach Berlin. ______ r f

c

Frau Schmidt kommt aus Dortmund. Sie schläft. Lisa und Tobias schlafen nicht, sie spielen Karten. Frau Schmidt, Lisa und Tobias fahren nach Italien. Sie machen Urlaub.

a) Richtig* (r) *oder falsch* (f)*?

1. Frau Schmidt kommt aus Italien. ______ r ~~f~~
2. Lisa und Tobias fahren nach Dortmund. ______ r f

b

Das sind Anna und Thomas. Sie wohnen in Bremen. Anna kommt aus Polen und lernt in Bremen Deutsch. Sie versteht schon ein bisschen Deutsch. Thomas und Anna fahren nach Süddeutschland.
Und das ist Marlene Steinmann. Sie ist Fotografin. Sie fährt nach Köln.

c) Richtig* (r) *oder falsch* (f)*?

1. Anna wohnt in Bremen. ______ r f
2. Thomas und Anna fahren nach Polen. ______ r f

2

Hören	Sprechen	Lesen	**Schreiben**

Schreiben und verstehen: Pronomen

Frau Schmidt	kommt aus Dortmund.	*Sie*	schläft.
Martin Miller	ist aus Australien.		arbeitet in Deutschland.
Frau Mohr	wohnt in Berlin.		reist sehr viel.
Anna und Thomas	wohnen in Bremen.		fahren nach Süddeutschland.

3 Wer?

Hören | **Sprechen** | Lesen | Schreiben

Fragen und antworten Sie.

▶ Wer wohnt in Berlin? ◁ Frau Mohr wohnt in Berlin.
▶ Wer fährt nach Italien? ◁ Frau Schmidt, Lisa und Tobias fahren nach Italien.

Wer reist viel? Wer arbeitet in Deutschland? Wer kommt aus Australien?
Wer schläft? Wer schläft nicht? Wer fährt nach Köln?
Wer macht Urlaub? Wer kommt aus Dortmund? …

4 Schreiben und verstehen

Hören | Sprechen | Lesen | **Schreiben**

	kommen, wohnen	**fahren, schlafen**
er • sie (Singular)	Frau Schmidt komm t aus Dortmund.	Herr Miller f ä hr __ nach Leipzig. Frau Schmidt schl ä f __ .
sie (Plural)	Lisa und Tobias wohn __ in Dortmund.	Anna und Thomas fahr __ nach Süddeutschland. Lisa und Tobias schlaf __ nicht.

5 Wer macht was?

Hören | Sprechen | Lesen | **Schreiben**

schlafen **lernen** **fahren** **~~arbeiten~~** **verstehen** **spielen**
reisen **spielen** **machen** **schlafen** **fahren** **~~kommen~~**

1. Martin Miller *kommt* nicht aus Deutschland, aber er *arbeitet* in Deutschland.
2. Frau Schmidt ________ nicht Karten, sie ________.
3. Lisa und Tobias ________ Karten, sie ________ nicht.
4. Frau Mohr ________ viel, aber sie ________ nicht nach Köln.
5. Anna ________ Deutsch, und sie ________ schon ein bisschen.
6. Lisa und Tobias ________ nicht nach Dortmund, sie ________ in Italien Urlaub.

6 Hören und sprechen: kurz oder lang?

Hören | **Sprechen** | Lesen | Schreiben

a) Hören Sie lange und kurze Vokale.

	a	**e**	**i**	**o**	**u**
kurz	machen	Westen	nicht	kommen	Russland
lang	fahren	Bremen	spielen	wohnen	Zug

b) Hören und markieren Sie kurz (•) oder lang (-). Sprechen Sie.

1. Banane – Land – lernen – lesen – hier – mitten – Marokko – Polen – du – Zucker
2. liegen – und – hallo – Tee – wo

7

Hören | Sprechen | Lesen | Schreiben

Dialog im Zug

Was fehlt?

Marlene Steinmann	Wohin fahrt ihr?
Thomas	Nach München. Und du?
Marlene Steinmann	Nach Köln _____________. Kommt ihr aus _____________?
Thomas	Nein, wir kommen aus _____________.
Anna	Ich komme aus Rzeszów.
Marlene Steinmann	Wie bitte? Woher kommst du?
Anna	Aus Rzeszów, aus _____________. Ich spreche leider nicht gut Deutsch.
Marlene Steinmann	Ah ja. Was macht ihr in _____________?
Thomas	Wir machen Urlaub. Und dann fahren wir noch nach _____________.

8

Hören | Sprechen | Lesen | **Schreiben**

Schreiben und verstehen

	kommen	**fahren**
ich (Singular)		fahre
wir (Plural)		
du (Singular)		fährst
ihr (Plural)		

9

Hören | **Sprechen** | Lesen | Schreiben

Sätze

Bitte sprechen Sie.

ich du
wir er sie
ihr Sie sie

heißen fahren
spielen arbeiten
verstehen
wohnen reisen
lernen
machen kommen

Marlene aus Deutschland
aus Genf Karten
in Leipzig
Deutsch in Österreich
Urlaub nach Japan
nach Moskau

Wir spielen Karten.

Fährst du nach Moskau?

Auf Wiedersehen

1 Bis bald!

Hören	Sprechen	Lesen	Schreiben

Hören Sie den Dialog. Bitte ergänzen Sie die Zahlen.

Marlene	Wie heißt ihr eigentlich?
Anna	Ich heiße Anna.
Thomas	Ich heiße Thomas Bauer. Und du?
Marlene	Marlene Steinmann. Hier, das ist meine Karte. Vielleicht kommt ihr einmal nach Köln.
Thomas	Danke, das ist nett. Oder du kommst mal nach Bremen.
Marlene	Ja, vielleicht. Und wo wohnt ihr?
Thomas	Meine Adresse ist Sandhofstraße ________________, …
Marlene	Sonthof…
Thomas	Nein, nein. Sandhof: S-a-n-d-h-o-f.
Marlene	Also: Sandhofstraße, Bremen.
Thomas	Ja, ________________ Bremen.
Marlene	Gut. Und deine Telefonnummer?
Thomas	________________ ________________.
Marlene	________________. Alles klar. Dann noch gute Reise!
Thomas	Danke. Bis bald!
Anna	Tschüs.

A Zahlen von 1 bis 100

Hören	**Sprechen**	Lesen	Schreiben

Hören und lernen Sie die Zahlen.

0 null	**10** zehn	**20** zwanzig	**30** dreißig
1 eins	**11** elf	**21** einundzwanzig	**40** vierzig
2 zwei	**12** zwölf	**22** zweiundzwanzig	**50** fünfzig
3 drei	**13** dreizehn	**23** dreiundzwanzig	**60** sechzig
4 vier	**14** vierzehn	**24** vierundzwanzig	**70** siebzig
5 fünf	**15** fünfzehn	**25** fünfundzwanzig	**80** achtzig
6 sechs	**16** sechzehn	**26** sechsundzwanzig	**90** neunzig
7 sieben	**17** siebzehn	**27** siebenundzwanzig	**100** hundert
8 acht	**18** achtzehn	**28** achtundzwanzig	
9 neun	**19** neunzehn	**29** neunundzwanzig	

2 Die Visitenkarte

Hören | Sprechen | Lesen | **Schreiben**

a) Ergänzen Sie.

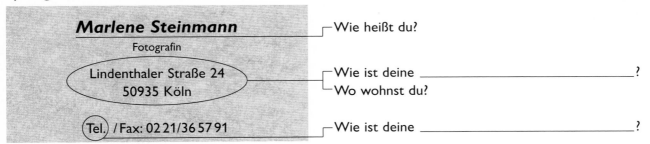

Marlene Steinmann
Fotografin
Lindenthaler Straße 24
50935 Köln
Tel. / Fax: 02 21/36 57 91

— Wie heißt du?
— Wie ist deine ______________________?
— Wo wohnst du?
— Wie ist deine ______________________?

b) Ordnen Sie bitte.

~~Wie heißen Sie?~~ Wie ist deine Adresse? Meine Adresse ist … Wo wohnen Sie?
Wie ist Ihre Adresse? Ich wohne in … Wie heißt du? Wie ist deine Telefonnummer?
Wie ist Ihre Telefonnummer? Wo wohnst du? Ich heiße … Meine Telefonnummer ist …

Frage „Sie“	Frage „du“	Antwort
1. *Wie heißen Sie?*		
2.		
3.		
4.		

3 Und jetzt Sie!

Hören | **Sprechen** | Lesen | Schreiben

Machen Sie Dialoge im Kurs.

Wie ist Ihre Telefonnummer?

Meine Telefonnummer ist …

B Was hören Sie?

Hören | Sprechen | Lesen | Schreiben

Bitte markieren Sie: 37

1) 14 24 94
2) 65 45 56
3) 66 76 67
4) 19 90 9

C Telefonnummern

Hören | **Sprechen** | Lesen | Schreiben

Sprechen Sie.

8 81 27 34

Variante 1: acht – acht eins – zwei sieben – drei vier
Variante 2: acht – einundachtzig – siebenundzwanzig – vierunddreißig

1) 76 93 16
2) 5 17 27 36
3) 65 98 12
4) 46 72 53
5) 7 73 69 65
6) 91 83 47

Im Deutschkurs

1

Hören | Sprechen | **Lesen** | Schreiben

Verben im Deutschkurs

Was passt nicht?

hören **lernen** **nummerieren** **schreiben** **fragen** **reisen** **fahren** **wohnen** **buchstabieren** **kombinieren** **sprechen** **lesen** **markieren** **ergänzen** **antworten** **schlafen** **ordnen**

2

Hören | Sprechen | Lesen | **Schreiben**

Was machen Sie im Deutschkurs?

Hören — Hören Sie bitte.

Ich *höre* ______.

Sprechen — Bitte sprechen Sie.

Ich ______.

Lesen — Lesen Sie bitte.

Ich ______.

Schreiben — Schreiben Sie.

Ich ______.

3

Hören | Sprechen | Lesen | **Schreiben**

Schreiben und verstehen: der Imperativ

hören	*Hören Sie.*	Ich höre.
schreiben		Ich schreibe.
fragen		Ich frage.

4

Hören | **Sprechen** | Lesen | Schreiben

Imperative im Deutschkurs

Lesen Sie die „Verben im Deutschkurs" (Aufgabe 1) noch einmal. Wie heißen die Imperative?

Markieren Sie bitte.

Bitte ergänzen Sie.

Nummerieren Sie.

Grammatik

1 Subjekt und Verb

→ S. 194

Ich	wohne	in Berlin.
Er	wohnt	in Köln.
Wir	wohnen	in Deutschland.

2 Das Pronomen

→ S. 205

Das ist Martin Miller.
Er arbeitet in Deutschland.
Das ist Frau Mohr.
Sie kommt aus Berlin.
Das sind Anna und Thomas.
Sie fahren nach München.

3 Das Präsens

→ S. 198

	komm-en	**fahr-en**	**sein**
ich	komm-e	fahr-e	bin
du	komm-st	fähr-st	bist
er • sie • es	komm-t	fähr-t	ist
wir	komm-en	fahr-en	sind
ihr	komm-t	fahr-t	seid
sie • Sie	komm-en	fahr-en	sind

Achtung: du heiß**t**; du reis**t**; du arbeit**e**st; er arbeit**e**t; ihr arbeit**e**t

4 Die Verbposition

→ S. 194

Der Aussagesatz

	Position 2	
Ich	wohne	in Berlin.
Das	ist	nett.
Deutschland	liegt	mitten in Europa.
Vielleicht	kommt	ihr einmal nach Köln.
Morgen	fahren	wir nach Österreich.

Die W-Frage

	Position 2	
Wer	ist	das?
Wie	heißt	sie?
Wo	wohnt	sie?
Woher	kommt	er?
Wohin	fährt	er?
Was	passt?	

Regel: Das Verb steht auf Position 2.

Die Ja-/Nein-Frage

Position 1	
Kommt	ihr aus Bremen?
Fährt	Frau Steinmann nach Köln?

Der Imperativ-Satz

Position 1	
Lesen	Sie.
Hören	Sie.

Regel: Das Verb steht auf Position 1.

Lektion 2

Bilder aus Deutschland

1

Hören	Sprechen	**Lesen**	Schreiben

Deutschland von Norden nach Süden

a) Bitte lesen Sie.

1 *Ein Hafen, ein Schiff aus Russland*

Das ist der Hafen von Rostock. Das Schiff kommt aus Russland. Von Rostock fahren viele Schiffe nach Norden, z. B. nach Dänemark, und nach Osten, z. B. nach Russland oder nach Polen. Die Stadt Rostock liegt in Norddeutschland.

2 *Eine Autobahn*

Das ist die Autobahn A 40 nach Dortmund. Rechts und links sind Gebäude und Fabriken. Die Region heißt Ruhrgebiet. Hier liegen die Städte Duisburg, Essen, Bochum und Dortmund. Autos, Busse und Lastwagen: Die Autobahnen im Ruhrgebiet sind immer voll.

3 *Ein Bahnhof*

Der Hauptbahnhof von Köln. Er liegt mitten in Köln und ist sehr groß. Jeden Tag fahren viele Züge nach Köln.

b) Bitte ergänzen Sie.

△ ______________________

◌ ______________________

◇ Köln ______________________

▯ ______________________

▽ ______________________

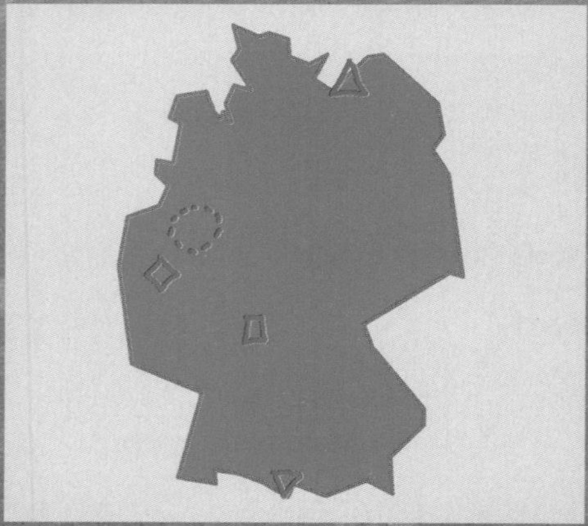

Pg. 27

Gebäude - Buildings

1.

2. die Shule - school
   das Wohnhaus

3.

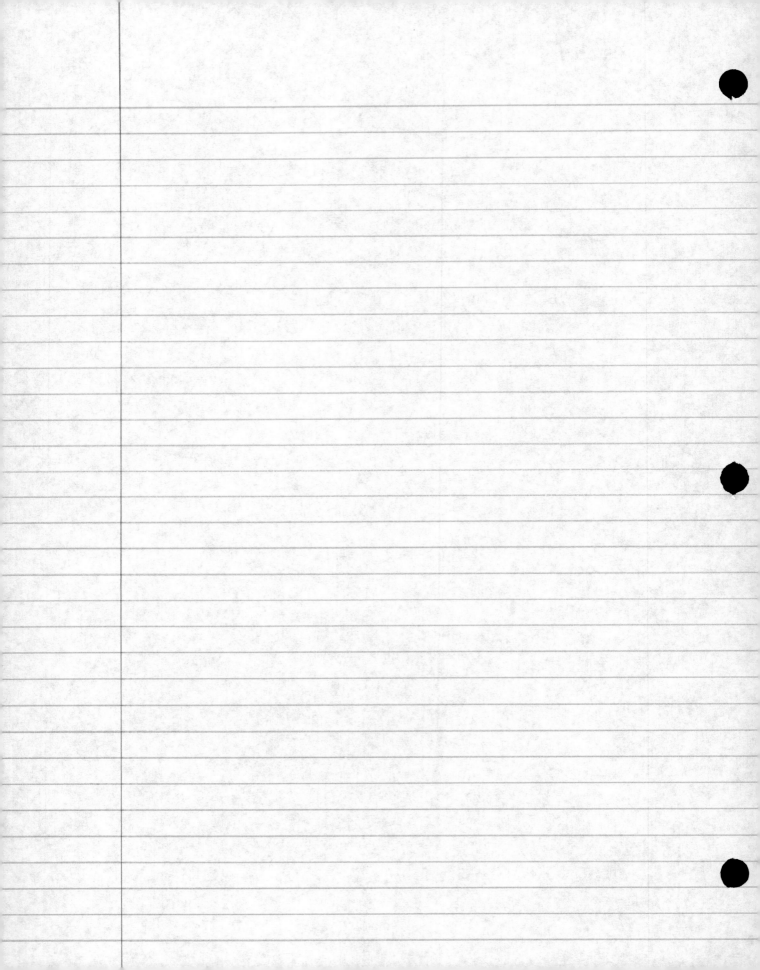

[redacted]

to learn   to sleep
to play   to understand
to go   to come
to do
to work

2. Spielt

7) bremen,

komme
kommen fahren
~~ko~~ kommst fahrst
kommt fährst

Ich komme aus Deutschland.

Guten Tag! ♡

Homework
8-31
Get printout of German wards.

Pg. 84 # 8 a+b 9 + 10

D Digcaebfh

~~G~~ I

~~I~~ G

C 30 63

A 98

E 47

B 16

F 51

H 77

12, 14, 17

29, 30, 31

70, 80, 90

11, 22, 33

Ein Platz im Zentrum von Frankfurt, Restaurants und viele Menschen. Die Häuser links sind schon sehr alt. Das Gebäude rechts ist das Rathaus, der „Römer“.

Ein Dorf, im Zentrum eine Kirche – und Berge, Berge, Berge. Die Alpen liegen in Süddeutschland. Das Dorf heißt Oberstdorf. Es liegt in Bayern.

2 Ein Hafen? Der Hafen?

Hören | Sprechen | **Lesen** | Schreiben

Was finden Sie im Text?

ein	eine	der	die	das	
☒	○	☒	○	○	Hafen
○	○	○	○	○	Bahnhof
○	○	○	○	○	Kirche
○	○	○	○	○	Autobahn
○	○	○	○	○	Schiff
○	○	○	○	○	Dorf

3 Was ist das?

Hören	Sprechen	Lesen	**Schreiben**

Bitte ergänzen Sie.

das Auto der Berg der Hafen ~~die Straße~~ die Fabrik die Kirche der Lastwagen

1. Das ist *eine Straße*. *Die Straße* liegt im Zentrum von Köln.

2. Das ist ________ ________.
________ ________ fährt nach Berlin.

5. Das ist ________ ________.
________ ________ liegt im Ruhrgebiet.

3. Das ist ________ ________.
________ ________ liegt in Süddeutschland.

6. Das ist ________ ________.
________ ________ ist schon alt.

4. Das ist ________ ________.
________ ________ ist in Norddeutschland.

7. Das ist ________ ________.
________ ________ fährt nach Italien.

4

Hören | Sprechen | Lesen | **Schreiben**

Was passt zusammen?

Singular

1. Zug → B
2. Stadt
3. Haus
4. Bus
5. Auto
6. Kirche

Plural

A Autos
B Züge
C Häuser
D Städte
E Kirchen
F Busse

1	B
2	
3	
4	
5	
6	

5

Hören | Sprechen | Lesen | **Schreiben**

Singular und Plural

~~Plätze~~ — **die Dörfer** — **Straßen** — **die Straßen** — **der Platz** — **ein Dorf**

ein Platz	Plätze		die Plätze
eine Straße		die Straße	
	Dörfer	das Dorf	

6

Hören | Sprechen | Lesen | **Schreiben**

Schreiben und verstehen: der Artikel

Artikel	m	f	n	Pl
unbestimmt	ein Berg	___ Kirche	___ Haus	___ Plätze
bestimmt	___ Berg	die Kirche	___ Haus	___ Plätze

7

Hören | Sprechen | Lesen | Schreiben

Wo hören Sie Wörter im Plural?

Bitte markieren Sie.

1. ☐ 2. ☐ 3. ☐ 4. ☐ 5. ☐ 6. ☐ 7. ☐ 8. ☐

8

Hören | **Sprechen** | Lesen | Schreiben

Hören und sprechen: der Wortakzent (1)

Wo ist der Akzent? Bitte markieren Sie.

1. H[a]fen – Kirche – Berge – Bahnhof – Lastwagen – Süddeutschland
2. Journal[i]st – Restaurant – Alphabet – Fabrik – Situation

Eine Stadt, ein Dorf

1
Hören	Sprechen	Lesen	**Schreiben**

Zwei Situationen, zwei Texte

Was passt? Bitte sortieren Sie.

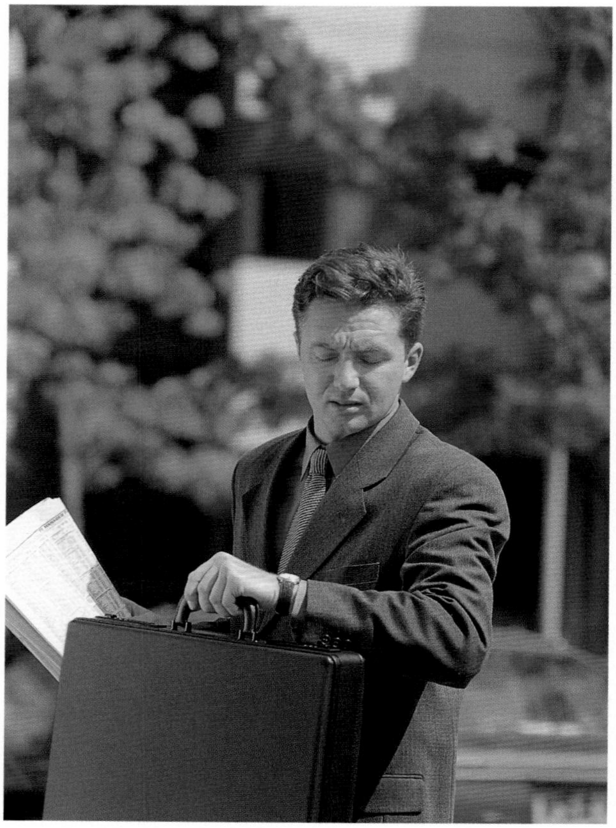

Andreas Matthis in Frankfurt

Moritz, Jan und Florian,
Anna Brandner und Sandra Preisinger im Café

Sie trinken Kaffee. Der Bus kommt nicht. Die Straße ist der Fußballplatz.
~~Ein Mann wartet.~~ ~~Zwei Frauen im Café Kurz.~~ In Frankfurt fahren viele Autos.
Die Straßen hier sind sehr voll. Die Kinder spielen Fußball.
Sie essen Eis und Schokoladentorte. Er wartet schon 20 Minuten. Warum?

Ein Mann wartet.
____
____
____
____

Zwei Frauen im Café Kurz.
____
____
____
____

2 Der Bus kommt nicht

Hören | Sprechen | Lesen | Schreiben

Was sagt Herr Matthis?

1. Der Bus ist sehr ____________.
2. Die Straßen sind immer ____________.
3. Frankfurt ist ____________.

langsam	schnell
voll	leer
groß	klein

3 Im Café Kurz

Hören | Sprechen | Lesen | Schreiben

Was sagen Frau Brandner und Frau Preisinger?

1. Das Eis ist ____________.
2. Der Kaffee ist ____________.
3. Die Schokoladentorte ist ____________.

groß	klein
heiß	kalt
gut	schlecht

4 Was ist wie?

Hören | Sprechen | Lesen | Schreiben

a) Bitte schreiben Sie.

schlecht klein gut groß heiß kalt leer schnell voll langsam

der Tee: *heiß, kalt,* ____________
das Eis: ____________
der Zug: ____________
die Stadt: ____________
die Straßen: ____________

b) Fragen und antworten Sie bitte.

▶ Ist der Zug voll?
◁ Nein, der Zug ist nicht voll. Er ist leer.

5 Hören und sprechen: der Wortakzent (2)

Hören | Sprechen | Lesen | Schreiben

Wo ist der Akzent? Bitte markieren Sie.

1. der Pl[a]tz	der F[u]ßballplatz		
2. der Zug	der Schnellzug		
3. ein Kaffee	ein Eiskaffee		
4. eine Torte	eine Schokoladentorte		
5. die Stadt	die Großstadt	die Kleinstadt	die Altstadt
6. ein Eis	ein Bananeneis	ein Zitroneneis	ein Schokoladeneis

Die Stadt Frankfurt

1
| Hören | Sprechen | **Lesen** | Schreiben |
Im Zentrum und am Stadtrand

Die Straße „Zeil" liegt im Zentrum von Frankfurt. Hier fährt kein Auto und kein Bus. Hier sind nur Geschäfte, Kaufhäuser und viele Menschen. Und alle gehen zu Fuß. Die Paulskirche, das Rathaus, der Main und die Museen: alles ist ganz nah. Im Zentrum von Frankfurt sind auch viele Theater, Hotels, Restaurants und Kinos.

Auch das ist Frankfurt: Wohnhäuser, Supermärkte und viele Autos – aber kein Kino, kein Kaufhaus und kein Museum. Viele Menschen wohnen am Stadtrand, aber sie arbeiten nicht hier. Sie arbeiten im Zentrum.

2
| **Hören** | Sprechen | Lesen | Schreiben |
Herr Matthis in Frankfurt

Wo ist er?

☐ im Zentrum ☐ am Stadtrand

3
| Hören | Sprechen | Lesen | **Schreiben** |
Schreiben und verstehen: die Negation

Nomen				
Artikel	**m** ▽	**f** ▽	**n** ▽	**Pl** ▽
unbestimmt	ein Bus	eine Kirche	ein Kino	Busse, Kirchen, Kinos
negativ	____ Bus	*keine* Kirche	____ Kino	*keine* Busse, *keine* Kirchen, *keine* Kinos

Verben		
positiv +	Die Menschen arbeiten	hier.
negativ –	Die Menschen arbeiten ____	hier.

4 Gebäude in Frankfurt

Hören | **Sprechen** | Lesen | Schreiben

Bitte lesen und sprechen Sie.

1

2

3

4

5

6

- das Rathaus
- das Hotel
- das Wohnhaus
- die Universität
- das Museum
- die Kirche
- die Bank
- die Post
- die Schule
- das Geschäft

▶ Was ist Nummer 1?
◁ Ich weiß nicht. Vielleicht ein Rathaus?
▶ Nein, das ist kein Rathaus. Ich glaube, das ist eine Bank.
◁ Eine Bank? Das ist doch keine Bank.
▶ Na gut. Und das hier? Was ist das?
◁ …

5 Eine Stadt und ein Dorf

Hören | **Sprechen** | Lesen | Schreiben

Sprechen Sie bitte.

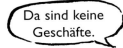

Ich glaube, da sind viele Geschäfte.

Da sind keine Geschäfte.

In Köln

1

Hören | Sprechen | Lesen | Schreiben

Marlene Steinmann wohnt in Köln

Bitte hören Sie: Was antwortet Frau Steinmann?

Herr Schneider

1. Na, wie geht's?

Frau Steinmann

- ☐ Gut.
- ☐ Es geht.
- ☐ Nicht so gut.

2. Nervös? Warum?

- ☐ Der Bus kommt nicht.
- ☐ Das Taxi kommt nicht.
- ☐ Das Taxi kommt.

3. Kein Problem! Ich habe ein Auto.

- ☐ Das ist sehr nett. Vielen Dank!
- ☐ Nein danke, ich gehe zu Fuß.
- ☐ Nein danke, ich warte.

2

Hören | Sprechen | Lesen | Schreiben

Die Touristen-Information in Köln: Martin Miller fragt

Ergänzen Sie die Zahlen.

Martin Miller	Wie alt ist die Stadt Köln?
Touristeninformation	Köln ist __________ Jahre alt.
Martin Miller	Wie hoch ist die Kirche?
Touristeninformation	Der Kölner Dom? Der Dom ist __________ Meter hoch.
Martin Miller	Und noch eine Frage: Wie viele Menschen wohnen in Köln?
Touristeninformation	Hier wohnen ungefähr __________ Menschen.

A

Hören | Sprechen | Lesen | Schreiben

Zahlen von 100 bis 1 000 000

Hören und lernen Sie die Zahlen.

100	(ein)hundert
101	hunderteins
110	hundertzehn
200	zweihundert
300	dreihundert
1 000	(ein)tausend
1 001	tausendeins
1 010	tausendzehn
1 100	tausendeinhundert
2 000	zweitausend
2 367	zweitausenddreihundertsiebenundsechzig
10 000	zehntausend
100 000	hunderttausend
350 000	dreihundertfünfzigtausend
1 000 000	eine Million

3 Das Zentrum von Köln

Hören	**Sprechen**	Lesen	**Schreiben**

a) Was passt?

Frankenplatz (C) **Museen** (E)
Hauptbahnhof (B) ~~**Dom**~~ (A)
Touristen-Information (D) **Rhein** (F)

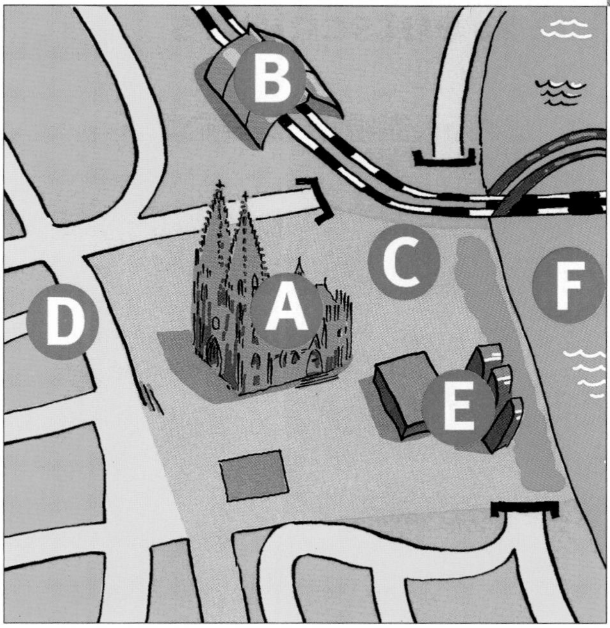

1. Mitten im Zentrum von Köln liegt der *Dom* __________.
2. Links ist die __________.
3. Der Platz rechts ist der __________.
4. Die __________ sind ganz nah.
5. Im Norden liegt der __________ und im Osten liegt der Fluss, der__________.

b) Die Touristen in Köln haben viele Fragen. Bitte antworten Sie.

Wo liegt …?

Was liegt …?

Wie heißt …?

Wie viele …?

Wie alt …?

4 Wie hoch? Wie alt? Wie viele?

Hören	**Sprechen**	Lesen	Schreiben

1. der Fernmeldeturm in Frankfurt 331 Meter
2. der Messeturm in Frankfurt 256 Meter
3. das Rathaus in Köln 670 Jahre
4. die Stadt Rostock 780 Jahre
5. in Frankfurt 650 000 Menschen
6. in Oberstdorf 10 500 Menschen

Wie hoch ist der Fernmeldeturm in Frankfurt?

Der Fernmeldeturm ist 331 Meter hoch.

B Zahlen

Hören	Sprechen	Lesen	Schreiben

Was hören Sie? Bitte markieren Sie.

a) 2111 2112
b) 45 000 54 000
c) 313 330
d) 101 000 111 000

C Zahlendiktat

Hören	Sprechen	Lesen	Schreiben

Schreiben Sie bitte.

a) *615*
b)
c)
d)
e)
f)

Im Deutschkurs

1
Hören | Sprechen | Lesen | **Schreiben**

Bild und Wort

das Buch **~~der Kugelschreiber~~** **das Heft** **der Bleistift** **das Blatt Papier** **der Radiergummi**

der Kugelschreiber

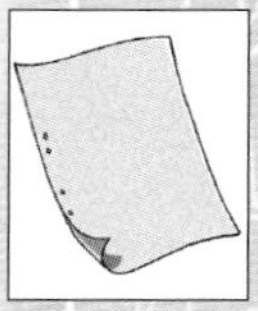

2
Hören | Sprechen | **Lesen** | Schreiben

Das Kursbuch

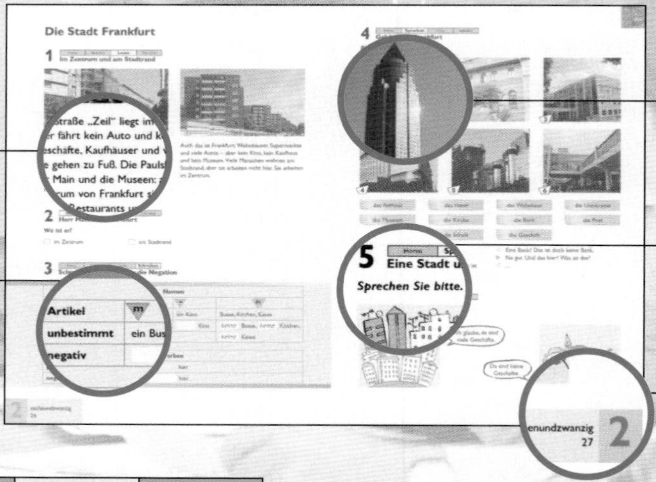

3
Hören | Sprechen | **Lesen** | Schreiben

Was sagen Sie im Deutschkurs?

Bitte markieren Sie.

1. Wie bitte | bitte wiederholen Sie ich verstehe nicht bitte langsam
   Wie bitte? ____________ ____________
2. Entschuldigung ich habe eine Frage bitte noch einmal ich weiß nicht
   ____________ ____________ ____________

Grammatik

1 Das Nomen

→ S. 202, 203

Der Artikel

	m	f	n	Pl
bestimmt	der Zug	die Kirche	das Schiff	die Züge, die Kirchen, die Schiffe
unbestimmt	ein Zug	eine Kirche	ein Schiff	– Züge, – Kirchen, – Schiffe
negativ	kein Zug	keine Kirche	kein Schiff	keine Züge, keine Kirchen, keine Schiffe

Singular und Plural

Singular	**Plural**
das Schiff	die Schiffe
der Zug	die Züge
die Kirche	die Kirchen
das Bild	die Bilder
das Dorf	die Dörfer
das Auto	die Autos
der Lastwagen	die Lastwagen

Regel: Lernen Sie Nomen immer mit Artikel und Plural.

2 *sein* + Adjektiv

→ S. 197

m	f	n	Pl
Der Kaffee ist heiß.	Die Torte ist gut.	Das Eis ist kalt.	Die Straßen sind voll.

3 Die Negation (Verneinung)

→ S. 208

	positiv +	**negativ –**
Negation *kein*	Ist das ein **Rathaus**?	Nein, das ist kein **Rathaus**.
Negation *nicht*	Der Bus **kommt**.	Der Bus **kommt** nicht.
	Der Kaffee ist **heiß**.	Der Kaffee ist nicht **heiß**.

Regel: kein verneint das Nomen.

4 Das Präsens

→ S. 200

	wissen
ich	weiß
du	weißt
er • sie • es	weiß
wir	wissen
ihr	wisst
sie • Sie	wissen

Lektion 3

Meine Familie und ich

Wir suchen Kandidaten
für unsere
Show
MEINE FAMILIE
UND ICH
Toll! Da möchte ich mitmachen!

1 Eine Show im Fernsehen

Hören | Sprechen | Lesen | Schreiben

Drei Sendungen. Was hören Sie? Bitte nummerieren Sie.

☐ Krimi ☐ Nachrichten ☐ Fernsehshow „Meine Familie und ich“

2 Eine Kandidatin

Hören | Sprechen | Lesen | Schreiben

Frau Schnell Ja, bitte?
Frau Mainka Entschuldigung, ist hier das Büro von „Meine Familie und ich"?
Frau Schnell Ja, hier sind Sie richtig. Bitte nehmen Sie Platz.
Frau Mainka Danke.

Frau Schnell Sie sind also eine Kandidatin für „Meine Familie und ich"?
Frau Mainka Ja, ich sehe jeden Tag fern und ich finde die Show ganz fantastisch. Ich möchte sehr gern mitmachen!

Frau Schnell Schön. Wie ist Ihr Name bitte?
Frau Mainka Mainka.
Frau Schnell Ist das Ihr Vorname?
Frau Mainka Nein, das ist mein Familienname.
Frau Schnell Und Ihr Vorname?
Frau Mainka Irene.
Frau Schnell Also: Irene Mainka. Wie alt sind Sie, Frau Mainka?
Frau Mainka Ich bin 34 Jahre alt.
Frau Schnell Und was sind Sie von Beruf?
Frau Mainka Ich bin Krankenschwester, aber jetzt arbeite ich nicht. Im Moment bin ich Hausfrau.

3 Fragen und Antworten

Hören | Sprechen | Lesen | Schreiben

	Frage	Antwort
Wo	*Entschuldigung, ist hier das Büro von „Meine Familie und ich"?*	*Ja, hier sind Sie richtig.*
Name		*Ich heiße*
Vorname		
Alter		
Beruf		

4

Hören | Sprechen | Lesen | Schreiben

Die Familie von Frau Mainka

a) *Frau Schnell fragt weiter. Lesen Sie bitte.*

Frau Schnell	Und wie ist Ihr Familienstand?
Frau Mainka	Wie bitte?
Frau Schnell	Sind Sie verheiratet?
Frau Mainka	Ja, ja, natürlich.
Frau Schnell	Na ja, so natürlich ist das doch nicht.
Frau Mainka	Aber – die Show heißt doch „Meine Familie und ich"!
Frau Schnell	Richtig. Sie sind also verheiratet. Haben Sie auch Kinder?
Frau Mainka	Ja, zwei.
Frau Schnell	Haben Sie vielleicht ein Foto?
Frau Mainka	Natürlich. Hier, das ist meine Familie: mein Mann, meine Tochter Beate und mein Sohn Stefan.
Frau Schnell	Sehr hübsch, Ihre Kinder. Wie alt ist Ihre Tochter?
Frau Mainka	Zehn Jahre.
Frau Schnell	Und Ihr Sohn?
Frau Mainka	Acht.

b) *Markieren Sie: richtig* (r) *oder falsch* (f)*?*

1. Frau Mainka ist nicht verheiratet. ______ r ~~f~~
2. Sie hat kein Familienfoto. ______ r f
3. Sie hat zwei Töchter. ______ r f
4. Die Kinder heißen Marion und Stefan. ______ r f
5. Ihre Kinder sind hübsch. ______ r f
6. Ihre Tochter ist acht Jahre alt. ______ r f

5

Hören | Sprechen | Lesen | Schreiben

Der Familienstand von Frau Mainka

Was passt?

1. Wie ist Ihr Familienstand? → C
2. Sind Sie verheiratet?
3. Haben Sie Kinder?
4. Wie alt sind Ihre Kinder?

A Meine Kinder sind acht und zehn.
B Ja, zwei.
C Ich bin verheiratet.
D Ja.

1	C
2	
3	
4	

6 Hören | Sprechen | Lesen | Schreiben

Hören und sprechen: *ä, ö, ü* – kurz oder lang?

a) Hören Sie bitte.

	ä	ö	ü
kurz	Geschäft	Töchter	hübsch
lang	(sie) fährt	schön	Süden

b) Hören und markieren Sie kurz (•) oder lang (-). Sprechen Sie.

1. Dänemark – Länder – (sie) schläft – (du) fährst
2. hören – (ich) möchte – Söhne – nervös
3. Züge – Brüssel – Bücher – Süddeutschland

7 Hören | Sprechen | Lesen | Schreiben

Du. Und Sie?

Wie heißt du?	*Wie heißen Sie? Wie ist Ihr Name?*
Wie alt bist du?	
Was bist du von Beruf?	
Bist du verheiratet?	
Hast du Kinder?	
Wie alt sind deine Kinder?	

8 Hören | Sprechen | Lesen | Schreiben

Schreiben und verstehen: Possessivartikel *mein, dein, Ihr*

	m	f	n	Pl
ich	___ Name	___ Familie	*mein* Foto	___ Kinder
du	*dein* Name	*deine* Familie	*dein* Foto	___ Kinder
Sie	___ Name	*Ihre* Familie	*Ihr* Foto	___ Kinder

9 Hören | Sprechen | Lesen | Schreiben

Machen Sie ein Interview!

Sie möchten also bei „Meine Familie und ich" mitmachen.

Ja!

Du möchtest also bei „Meine Familie und ich" mitmachen.

Wie ist Ihr Name?

Ich heiße …

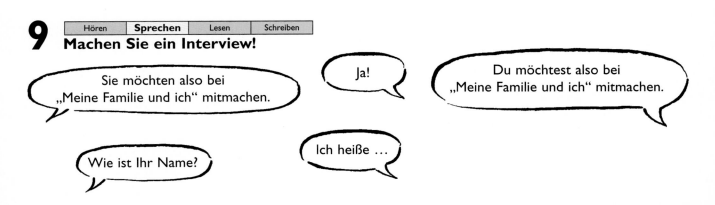

Die Hobbys von Frau Mainka

1

Hören | Sprechen | **Lesen** | Schreiben

Was macht Frau Mainka gern?

Lesen Sie bitte.

Frau Schnell	Schön, Frau Mainka. Und jetzt noch Ihr Hobby.
Frau Mainka	Tja also, mein Hobby …
Frau Schnell	Ja, was machen Sie gern?
Frau Mainka	Ich höre gern Musik, ich gehe gern ins Kino, ich sehe gern „Meine Familie und ich" …
Frau Schnell	Und Sport? Joggen Sie? Oder spielen Sie Tennis?
Frau Mainka	Nein, ich bin ziemlich unsportlich.
Frau Schnell	Gut, Frau Mainka. Vielen Dank. Bitte kommen Sie am Montag um 10 Uhr. Wiedersehen!

2

Hören | **Sprechen** | Lesen | Schreiben

Hobbys: Was machen Sie gern? Was machst du gern?

Musik hören	singen	Gitarre spielen	lesen
Deutsch lernen	joggen	reisen	Tennis spielen
Eis essen	Auto fahren	ins Kino gehen	Sport machen

▶ Ich höre gern Musik. Und du?

◁ Ich lese gern.

3

Hören | Sprechen | Lesen | **Schreiben**

Schreiben und verstehen: die Satzklammer (1)

Musik	hören	Ich	*höre*	gern	*Musik*	.
Tennis	spielen	Ich		gern		.

4

Hören | **Sprechen** | Lesen | Schreiben

Was machen Sie *immer, oft, manchmal, selten, nie*?

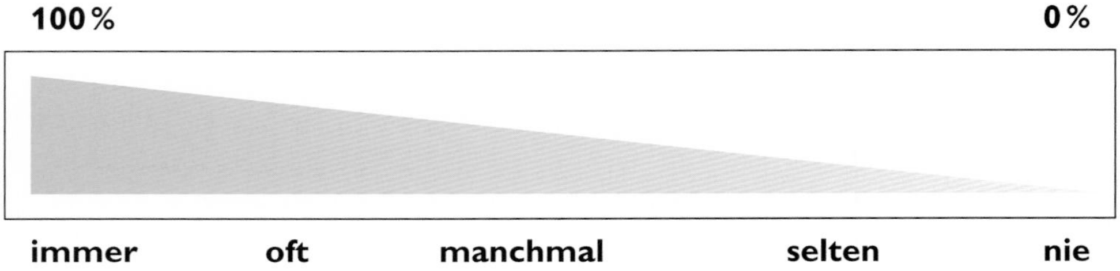

Ich höre oft Musik.

Ich spreche selten Deutsch.

Das Formular

1 | Hören | Sprechen | Lesen | **Schreiben** |

Machen Sie mit?

Bitte füllen Sie das Formular aus.

Tele-Media

Produktion:

Meine Familie und ich

Bitte schreiben Sie in Druckbuchstaben:

Familienname: ______________________
Vorname: ______________________

Adresse
Straße: ______________________
Postleitzahl: ______________________
Ort: ______________________
Telefon: ______________________
Fax: ______________________
E-Mail: ______________________

Alter: __________ Jahre
Familienstand: ❍ ledig
❍ verheiratet
❍ geschieden
Kinder: ❍ ja ❍ nein

Beruf: ______________________
Hobby: ______________________
____
____
____

Meine Familie:

Ehemann/Partner
Name: ______________________
Alter: ______________________
Beruf: ______________________
Hobby: ______________________

Ehefrau/Partnerin
Name: ______________________
Alter: ______________________
Beruf: ______________________
Hobby: ______________________

Kinder
Name: ______________________
Alter: ______________________
Hobby: ______________________
Schüler/-in: ❍ ja ❍ nein
Student/-in: ❍ ja ❍ nein

Tele-Media

Produktionsgesellschaft für Film, Funk, Fernsehen und Video

Montag, 9 Uhr, Studio 21

1 Das Casting

Hören | **Sprechen** | **Lesen** | Schreiben

a) Lesen Sie bitte.

Heute findet das Casting für „Meine Familie und ich“ statt. Der Produzent und die Fotografin Frau Steinmann sind schon da. Aber wo ist Frau Schnell, die Assistentin? Wann kommt sie? Der Produzent ist nervös. Das Casting fängt um zehn Uhr an. Er möchte viel wissen: Wer macht mit? Wer sind die Kandidaten? Wer ist um zehn Uhr dran? Wer um zehn Uhr dreißig?

b) Wer ist wann dran? Sprechen Sie.

▶ Um 10 Uhr ist Frau Mainka dran.
◁ Um 10 Uhr 30 ist …

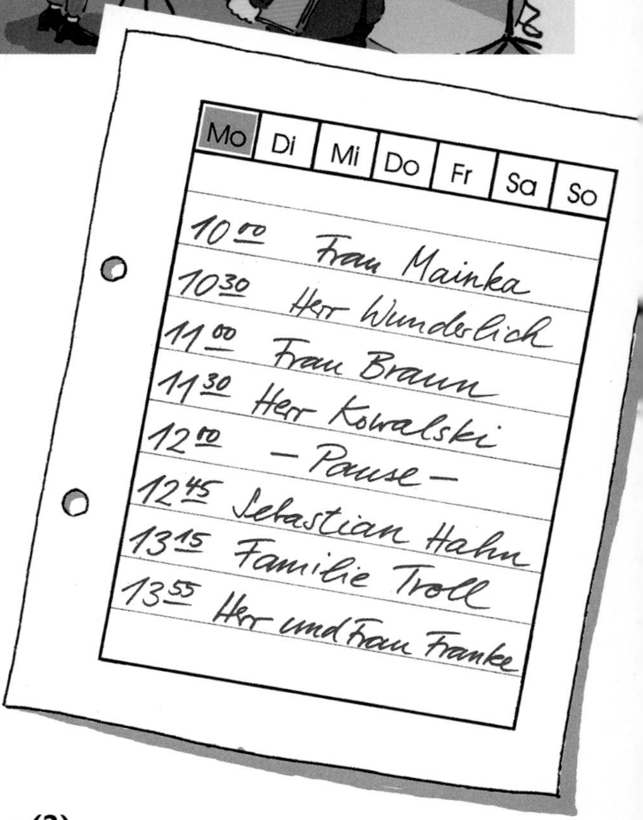

Mo
Di
Mi
Do
Fr
Sa
So
10⁰⁰ Frau Mainka
10³⁰ Herr Wunderlich
11⁰⁰ Frau Braun
11³⁰ Herr Kowalski
12⁰⁰ – Pause –
12⁴⁵ Sebastian Hahn
13¹⁵ Familie Troll
13⁵⁵ Herr und Frau Franke

2 Schreiben und verstehen: die Satzklammer (2)

Hören | Sprechen | Lesen | **Schreiben**

statt|finden	Heute		das Casting		.
da **sein**	Der Produzent	*ist*	schon		.
möchte wissen	Er		viel		.

3 Möchten Sie mitspielen?

Hören | Sprechen | Lesen | **Schreiben**

1. ▶ Ja, ich *spiele* gern *mit*.
2. ◁ Gut. Das Casting ist am Montag.
3. ▶ Und wann ____________ das Casting ____________?
4. ◁ Um 10 Uhr, und Sie ____________ um 11 Uhr ____________.
5. ▶ Prima, ich ____________ um 11 Uhr ____________! Vielen Dank!

dran sein
~~**mitspielen**~~
da sein
anfangen

4 Kandidatin Frau Mainka

Hören | Sprechen | Lesen | Schreiben

a) Was glauben Sie: Was macht ihr Mann? Was machen die Kinder?

b) Herr Spring, Produzent, und Frau Mainka, Kandidatin. Was hören Sie?

1. Irene Mainka	☐ arbeitet ☒ wohnt	in Dortmund.
2. Ihr Mann ist	☐ 34 ☐ 38	Jahre alt.
3. Ihr Mann ist	☐ Busfahrer ☐ Taxifahrer	von Beruf.
4. Ihre Kinder gehen	☐ gern ☐ nicht gern	in die Schule.
5. Ihre Mutter wohnt	☐ auch ☐ nicht	in Dortmund.
6. Ihr Hobby ist	☐ Radio ☐ Musik	hören.

5 Kandidat Sebastian Hahn

Hören | Sprechen | Lesen | Schreiben

a) Was glauben Sie: Wie alt ist Sebastian Hahn? Was ist sein Hobby?

b) Herr Spring, Produzent, und Sebastian Hahn, Kandidat. Bitte hören Sie: richtig (r) oder falsch (f)?

1. Sebastian ist zwölf Jahre alt. ______ r ~~f~~
2. Sein Hobby sind Computerspiele. ______ r f
3. Seine Großmutter ist Kandidatin für „Meine Familie und ich". ______ r f
4. Seine Eltern sind nicht da. ______ r f
5. Sein Vater arbeitet in Japan. ______ r f
6. Sebastian möchte gern ein Computerspiel haben. ______ r f

6 Schreiben und verstehen: Possessivartikel *ihr, sein*

Hören | Sprechen | Lesen | **Schreiben**

Irene Mainka:	*Ihr*	Mann ist Busfahrer.
	____	Mutter wohnt in Dortmund.
Sebastian Hahn:	____	Vater arbeitet in Japan.
	____	Großmutter ist Kandidatin.

7 Familie Mainka und Familie Hahn: Was wissen Sie?

Hören | Sprechen | Lesen | **Schreiben**

1. *Irene Mainka wohnt in Dortmund.*
Ihr Mann ______________________

2. *Sebastian ist* ______________________
____

Ein Brief aus Tübingen

1

Hören	Sprechen	**Lesen**	Schreiben

Familie Troll möchte mitspielen

Tübingen, 14.01.2001

Liebe Frau Schnell,

wir sehen immer Ihre Show „Meine Familie und ich" und wir finden die Sendung ganz toll. Aber: Warum spricht immer nur eine Person und nicht die ganze Familie? Wir möchten alle zusammen mitmachen. Wir, das sind: meine Geschwister, also mein Bruder Thomas und meine Schwester Tanja, dann unsere Eltern Theodor und Therese, unser Onkel Toni, unsere Tante Tina und natürlich ich, Torsten Troll. Ach ja, unser Hund Tristan und unsere Katze Tiramisu möchten auch mitkommen. Wir haben alle ein Hobby: Wir machen gern Musik. Bitte laden Sie meine ganze Familie ein!

Mit freundlichen Grüßen

Torsten Troll

PS: Wir bringen unser Lied für Ihre Show mit.

2

Hören	**Sprechen**	Lesen	**Schreiben**

Familie Troll: Wer ist wer?

a) Schreiben Sie die Namen.

b) Bitte erklären Sie.

▶ Thomas ist der Sohn von Therese und der Bruder von Tanja und Torsten.
◁ Tina ist die …

3 Hören | **Sprechen** | Lesen | Schreiben

Vater, Mutter, Kinder

Lesen Sie den Brief (Aufgabe 1) noch einmal und kombinieren Sie.

▶ Die Eltern und die Kinder; der Bruder …   ◁ Die Eltern: Vater und …

4 **Hören** | Sprechen | Lesen | **Schreiben**

Das Lied von Familie Troll

Ergänzen Sie.

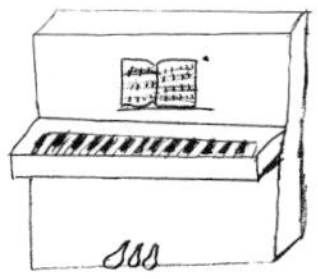

1. Das bin ich, und das ist meine Flöte.
   Das bist du, und das ist dein ______ Klavier.
   Unser Lied ist sicher nicht von Goethe.
   Ganz egal – wir singen es jetzt hier.

2. Er singt ______ Lied.
   Sie singt ______ Lied.
   Und was macht das Kind?
   Es singt auch ______ Lied.

3. Wir singen unser Lied.
   Ihr singt euer Lied.
   Und was machen sie?
   Sie singen ihre Melodie.

5 Hören | Sprechen | Lesen | **Schreiben**

Schreiben und verstehen: Possessivartikel *unser, euer, ihr*

	m		f		n		Pl	
wir		Hund	unsere	Melodie		Lied		Eltern
ihr	euer	Hund	eure	Melodie		Lied	eure	Eltern
sie	ihr	Hund		Melodie	ihr	Lied	ihre	Eltern

6 Hören | **Sprechen** | Lesen | **Schreiben**

Herr und Frau Troll haben drei Kinder

a) Ergänzen Sie bitte.

Ihre ______ Kinder heißen ______, ______ und ______.
______ Sohn Torsten spielt Klavier, ______ Tochter spielt Flöte und ______ Sohn Thomas singt. Die Musik ist ______ Hobby. Sie haben auch zwei Haustiere: ______ Katze heißt ______ und ______ Hund heißt ______.

b) Herr und Frau Troll erzählen.

▶ Wir haben drei Kinder. Unsere Kinder heißen …

c) Und Ihre Familie?

Im Deutschkurs

1 Hören und sprechen: der Wortakzent

| Hören | Sprechen | Lesen | Schreiben |

Wo ist der Akzent? Markieren Sie. Bitte sprechen Sie.

1. m a chen – m i tmachen
2. singen – mitsingen
3. spielen – mitspielen

4. sprechen – nachsprechen
5. lesen – vorlesen
6. bringen – mitbringen

2 Was hören Sie im Kurs? Was sagen Sie?

| Hören | Sprechen | Lesen | Schreiben |

| mitspielen | anfangen | mitmachen | mitsingen |

1. ▶ Spielen Sie mit?
 ◁ Ja, ich spiele mit.
 ▶ …

2. ▶ Möchten Sie mitspielen?
 ◁ Ja, ich möchte gern mitspielen.
 ▶ …

3 Der Kalender von Igor Schapiro

| Hören | Sprechen | Lesen | Schreiben |

11 Montag	**12** Dienstag	**13** Mittwoch	**14** Donnerstag	**15** Freitag	**16** Samstag	**17** Sonntag
7	7	7	7	7	7	7
8	8	8	8	8	8	8
9	9	⑨ Deutschkurs	9	9	9	9
10	10	10	10	10	10	10
11	11	11	11	11	11	11
12	12	12	12	12	12	12
13	13	13	13	13	13	13
14	14	14	14	14	14	14
15	15	15	15	15	15	15
⑯ Deutschkurs	16	16	16	16	16	16
17	17	17	⑰ Fußball	17	17	17
18	⑱ Karten	18	18 spielen	18	18	18
19	19 spielen	19	19	19	⑲ Kino	19

a) Was ist am …?

▶ Am Montag ist Deutschkurs.
◁ Am Dienstag spielt er Karten.

b) Um wie viel Uhr …?

▶ Um 16 Uhr ist Deutschkurs.
◁ Um 18 Uhr spielt er Karten.

c) Und Sie? Was machen Sie wann?

Am …

Um …

Grammatik

1 Der Possessivartikel

→ S. 204

	m		f		n		Pl	
ich	mein	Hund	meine	Familie	mein	Lied	meine	Eltern
du	dein	Hund	deine	Familie	dein	Lied	deine	Eltern
er	sein	Hund	seine	Familie	sein	Lied	seine	Eltern
sie	ihr	Hund	ihre	Familie	ihr	Lied	ihre	Eltern
es	sein	Hund	seine	Familie	sein	Lied	seine	Eltern
wir	unser	Hund	unsere	Familie	unser	Lied	unsere	Eltern
ihr	euer	Hund	eure	Familie	euer	Lied	eure	Eltern
sie	ihr	Hund	ihre	Familie	ihr	Lied	ihre	Eltern
Sie	Ihr	Hund	Ihre	Familie	Ihr	Lied	Ihre	Eltern

2 Das Präsens

→ S. 198

	mitspielen	**haben**	**möcht-**
ich	spiele mit	habe	möchte
du	spielst mit	hast	möchtest
er • sie • es	spielt mit	hat	möchte
wir	spielen mit	haben	möchten
ihr	spielt mit	habt	möchtet
sie • Sie	spielen mit	haben	möchten

3 Die Satzklammer

→ S. 196

Zweiteilige Verben	Frau Mainka hört gern Musik.	Musik hören
Trennbare Verben	Sebastian füllt das Formular aus.	aus füllen
Modalverben	Der Produzent möchte viel wissen.	möchte wissen

Regel: Viele Verben haben im Satz zwei Teile.

		Verb	**Satzmitte**	**Satzende**
Aussagesatz	Wir	möchten	nach Italien	fahren.
W-Frage	Wer	hört	gern	Musik ?
Ja-/Nein-Frage		Spielt	ihr heute	mit ?
Imperativ-Satz		Machen	Sie doch bitte	mit .

Satzklammer

Regel: Der eine Teil steht auf Position 2 oder 1, der andere am Satzende.

Lektion 4

Der Münsterplatz in Freiburg

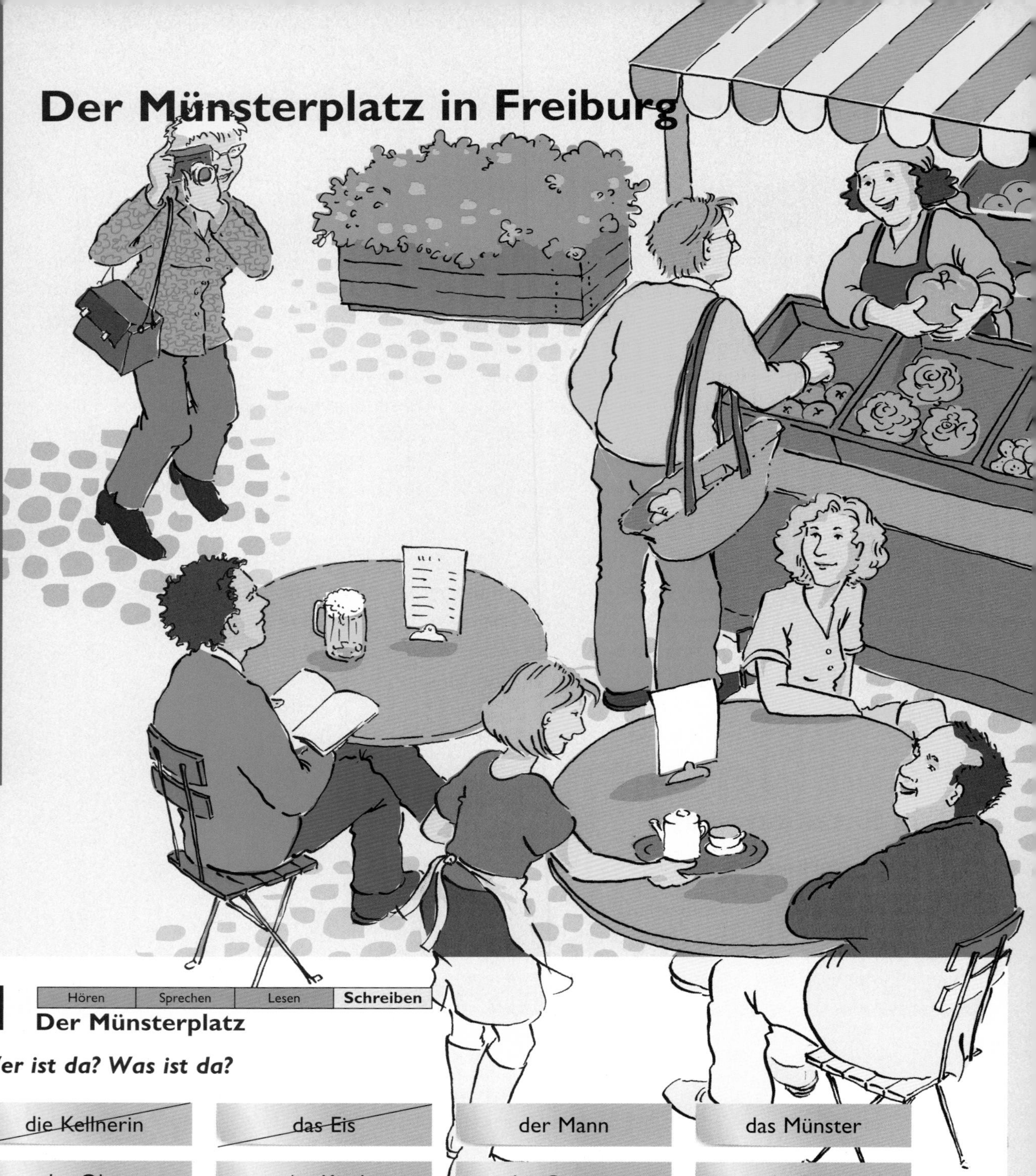

1 Hören | Sprechen | Lesen | **Schreiben**

Der Münsterplatz

Wer ist da? Was ist da?

~~die Kellnerin~~	~~das Eis~~	der Mann	das Münster
das Obst	das Kind	das Gemüse	die Frau
die Marktfrau	das Café	der Marktstand	

Wer?	Was?
die Kellnerin,	*das Eis,*

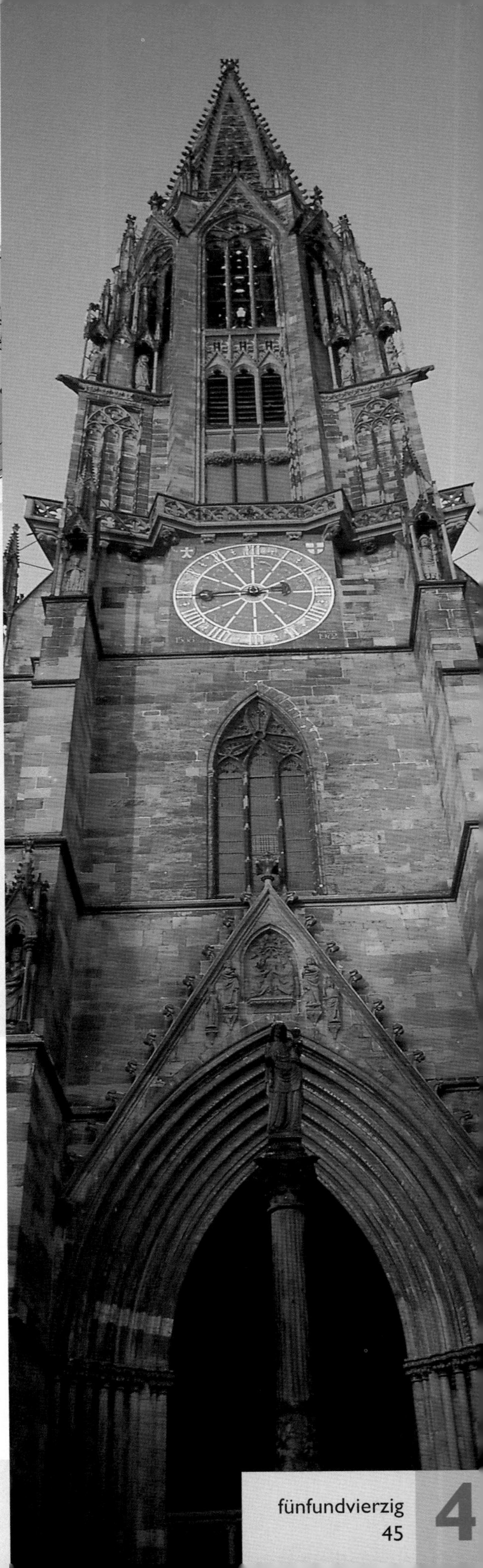

2 Was sehen Sie?

Hören | **Sprechen** | Lesen | Schreiben

a) Bitte verbinden Sie.

1. Es gibt	Obst und Gemüse.
2. Die Kellnerin bringt	ein Buch.
3. Ein Mann liest	ein Café und einen Marktstand.
4. Die Marktfrau verkauft	einen Kaffee.
5. Das Kind isst	den Münsterplatz.
6. Marlene Steinmann fotografiert	ein Eis.

b) Sprechen Sie.

▶ Es gibt ein Café und einen Marktstand.

Foto-Objekte

1
Hören | Sprechen | **Lesen** | Schreiben

Fotos von Timo

a) Bitte lesen Sie den Text.

Der Münsterplatz in Freiburg. Hier gibt es einen Souvenirladen, Cafés, Restaurants und Marktstände. Aber am Samstagnachmittag ist nur noch ein Marktstand da. Die Marktfrau verkauft Obst.

Und da ist Timo Daume aus Berlin. Timo ist 12 Jahre alt. Er lernt fotografieren. Wen fotografiert er? Er fotografiert die Menschen in Freiburg: Männer, Frauen und Kinder. Er fotografiert auch das Münster-Café: Eine Kellnerin bringt einen Kaffee. Eine Frau isst ein Sandwich; sie beobachtet den Platz. Ein Mann trinkt ein Bier und liest ein Buch.

Und was fotografiert Timo noch? Natürlich das Münster und den Münsterturm.
Dann fotografiert er einen Mann und eine Frau – ach so, das sind Herr und Frau Daume, die Eltern von Timo. Frau Daume kauft noch Souvenirs, einen Stadtplan und die Zeitung.
Timo ist zufrieden. Jetzt kann er endlich ein Eis essen!

b) Was glauben Sie: Was ist richtig?

Familie Daume

- ☐ wohnt in Freiburg
- ☐ arbeitet in Freiburg
- ☐ macht in Freiburg Urlaub

2
Hören | Sprechen | Lesen | **Schreiben**

Was machen die Leute in Freiburg?

fotografieren **kaufen** **trinken** **essen** **beobachten**

den Münsterplatz **ein Souvenir** **ein Sandwich** **einen Stadtplan** **einen Kaffee** **den Münsterturm** **ein Eis** **die Menschen**

den Münsterplatz beobachten, ____________________

____

3 Subjekt, Verb, Objekt

Hören | Sprechen | **Lesen** | **Schreiben**

Suchen Sie im Text.

Subjekt	**Verb**	**Objekt**
1. Es	gibt	einen Souvenirladen.
2. ______	verkauft	Obst.
3. Timo	______	die Menschen in Freiburg.
4. ______	fotografiert	das Münster-Café.
5. Eine Kellnerin	bringt	______.
6. ______	isst	ein Sandwich.
7. ______	liest	ein Buch.
8. Timo	fotografiert	______ und eine Frau.

4 Schreiben und verstehen: Subjekt und Objekt

Hören | Sprechen | Lesen | **Schreiben**

	Subjekt: Nominativ	**Verb**	**Objekt: Akkusativ**	**Artikel**
m	Es	gibt	einen Souvenirladen.	unbestimmt
f	Timo	fotografiert	eine Frau.	
n	Er	isst	______ Eis.	
Pl	Es	gibt	hier ______ Restaurants.	
m	Die Frau	beobachtet	den Platz.	bestimmt
f	Frau Daume	kauft	______ Zeitung.	
n	Timo	fotografiert	______ Münster-Café.	
Pl	Er	fotografiert	auch ______ Menschen in Freiburg.	

5 In Freiburg

Hören | **Sprechen** | Lesen | Schreiben

eine Universität **ein Fußballplatz** **Kaufhäuser** **Cafés**
der ~~Münsterplatz~~ **ein Souvenirladen** **ein Bahnhof** **das Münster**

a) Was gibt es in Freiburg?

▶ Es gibt den Münsterplatz, …

b) Was machen Sie in Freiburg?

Ich beobachte den Münsterplatz.

Ich kaufe einen Stadtplan.

6 Hören | Sprechen | Lesen | Schreiben

Hören und sprechen: der Satzakzent

a) Hören Sie den Dialog.

Timo Papa, wo ist Mama?
Herr Daume Sie kauft etwas.
Timo Was kauft sie denn?
Herr Daume Einen Stadtplan.
Timo Papa, ich möchte ein Sandwich essen!
Herr Daume Nein, ein Sandwich gibt es jetzt nicht.
Timo Papa, fotografierst du die Kinder da?
Herr Daume Nein.

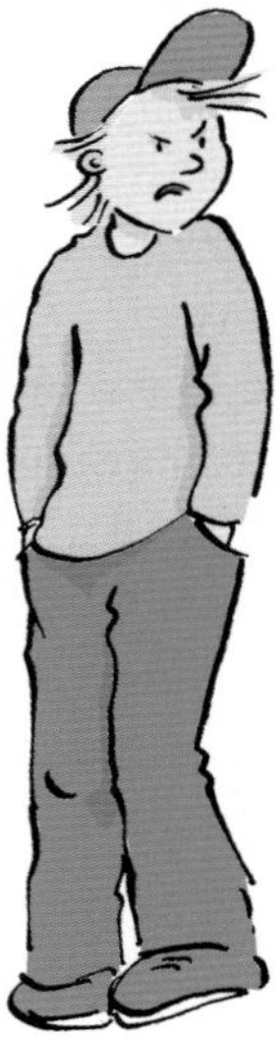

Timo Wen fotografierst du denn?
Herr Daume Die Marktfrau natürlich.
Timo Au ja, und dann fotografiere ich den Marktstand. Bitte Papa!
Herr Daume Na gut …

b) Hören Sie noch einmal die Sätze in a): Was ist wichtig? Lesen Sie laut und betonen Sie genau.

7 Hören | Sprechen | Lesen | Schreiben

Wen oder was?

Bitte ergänzen Sie.

1. einen Stadtplan kaufen → *was?*
2. die Marktfrau fotografieren → *wen?*
3. den Marktstand fotografieren → ______
4. ein Sandwich essen → ______
5. den Platz beobachten → ______
6. Menschen beobachten → ______
7. einen Kaffee bringen → ______
8. die Zeitung lesen → ______

8 Hören | Sprechen | Lesen | Schreiben

Schreiben und verstehen: *wen* oder *was*?

Person	*Wen*	fotografiert Marlene? – Die Menschen in Freiburg.
keine Person		fotografiert Timo? – Das Münster und den Münsterturm.

9 Hören | Sprechen | Lesen | Schreiben

Sie verstehen nicht gut

1. Herr und Frau Daume kaufen Souvenirs. – *Was* kaufen sie? – Souvenirs!
2. Frau Daume beobachtet Timo. – ______ beobachtet sie? – Timo!
3. Die Kellnerin bringt einen Tee. – ______ bringt die Kellnerin? – Einen Tee!
4. Herr Daume liest die Zeitung. – ______ liest Herr Daume? – Die Zeitung!
5. Timo möchte ein Sandwich essen. – ______ möchte er essen? – Ein Sandwich!
6. Herr Daume fotografiert Frau Daume und Timo. – ______ fotografiert er? – Frau Daume und Timo!

Eine Freiburgerin

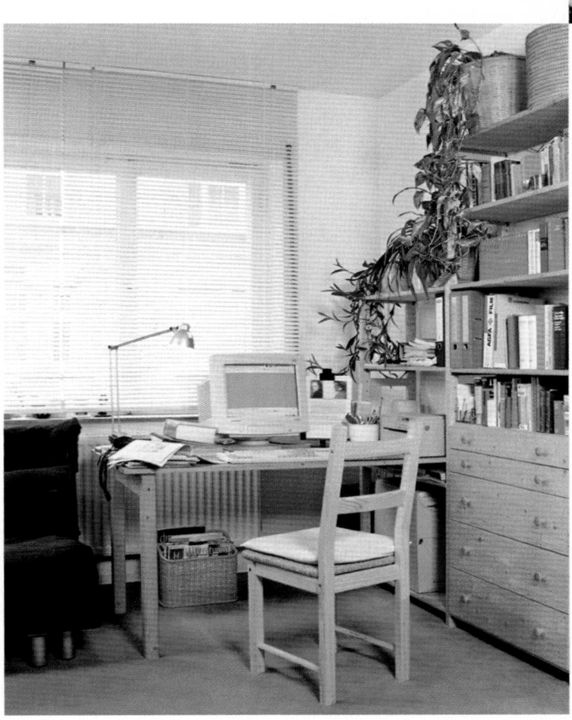

1

Hören | Sprechen | Lesen | Schreiben

Katrin Berger, Studentin und Kellnerin

Hören Sie: richtig (r) oder falsch (f)?

In Freiburg gibt es eine Universität und viele Studentinnen und Studenten. Zum Beispiel Katrin Berger. Katrin hat nicht viel Geld, deshalb arbeitet sie am Wochenende manchmal im Münster-Café. Was sagt Katrin?

1. Ich habe keine Wohnung. ______ r ~~f~~
2. Ich habe keinen Fernseher. ______ r f
3. Ich habe einen Computer und ein Telefon. ______ r f
4. Ich brauche einen Computer. ______ r f
5. Ich lese keine Bücher. ______ r f
6. Ich brauche kein Auto, ich fahre Fahrrad. ______ r f

2

Hören | Sprechen | Lesen | Schreiben

Schreiben und verstehen: *kein*

	Subjekt: Nominativ	Verb	Objekt: Akkusativ		Artikel
m	Ich	habe	keinen	Fernseher.	
f	Ich	habe	______	Wohnung.	negativ
n	Ich	brauche	______	Auto.	
Pl	Ich	lese	______	Bücher.	

3

Hören | Sprechen | Lesen | Schreiben

Und Sie? Was haben Sie? Was brauchen Sie? Was möchten Sie haben?

Sprechen Sie im Kurs.

das Wörterbuch **der Hund** **das Auto** **Probleme**
der Urlaub **die Ehefrau** **Kinder** **Zeit**

Hast du ein Auto?

Nein, ich brauche kein Auto.

Möchten Sie einen Hund haben?

Das Münster-Café

1

Hören | Sprechen | Lesen | **Schreiben**

Bild und Wort

Bitte ordnen Sie zu.

- [5] der Käse
- [ ] die Wurst
- [ ] der Apfelsaft
- [ ] das Mineralwasser
- [ ] der Kuchen
- [ ] das Sandwich
- [ ] die Tasse Kaffee, die Milch, der Zucker

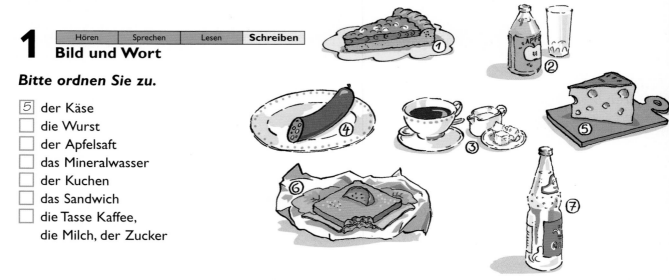

2

Hören | Sprechen | Lesen | **Schreiben**

Frau Egli, Herr Egli, die Kellnerin: eine Bestellung

Wer spricht? Bitte hören Sie und schreiben Sie die Namen.

________ Ach Rita, das Wetter ist so schön. Komm, wir trinken einen Kaffee.

________ Das ist eine gute Idee!

Entschuldigung! Wir möchten gern bestellen.

________ Ja, sofort. Bitte schön, was nehmen Sie?

________ Was nimmst du, Peter?

________ Ich möchte etwas essen, vielleicht ein Stück Kuchen. Haben Sie Schokoladenkuchen?

________ Aber Schatz, Schokoladenkuchen!

________ Gut, dann esse ich ein Stück Obstkuchen. Ach ja, und eine Tasse Kaffee nehme ich auch.

________ Ein Stück Obstkuchen und eine Tasse Kaffee. – Und die Dame?

________ Ich hätte gern ein Glas Apfelsaft und ein Käse-Sandwich.

________ Ach ja, und dann nehmen wir noch eine Flasche Mineralwasser.

________ Danke.

3

Hören | Sprechen | **Lesen** | **Schreiben**

Sie möchten bestellen. Was können Sie sagen?

Suchen Sie bitte im Text.

Wir möchten gern bestellen. Ich ... ________

____

4

Hören | Sprechen | Lesen | **Schreiben**

Schreiben und verstehen: Verben mit Vokalwechsel

	nehmen	essen
ich		
du		isst
er • sie • es	nimmt	isst
wir		essen
ihr	nehmt	esst
sie • Sie		essen

5

Hören | Sprechen | Lesen | Schreiben

Herr Egli bezahlt

a) Was hören Sie?

☐ Euro fünfzehn zwanzig ☐ fünfzehn Euro zwanzig ☐ fünfzehn zwanzig Euro

b) Hören Sie den Dialog. Nummerieren Sie die Sätze.

☐ Das macht … Moment … 15,20€.
☐ Ja, natürlich. Zusammen oder getrennt?
☐ Vielen Dank, und 4€ zurück. Auf Wiedersehen.
☐ Hier sind 20€, machen Sie 16.
1 Können wir bitte bezahlen?
☐ Zusammen bitte.

6

Hören | **Sprechen** | Lesen | Schreiben

Im Café

Bitte machen Sie Dialoge im Kurs.

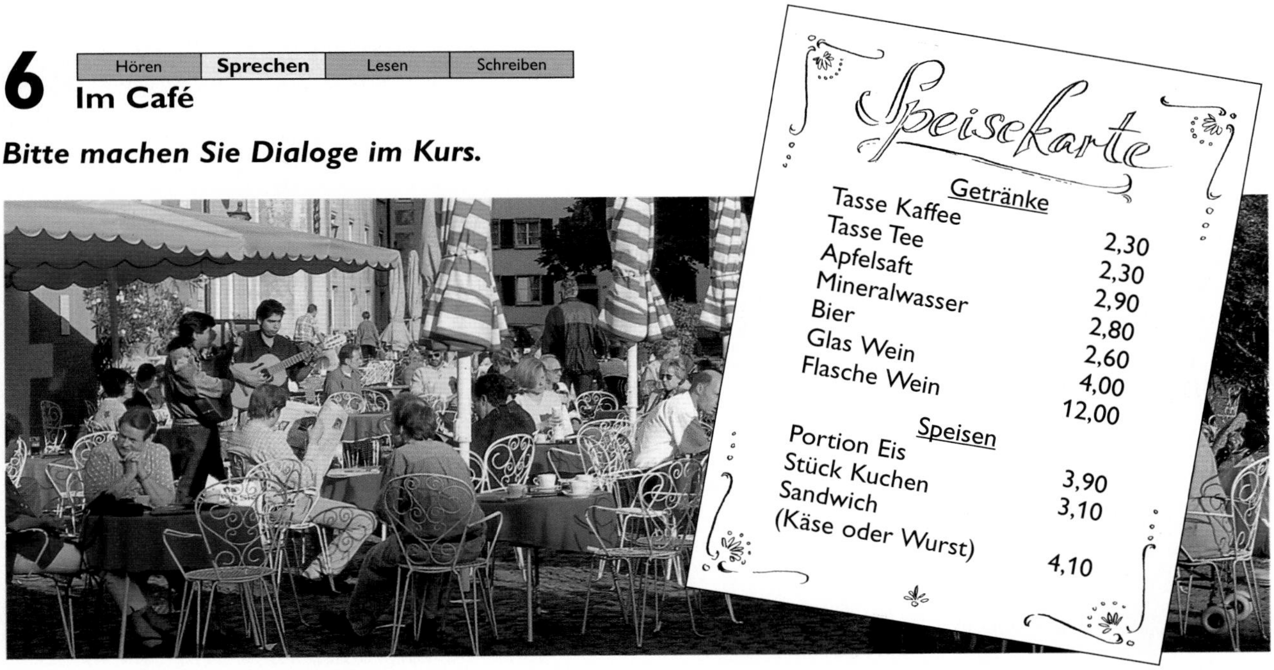

Speisekarte

Getränke

Tasse Kaffee	2,30
Tasse Tee	2,30
Apfelsaft	2,90
Mineralwasser	2,80
Bier	2,60
Glas Wein	4,00
Flasche Wein	12,00

Speisen

Portion Eis	3,90
Stück Kuchen	3,10
Sandwich (Käse oder Wurst)	4,10

Am Samstag arbeiten?

1 Hören | Sprechen | **Lesen** | Schreiben

Wer muss am Samstag arbeiten?

Richtig (r) oder falsch (f)?

1. Die Marktfrau in Freiburg verkauft Obst:	Sie muss nicht arbeiten.	r ~~f~~
2. Die Kellnerin im Münster-Café bringt einen Kaffee:	Sie muss arbeiten.	r f
3. Frau Egli geht ins Café:	Sie muss arbeiten.	r f
4. Herr und Frau Daume haben Urlaub:	Sie müssen nicht arbeiten.	r f
5. Marlene Steinmann fotografiert:	Sie muss arbeiten.	r f

2 Hören | **Sprechen** | Lesen | **Schreiben**

Frau Egli muss nicht arbeiten, aber einkaufen

a) Das muss Frau Egli einkaufen:

die Marmelade   der Honig   der Salat
die Zeitung   die Butter   die Eier (Pl.)
das Brot   der Orangensaft   die Milch

b) Was kann Frau Egli hier einkaufen?

der Supermarkt	**der Schreibwarenladen**	**die Bäckerei**

Marmelade, ________	________	________
________	________	________
________	________	________

c) Bitte sprechen Sie.

der Supermarkt	**der Schreibwarenladen**	**die Bäckerei**
▶ Hier kann sie Marmelade kaufen.	▶ Hier …	▶ Hier …

3

Hören | Sprechen | Lesen | **Schreiben**

Wer kann was? Wer kann was nicht?

Ergänzen Sie.

1. Marlene Steinmann ist Fotografin von Beruf. Sie *kann* ________ sehr gut fotografieren. Timo *kann* ________ *nicht* ________ gut fotografieren.
2. Hunde *können* ________ *nicht* ________ Fahrrad fahren. Aber Katrin Berger ________ Fahrrad fahren.
3. Herr Daume ________ Tennis spielen. Frau Daume ________ ________ Tennis spielen.
4. Tanja, Torsten und Tobias Troll ________ gut singen. Katzen ________ ________ gut singen.
5. Herr Mainka ist Busfahrer von Beruf. Er ________ auch sehr gut Auto fahren.
6. Sein Sohn und seine Tochter ________ noch ________ Auto fahren.

4

Hören | Sprechen | Lesen | **Schreiben**

Schreiben und verstehen: *müssen, können*

	müssen	**können**
ich	*muss*	*kann*
du	*musst*	*kannst*
er • sie • es		
wir	*müssen*	*können*
ihr	*müsst*	*könnt*
sie • Sie		

5

Hören | **Sprechen** | Lesen | Schreiben

müssen und *können*

a) Bilden Sie Sätze.

die Fotografin **der Journalist** **die Studentin** **Kinder**	**muss** **müssen** **kann** **können**	**nicht** **viel** **nicht viel** **gut** **nicht gut**	**schreiben** **Auto fahren** **lesen** **in die Schule gehen** **Fahrrad fahren** **arbeiten** **Sport machen** **reisen**

▶ Die Studentin muss viel arbeiten.
◁ …

b) Was können Sie? Was können Sie nicht? Was müssen Sie? Bitte sprechen Sie im Kurs.

Ich kann ein bisschen Deutsch sprechen.

Ich kann nicht Auto fahren.

Ich muss Deutsch lernen.

Im Deutschkurs

1 Hören | Sprechen | **Lesen** | Schreiben
Pablo lernt Deutsch

Pablo hat viele Fragen. Können Sie antworten?

1. „Computer": Wie heißt das auf Deutsch?
2. Wie spricht man das aus: 18,95 €?
3. „Journalist": Wie buchstabiert man das?
4. „Wörterbuch": Wie schreibt man das, groß oder klein?
5. Schreibt man alle Nomen groß?
6. Sagt man auf Deutsch auch „Souvenir"?

1. Das heißt Computer oder Rechner.
2. Man spricht: achtzehn Euro fünfundneunzig.
3. J - o - u - r - n - a - l - i - s - t.
4. Wörterbuch schreibt man groß.
5. Man schreibt alle Nomen groß.
6. Man kann auch Andenken sagen.

2 Hören | Sprechen | Lesen | **Schreiben**
Schreiben und verstehen: *man*

	schreiben	**buchstabieren**	**sagen**
er • sie • es	schreib t	buchstabier ___	sag ___
man			

3 Hören | Sprechen | Lesen | **Schreiben**
er, sie, es oder *man*?

Ergänzen Sie.

1. Ein Schreibwarenladen. Kann man hier Wörterhefte kaufen?
2. Braucht ________ im Deutschkurs ein Wörterbuch?
3. Pablo lernt Deutsch. ________ braucht ein Wörterbuch.
4. Das Kind ist sechs Jahre alt. ________ geht schon in die Schule.
5. Wie sagt ________ „Souvenir" auf Deutsch?
6. Katrin hat keinen Fernseher, aber ________ möchte einen Fernseher kaufen.

Keine Panik
DEUTSCH
KANN MAN LERNEN!

Grammatik

1 Der Akkusativ

→ S. 203, 206, 194

Der Artikel

	m ▼	f ▼	n ▼	Pl ▼
bestimmt	den Stadtplan	die Zeitung	das Eis	die Eltern
unbestimmt	einen Stadtplan	eine Zeitung	ein Eis	– Eltern
negativ	keinen Stadtplan	keine Zeitung	kein Eis	keine Eltern

Wen? Was?

Person	Wen fotografiert Marlene?	– Die Menschen in Freiburg.
keine Person	Was fotografiert Timo?	– Das Münster und den Münsterturm.

Das Akkusativ-Objekt

Subjekt	**Verb**	**Objekt**	**Objekt**	**Verb**	**Subjekt**
Timo	fotografiert	das Münster.	Den Münsterplatz	fotografiert	er auch.
Frau Daume	kauft	die Zeitung.	Einen Stadtplan	kauft	sie auch.
Die Marktfrau	verkauft	Obst.	Eis	verkauft	sie nicht.

Achtung: Akkusativ-Objekt auf Position 1 → besondere Betonung

2 Das Präsens

→ S. 198, 206

	Verben mit Vokalwechsel			**Modalverben**	
	nehmen	essen	lesen	müssen	können
ich	nehme	esse	lese	muss	kann
du	nimmst	isst	liest	musst	kannst
er • sie • es	nimmt	isst	liest	muss	kann
wir	nehmen	essen	lesen	müssen	können
ihr	nehmt	esst	lest	müsst	könnt
sie • Sie	nehmen	essen	lesen	müssen	können
man	nimmt	isst	liest	muss	kann

3 Die Satzklammer: die Modalverben

→ S. 196

	Verb (Modalverb)	**Satzmitte**	**Satzende (Infinitiv)**
Die Kellnerin	muss	am Samstag	arbeiten.
Wo	kann	Frau Egli	einkaufen?
	Müssen	Herr und Frau Daume	arbeiten?

Satzklammer

Lektion 5

Leute in Hamburg

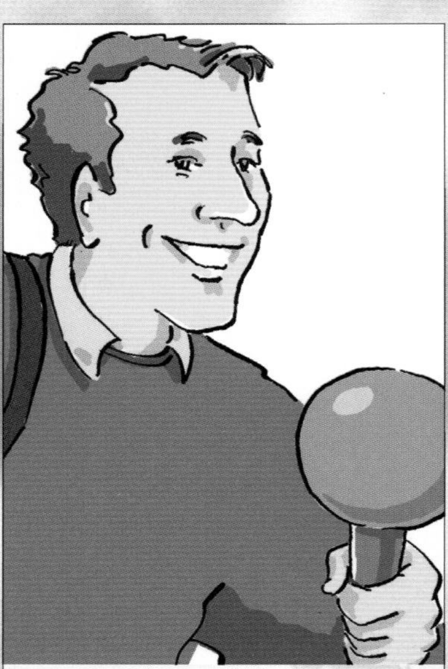

1. Martin Miller: Journalist

2. Andrea Solling-Raptis: ______

3. Kostas Raptis: ______

1 Leute und ihre Berufe

Hören | Sprechen | Lesen | **Schreiben**

Bitte ordnen Sie zu: Bild und Beruf.

Koch	Arzt	Deutschlehrerin
Verkäuferin	Rentnerin	~~Journalist~~

2 Beruferaten

Hören | Sprechen | Lesen | Schreiben

Wer ist was von Beruf? Bitte hören Sie.

Krankenschwester **Taxifahrer** **Arzt** **Köchin** **Kellnerin**
Hausfrau **Busfahrer** **Verkäuferin**

1. Er ist ______.
2. Sie ist ______.
3. Er ist ______.
4. Sie ist ______.

4. Erna König:
_______________ / _______________

5. Clemens Opong:
____

3 Wie heißen die Berufe?

Hören | Sprechen | Lesen | **Schreiben**

ein Mann	eine Frau
der Taxifahrer	die Taxifahrerin
der Lehrer	die _______________
der _______________	die Verkäuferin
der Fotograf	die _______________
der _______________	die Journalistin
der Arzt	die Ärztin
der Koch	die _______________

4 Was machen die Leute? Was sind sie von Beruf?

Hören | Sprechen | Lesen | **Schreiben**

1. Martin Miller schreibt für eine Zeitung. Er ist Journalist.
2. Erna König arbeitet nicht mehr. Sie ist _______________.
3. Marlene Steinmann fotografiert Menschen und Städte. Sie ist _______________.
4. Herr Mainka hat einen Bus, er fährt Touristen nach Österreich. Er ist _______________.
5. Irene Mainka ist von Beruf Krankenschwester, sie arbeitet jetzt aber nicht. Im Moment ist sie _______________.
6. Katrin Berger arbeitet im Café. Sie bringt Kaffee und Kuchen. Sie ist _______________.

Ein Stadtspaziergang

1

Hören | Sprechen | **Lesen** | Schreiben

Martin Miller besichtigt Hamburg

Heute ist Martin Miller in Hamburg. Er schreibt eine Stadt-Reportage für die Zeitung.

Hamburg ist groß! Zuerst geht er in die Touristen-Information. Er braucht einen Stadtplan und Prospekte. Danach geht er in ein Café. Dort liest er die Prospekte und schaut auf den Stadtplan. Wohin kann er gehen? Was ist hier interessant?

Die Kirche St. Michaelis – „der Michel“, sagen die Hamburger. Martin steigt auf den Kirchturm und schaut auf die Stadt: auf den Hafen und die Elbe, auf Häuser, auf Straßen …

Dann besichtigt er den Hafen und die Schiffe und geht noch auf den „Fischmarkt“.

Jetzt hat er Hunger, deshalb geht er in ein Restaurant. Dort gibt es Aalsuppe, eine Hamburger Spezialität. Mmmh, die schmeckt gut!

Danach nimmt Martin die S-Bahn und fährt ins Zentrum, in die Fußgängerzone. Viele Läden sind sehr elegant und auch sehr teuer. Er geht in einen Schreibwarenladen und kauft Postkarten.

Und jetzt? Geht er noch in ein Museum? Nein, er ist sehr müde. Er nimmt ein Taxi und fährt ins Hotel.

2

Hören | Sprechen | **Lesen** | Schreiben

Was kann man besichtigen?

Bitte markieren Sie.

☒ ein Museum
☐ einen Schreibwarenladen
☐ ein Café
☐ eine Kirche
☐ den Hafen
☐ ein Restaurant

3

Hören | Sprechen | **Lesen** | Schreiben

Was macht Martin Miller?

***Richtig* (r) *oder falsch* (f)?**

1. Martin Miller kommt aus Hamburg. ______ r ~~f~~
2. Er geht in die Touristen-Information. ______ r f
3. Er steigt auf den „Michel“. ______ r f
4. Dann fährt er ins Zentrum. ______ r f
5. Er geht in ein Museum. ______ r f
6. Danach geht er zu Fuß ins Hotel. ______ r f

4 Hören | Sprechen | **Lesen** | Schreiben

Wohin geht Martin Miller?

1. Er braucht einen Stadtplan.
2. Er möchte auf die Stadt schauen.
3. Er hat Hunger.
4. Er möchte Postkarten kaufen.
5. Er möchte in die Fußgängerzone.
6. Er ist müde.

A Er geht in ein Restaurant.
B Er fährt ins Zentrum.
C Er geht in die Touristen-Information.
D Er fährt ins Hotel.
E Er steigt auf den Kirchturm.
F Er geht in einen Schreibwarenladen.

1	C
2	
3	
4	
5	
6	

5 Hören | Sprechen | **Lesen** | Schreiben

***auf* oder *in*? Was passt?**

auf	ein Café	fahren
ins	den Kirchturm	schauen
auf	die Touristen-Information	steigen
in	den Stadtplan	gehen
auf	Zentrum	schauen
in	Häuser	gehen

6 Hören | Sprechen | Lesen | **Schreiben**

Schreiben und verstehen: die Präpositionen *auf, in* + Akkusativ

m	der Kirchturm	auf	den	Kirchturm steigen	**Artikel: bestimmt**
f	die Fußgängerzone	in		Fußgängerzone gehen	
n	das Hotel	in	(= ins)	Hotel fahren	
Pl	die Straßen	auf	die	Straßen schauen	

m	ein Kirchturm	auf	einen	Kirchturm steigen	**Artikel: unbestimmt**
f	eine Fußgängerzone	in	eine	Fußgängerzone gehen	
n	ein Hotel	in		Hotel fahren	
Pl	Straßen	auf		Straßen schauen	

7 Hören | **Sprechen** | Lesen | Schreiben

Und wohin gehen Sie?

1. Sie möchten einen Kaffee trinken.
2. Sie brauchen einen Stadtplan.
3. Sie möchten auf die Stadt schauen.
4. Sie möchten Deutsch lernen.
5. Sie möchten einen Fußball kaufen.
6. Sie brauchen Obst und Gemüse.

Ich gehe in ein Café.

Der Tag von Familie Raptis

1

Hören	Sprechen	**Lesen**	**Schreiben**

Andrea Solling-Raptis, Deutschlehrerin

a) Wie organisiert Andrea ihren Tag?

Morgens trinke ich zuerst meinen Kaffee. Ohne Kaffee geht nichts. Dann wecke ich meinen Mann Kostas und die Kinder und mache unser Frühstück. Wir frühstücken, danach fährt Kostas ins Krankenhaus. Er ist Arzt. Ich bringe Lena und Jakob in den Kindergarten. Dort treffen sie ihre Freunde. Jetzt bereite ich meinen Unterricht vor und mache den Haushalt. Mittags essen Lena, Jakob und ich zusammen zu Mittag. Mein Mann kommt erst abends zurück. Sein Beruf ist sehr anstrengend. Nachmittags habe ich Zeit für unsere Kinder. Wir spielen, wir gehen spazieren oder besuchen Nachbarn. Abends gehe ich in die Volkshochschule und unterrichte Deutsch. Da ist mein Mann zu Hause. Die Kinder und Kostas essen zusammen zu Abend, dann bringt er die Kinder ins Bett.

b) Tageszeit und Mahlzeit: Bitte suchen Sie die Wörter im Text.

Tageszeit		**Mahlzeit**	
6–12 Uhr:	*morgens*	das Frühstück:	______
12–14 Uhr:	______	das Mittagessen:	*zu Mittag essen*
14–18 Uhr:	______		
18–24 Uhr:	______	das Abendessen:	______
0– 6 Uhr:	*nachts*		

2

Hören	Sprechen	Lesen	**Schreiben**

Wer macht was?

~~meinen Mann wecken~~ / ihre Freunde treffen / den Haushalt machen / die Kinder ins Bett bringen / meinen Unterricht planen / in den Kindergarten gehen / ins Krankenhaus fahren

Andrea: *meinen Mann wecken* ______ Lena und Jakob: ______ Kostas: ______

3

Hören	Sprechen	Lesen	**Schreiben**

Schreiben und verstehen: der Possessivartikel (Akkusativ)

	m	f	n	Pl
Nominativ	mein Mann	meine Familie	mein Frühstück	meine Kinder
Akkusativ	______ Mann	*meine* Familie	*mein* Frühstück	*meine* Kinder

4 Was passt?

Hören | Sprechen | Lesen | **Schreiben**

1. Morgens trinkt Andrea zuerst *ihren* ____________ Kaffee.
2. Dann weckt sie ____________ Mann und ____________ Kinder.
3. Jakob geht in den Kindergarten. Dort trifft er ____________ Freunde.
4. Jetzt kann Andrea ____________ Deutschunterricht planen.
5. Nachmittags besuchen Andrea, Lena und Jakob ____________ Nachbarn.
6. Abends bringt Kostas ____________ Kinder ins Bett.

5 Wer? Was? Wann?

Hören | **Sprechen** | Lesen | Schreiben

a) Wer macht was?

1. Lena und Jakob: „Mama macht unser Frühstück. Wir …"
2. Kostas: „Morgens frühstücken wir zusammen. Dann fahre ich …"

b) Und Sie?

Morgens trinke ich keinen Kaffee, ich trinke Tee. Ich …

6 Und jetzt erzählt Kostas

Hören | Sprechen | Lesen | Schreiben

Hören Sie und kreuzen Sie an (☒).

1. Er kommt aus
   - ☐ Deutschland.
   - ☐ Griechenland.
   - ☐ Russland.
2. Er arbeitet
   - ☐ am Montag und am Freitag.
   - ☐ von Montag bis Freitag.
   - ☐ von Montag bis Freitag und manchmal auch am Wochenende.
3. Er findet seine Arbeit
   - ☐ anstrengend.
   - ☐ nicht interessant.
   - ☐ neu.
4. Am Wochenende hat er
   - ☐ immer
   - ☐ nie
   - ☐ oft

   Zeit für seine Familie.

7 Hören und sprechen: ei – ie

Hören | **Sprechen** | Lesen | Schreiben

a) Familie Raptis

1. Die Kinder sind klein. Sie spielen.
2. Andrea und die Kinder spielen.
3. Sie gehen spazieren.
4. Kostas hat keine Zeit. Seine Arbeit ist nicht leicht.
5. Seine Frau arbeitet auch viel.

b) Herr Stein

▶ Wie heißen Sie?
◁ Dieter Stein.
▶ Sind Sie verheiratet?
◁ Nein, nein, ich habe keine Frau, ich bin allein.
▶ Arbeiten Sie in Leipzig?
◁ Nein, nein, in Wein – äh in Wien.

Früher und heute

1

Hören | Sprechen | Lesen | Schreiben

Erna König, Rentnerin, erzählt

a) Hören Sie das Gespräch und lesen Sie dann zu zweit.

Martin Miller Waren Sie schon einmal hier?

Erna König Ja, schon oft. Nachmittags trinke ich hier gern Tee. Sind Sie nicht aus Hamburg?

Martin Miller Nein, ich komme aus Australien. Ich bin Journalist.

Erna König Oh, dann haben Sie wohl viel Arbeit?

Martin Miller Ja, ja, ich habe nicht viel Zeit.

Erna König Ach ja, ich bin Rentnerin, aber ich habe auch nicht viel Zeit. Ich bin sehr aktiv.

Martin Miller Was waren Sie von Beruf?

Erna König Ich war Verkäuferin. Meine Eltern hatten ein Lebensmittelgeschäft, hier in Hamburg. Das Geschäft war klein, aber ich hatte viel Arbeit. Heute sind die Supermärkte ja oft so groß!

Martin Miller Ist das nicht gut?

Erna König Doch, aber früher gab es dort immer Zeit für Gespräche, Kunden und Verkäuferinnen hatten Kontakt. Das war schön.

Martin Miller War denn früher alles gut, Frau König?

Erna König Nein, natürlich nicht. Aber man hatte mehr Zeit. Na ja, heute ist es auch gut. Ich gehe schwimmen, ich treffe Freundinnen ... Gestern waren wir im Kino. Woher kommen Sie denn?

Martin Miller Aus Sydney.

Erna König Ach ja? Erzählen Sie doch mal, wie ist Sydney denn?

b) Früher oder heute? Bitte ergänzen Sie.

Frau König war Verkäuferin. → *früher*

Frau König ist Rentnerin. → ________

Frau König hat nicht viel Zeit. → ________

Die Geschäfte waren klein. → ________

Es gab Gespräche und Kontakt. → ________

Die Supermärkte sind groß. → ________

2

Hören | Sprechen | Lesen | Schreiben

Schreiben und verstehen: das Präteritum

	sein	**haben**	**es gibt**
ich			
du	*warst*	*hattest*	
er • sie • es			*es*
wir	*waren*	*hatten*	
ihr	*wart*	*hattet*	
sie • Sie			

3 haben – sein – es gibt: Frau König erzählt

Hören | Sprechen | Lesen | **Schreiben**

Bitte ergänzen Sie.

Früher _war_ ich Verkäuferin. Meine Eltern ________ ein Lebensmittelgeschäft hier in Hamburg. Da ________ es viel Arbeit. Aber ich ________ auch viel Kontakt und es ________ immer Zeit für Gespräche. Heute ________ ich Rentnerin. Aber ich ________ nicht viel Zeit, ich ________ sehr aktiv. Gestern ________ meine Freundinnen und ich in Bremen, heute gehen wir ins Kino und bald ________ wir in Italien und machen Urlaub. Tja, früher ________ man kein Geld, heute ________ man keine Zeit!

4 Was hatten Sie früher?

Hören | **Sprechen** | Lesen | Schreiben

ein Auto **Zeit** **ein Deutschbuch** **Freunde in Deutschland** **ein Haustier** **ein Radio** **einen Computer**

Früher hatte ich kein Auto.

5 *Ja, nein oder doch?*

Hören | Sprechen | **Lesen** | **Schreiben**

Bitte suchen Sie im Dialog.

		Antwort +	Antwort –
Frage +	Waren Sie schon einmal hier?	_Ja_, schon oft.	
	War denn früher alles gut, Frau König?		________, natürlich nicht. Aber man hatte mehr Zeit.
Frage –	Sind Sie nicht aus Deutschland?		________, ich komme aus Australien.
	Ist das nicht gut?	________, aber früher gab es dort immer Zeit für Gespräche.	

6 Antworten Sie: *ja, nein oder doch?*

Hören | **Sprechen** | Lesen | Schreiben

1. Lernen Sie Deutsch?
2. Verstehst du kein Deutsch?
3. Möchten Sie Deutsch sprechen?
4. Haben wir heute Deutschkurs?
5. Hast du kein Wörterbuch?
6. Machen Sie nicht mit?

Ja, ich lerne Deutsch.

Eine Spezialität aus Hamburg

1

Hören	Sprechen	Lesen	**Schreiben**

Lebensmittel oder nicht?

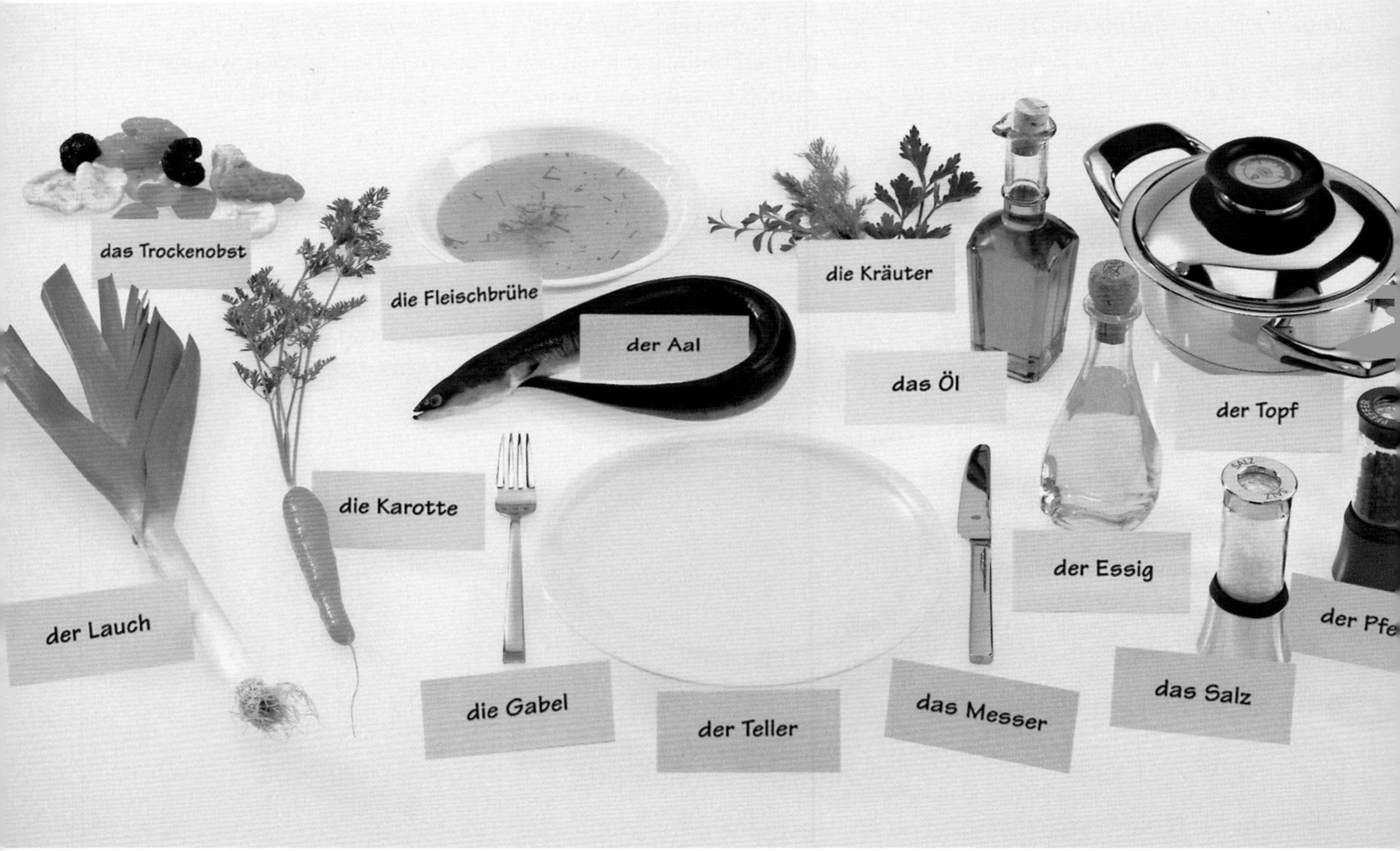

a) Was fehlt?

☐ das Messer ☐ die Gabel ☐ der Löffel

b) Ordnen Sie.

Lebensmittel	keine Lebensmittel
die Fleischbrühe,	*der Topf,*

2 Ein Tipp von Clemens Opong

Hören | Sprechen | **Lesen** | Schreiben

a) Lesen Sie bitte.

Zuerst wasche ich den Aal und schneide ihn klein. Dann lege ich ihn ins Wasser und koche ihn. Ich nehme noch einen Topf und koche eine Brühe. Ich schneide die Kräuter und gebe sie in die Brühe. Dazu kommt noch ein bisschen Essig.
Und jetzt das Gemüse: Zuerst wasche ich es, dann schäle ich die Karotte und schneide sie klein. Den Lauch schneide ich auch klein. Ich lege das Trockenobst 30 Minuten ins Wasser. Dann gebe ich das Trockenobst und das Gemüse in die Suppe und koche alles zusammen. Salz und Pfeffer nicht vergessen!
Zum Schluss kommt der Aal in die Suppe. Noch einmal alles zusammen kochen.

b) Was kocht Clemens Opong? Er kocht ☐ Gemüsesuppe ☐ Aalsuppe ☐ Kartoffelsuppe

3 Zutaten und Zubereitung

Hören | Sprechen | Lesen | **Schreiben**

Was passt zusammen?

den Fisch
die Kartoffeln
das Gemüse
das Fleisch
das Obst

waschen
klein schneiden
schälen
salzen
pfeffern
kochen
braten

den Fisch: waschen, salzen, __________
____
die Kartoffeln: __________
____

4 Schreiben und verstehen: das Pronomen (Akkusativ)

Hören | Sprechen | Lesen | **Schreiben**

m	der Aal	Ich koche den Aal.	Ich koche ihn.
f	die Karotte	Ich schneide die Karotte.	Ich schneide ______.
n	das Gemüse	Ich wasche das Gemüse.	Ich wasche ______.
Pl	die Kräuter	Ich gebe die Kräuter in die Suppe.	Ich gebe ______ in die Suppe.

5 Kochen Sie auch?

Hören | **Sprechen** | Lesen | Schreiben

der Fisch **die Kräuter** **die Suppe** **die Bananen** **das Fleisch**
der Lauch **die Kartoffeln** **die Tomaten**

Ich wasche den Fisch, ich salze ihn und brate ihn.

Jetzt kennen Sie Leute in Hamburg!

1

Hören | Sprechen | **Lesen** | Schreiben

für und *ohne*

① Für wen macht Andrea das Frühstück?
② Wofür braucht Clemens den Aal?
③ Ohne wen geht Frau König nicht ins Kino?
④ Ohne was kann Andrea nicht arbeiten?

A Ohne ihre Freundinnen.
B Für die Aalsuppe.
C Ohne ihren Kaffee.
D Für ihren Mann und ihre Kinder.

1	*D*
2	
3	
4	

2

Hören | Sprechen | Lesen | **Schreiben**

Schreiben und verstehen: die Präpositionen *für, ohne* + Akkusativ

	W-Frage	
Person	Für *wen* arbeiten Andrea und Kostas? – Für ihre Kinder.	Ohne ______ macht Frau König keinen Urlaub? – Ohne ihre Freundinnen.
keine Person	______ brauchen Andrea und Kostas Geld? – Für ihr Haus.	Ohne ______ kann Andrea nicht arbeiten? – Ohne ihren Kaffee.

3

Hören | Sprechen | **Lesen** | Schreiben

Familienidylle

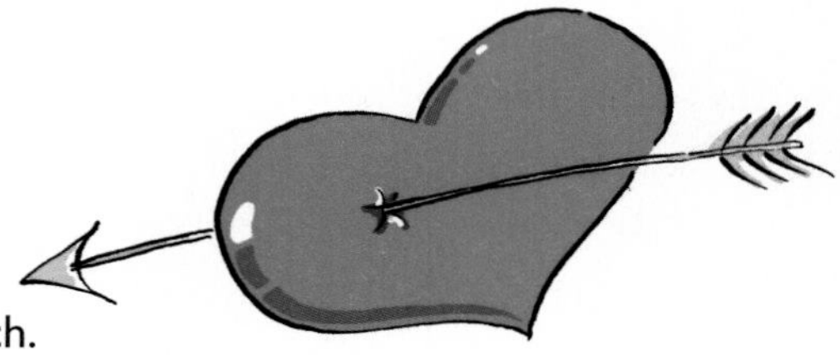

Kostas Du bist die Idealfrau für mich.
Andrea Ohne dich ist das Leben nicht schön. Du verstehst mich.
Kostas Ein Abend nur für uns ist schön, aber immer ohne unsere Kinder – das ist nichts für mich.
Andrea Für mich auch nicht. Unsere Kinder sind ein großes Glück für uns zwei!
Kostas Ja, ohne dich und die Kinder, ohne euch drei, möchte ich nicht sein.

4

Hören | Sprechen | Lesen | **Schreiben**

Schreiben und verstehen: das Pronomen (Akkusativ)

Nominativ	ich	du	wir	ihr
Akkusativ	*mich*			

5

Hören | **Sprechen** | Lesen | Schreiben

Und Sie?

a) ***Wofür arbeiten Sie? Wofür brauchen Sie Geld? Oder für wen?***
b) ***Ohne was können oder wollen Sie nicht sein? Oder ohne wen?***

Ich brauche Geld für meinen Urlaub.

Ohne Arbeit kann ich nicht leben.

Haus **Freunde** **Auto** **Schule** **Computer** **Familie** **Schokolade** **Schule** **Wörterbuch** **Urlaub** **Arbeit**

Grammatik

1 Präpositionen

→ S. 206

auf, in

m	f	n	Pl
auf den Turm	auf die Straße	auf das Schiff	auf die Türme
auf einen Turm	auf eine Straße	auf ein Schiff	auf Türme
in den Laden	in die Fußgängerzone	in das (ins) Café	in die Cafés
in einen Laden	in eine Fußgängerzone	in ein Café	in Cafés

Regel: *Wohin?* → *auf* und ***in*** mit Akkusativ.

für, ohne

		W-Frage
Kostas arbeitet viel für seine Familie.	**Person:**	Für wen arbeitet er?
Sie brauchen Geld für ihr Haus.	**keine Person:**	Wofür brauchen sie Geld?
Ohne dich ist das Leben nicht schön.	**Person:**	Ohne wen ist das Leben nicht schön?
Ohne meinen Kaffee geht nichts!	**keine Person:**	Ohne was geht nichts?

Regel:* *für und ***ohne*** immer mit Akkusativ.

2 Der Possessivartikel: Akkusativ

→ S. 204

	m		f		n		Pl	
ich	meinen	Beruf	meine	Familie	mein	Haus	meine	Freunde
du	deinen	Beruf	deine	Familie	dein	Haus	deine	Freunde
er	seinen	Beruf	seine	Familie	sein	Haus	seine	Freunde
sie	ihren	Beruf	ihre	Familie	ihr	Haus	ihre	Freunde
es	seinen	Beruf	seine	Familie	sein	Haus	seine	Freunde
wir	unseren	Beruf	unsere	Familie	unser	Haus	unsere	Freunde
ihr	euren	Beruf	eure	Familie	euer	Haus	eure	Freunde
sie	ihren	Beruf	ihre	Familie	ihr	Haus	ihre	Freunde
Sie	Ihren	Beruf	Ihre	Familie	Ihr	Haus	Ihre	Freunde

3 Das Präteritum: *haben, sein, es gibt*

→ S. 201

	haben	**sein**	**es gibt**
ich	hatte	war	
du	hattest	warst	
er • sie • es	hatte	war	es gab
wir	hatten	waren	
ihr	hattet	wart	
sie • Sie	hatten	waren	

4 Das Pronomen: Akkusativ

→ S. 205

ich	**du**	**er • sie • es**	**wir**	**ihr**	**sie • Sie**
mich	dich	ihn sie es	uns	euch	sie Sie

Lektion 6

Ortstermin Leipzig

Abi 90

Einladung

<u>Klassentreffen</u>

am Samstag, 15. Juli 2000, in Leipzig

<u>Programm</u>

von 15 bis 18 Uhr: Stadtspaziergang
Treffpunkt: Augustusplatz, Brunnen

16 Uhr: Kaffeepause
im Café Riquet

ab 19.30 Uhr: Feiern mit Essen,
Trinken und Musik
Ort: Gosenschenke „Ohne Bedenken"
(Menckestraße 5)

Ohne Bedenken
Gosen- schenke

1 | Hören | Sprechen | **Lesen** | Schreiben |

Das Klassentreffen

Lesen Sie die Einladung zum Klassentreffen und antworten Sie.

1. Wie viele Jahre liegt das Abi (Abitur) zurück?
2. Wo findet das Klassentreffen statt?
3. Was macht die Klasse nachmittags, von 15 bis 18 Uhr?
4. Wie heißt der Treffpunkt?
5. Wann gibt es eine Kaffeepause?
6. Was machen die Leute abends?

A

B

Was unter den Blumen die Rose,
ist unter den Bieren die Gose!

C

Was ist Gose? Die Gose ist ein Bier, es schmeckt ein bisschen sauer. Die Gose ist schon ca. 1000 Jahre alt und kommt aus Goslar (Harz). Seit 1738 gibt es die Gose in Leipzig. Auch Goethe hat gern Gose getrunken.

D

2 Das Programm

Hören	Sprechen	**Lesen**	Schreiben

Bitte ordnen Sie zu: Programmpunkt und Bild. Ein Bild bleibt übrig.

1. Treffpunkt: Bild ___________
2. Kaffeepause: Bild ___________
3. Feier: Bild ___________

3 Ein Telefongespräch: Wer? Was? Wann?

Hören	Sprechen	Lesen	Schreiben

Hören Sie und antworten Sie.

1. Wer telefoniert?
2. Was müssen Steffi, Jens und Kevin machen?
3. Wann haben alle Zeit?

Das Klassentreffen

1

Hören	Sprechen	**Lesen**	Schreiben

Die Einladung

a) Bitte lesen Sie den Brief.

Leipzig, im Mai

Liebe Leute,

Abi 90: Wisst ihr noch? Da haben wir Abitur gemacht. Wir haben damals gesagt: „2000 machen wir ein Klassentreffen."

Jetzt ist es so weit: Zehn Jahre sind vorbei. Viele Mitschüler wohnen nicht mehr in Leipzig. Wir drei – Steffi, Jens und ich – sind immer noch hier. Wir haben Glück gehabt und haben hier eine Arbeit gefunden.

Gestern haben wir zusammen im Café gesessen. Wir haben unser Klassentreffen geplant. Es war wie früher: Jens hat drei Stück Apfelkuchen gegessen, Steffi hat wie immer viel Milchkaffee getrunken und ich meinen Tee. Es war lustig, wir hatten viele Ideen und haben viel gelacht.

In Leipzig hat es viele Veränderungen gegeben. Aber keine Angst: Es ist immer noch unser Leipzig. Hoffentlich könnt ihr alle kommen!

Herzliche Grüße
Steffi, Jens und Kevin

b) Richtig (r) oder falsch (f)? Bitte markieren Sie.

1. Steffi, Jens und Kevin arbeiten in Leipzig. ______ ~~r~~ f
2. Sie planen ein Klassentreffen. ______ r f
3. Jens isst nicht gern Apfelkuchen. ______ r f
4. Steffi trinkt gern Milchkaffee. ______ r f
5. Kevin trinkt keinen Tee. ______ r f
6. In Leipzig ist alles wie früher. ______ r f

2

Hören | Sprechen | Lesen | **Schreiben**

haben gemacht – machen

Finden Sie die passenden Infinitive.

Perfekt	Infinitiv
wir haben gemacht	machen
wir haben gesagt	
wir haben geplant	
wir haben gehabt	
wir haben gelacht	
es hat gegeben	
wir haben gefunden	
sie hat getrunken	
er hat gegessen	
wir haben gesessen	

essen **haben** **finden** **lachen** **geben** **~~machen~~** **sagen** **planen** **trinken** **sitzen**

3

Hören | Sprechen | Lesen | **Schreiben**

Schreiben und verstehen: das Perfekt (1)

Freitag, 12. Mai	**Samstag, 13. Mai**
Was *machen* die drei heute?	**Was *haben* die drei gestern *gemacht*?**
Steffi, Jens und Kevin sitzen im Café.	Sie haben im Café gesessen.
Sie planen das Klassentreffen.	Sie ______ das Klassentreffen ______.
Steffi trinkt Milchkaffee.	Sie ______ Milchkaffee ______.
Jens isst Apfelkuchen.	Er ______ Apfelkuchen ______.
Sie lachen viel.	Sie ______ viel ______.

4

Hören | **Sprechen** | Lesen | Schreiben

Was haben Sie gestern gemacht?

Sprechen Sie im Kurs.

gemacht **getrunken** **geplant** **gegessen** **gelacht** **gefunden** **gesessen** **gehabt**

▶ Ich habe gestern Deutschunterricht gehabt.
◁ Ich habe gestern Sport gemacht.

Treffpunkt Augustusplatz

1

Hören	Sprechen	Lesen	Schreiben

Vier Personen sind nicht gekommen. Was ist passiert?

a) Bild und Wort. Was passt?

fliegen **gehen** **krank werden** **nach Erfurt fahren**

______________ ______________ ______________ ______________

b) Hören Sie den Dialog und ordnen Sie die Namen zu.

1. Wer ist krank geworden? ______________
2. Wer ist nach Erfurt gefahren? ______________
3. Wer ist nach Spanien geflogen? ______________
4. Wer ist ins Café gegangen? ______________

Sascha **Kevin** **Elisabeth** **Tanja**

2

Hören	Sprechen	Lesen	Schreiben

Die Postkarte von Elisabeth

a) Bitte lesen Sie.

Erfurt, 13. Juli

Lieber Kevin,

vielen Dank für die Einladung. Leider kann ich nicht kommen. Meine Großmutter hat Geburtstag gehabt, sie ist 85 geworden! Und deshalb bin ich nach Erfurt gefahren. Wir haben schön gefeiert und ich habe endlich wieder viele Freunde und Verwandte getroffen. Und jetzt bin ich noch ein paar Tage in Erfurt geblieben. Wir sind auch schon in Eisenach gewesen und haben die Wartburg gesehen.

Viele Grüße und hoffentlich bis bald,
deine Elisabeth

Herrn
Kevin Wagner
Nikolaistraße 9

04109 Leipzig

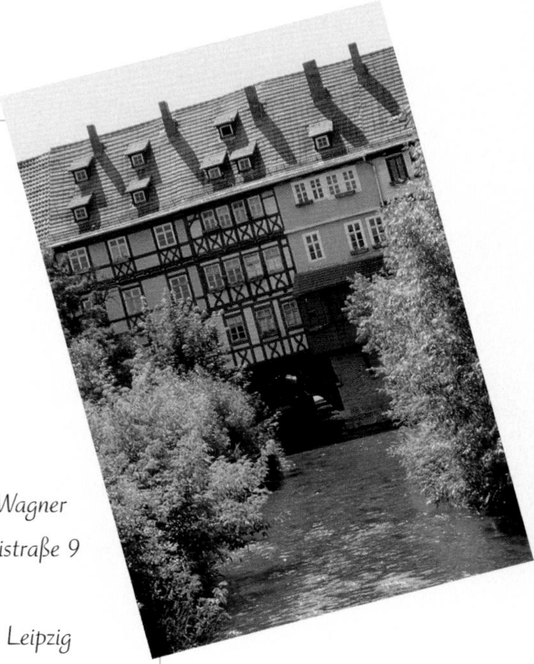

b) Was hat Elisabeth gemacht?

Sie *ist* nach Erfurt gefahren. Ihre Großmutter ________ 85 geworden. Dort ________ Elisabeth viele Freunde getroffen. Dann ________ Elisabeth noch ein paar Tage geblieben. Sie ________ auch in Eisenach gewesen und ________ die Wartburg gesehen.

3

Hören	Sprechen	Lesen	**Schreiben**

haben und *sein*

Infinitiv und Partizip Perfekt: Bitte ordnen Sie.

bleiben ~~werden~~ fahren ~~haben~~ feiern treffen sein sehen

Verben mit *haben*	Verben mit *sein*
haben – gehabt,	*werden – geworden,*

4

Hören	Sprechen	Lesen	**Schreiben**

Schreiben und verstehen: das Perfekt (2)

Perfekt mit *haben*				**Perfekt mit *sein*: Veränderung/Bewegung**			
finden	ich		eine Arbeit gefunden	fahren	wir		nach Prag gefahren
essen	er		Kuchen gegessen	gehen	du		ins Kino gegangen
feiern	ihr		Geburtstag gefeiert	werden	er		krank geworden
				sein	ihr	*seid*	in Erfurt gewesen
				bleiben	sie	*sind*	in Leipzig geblieben

5

Hören	**Sprechen**	Lesen	Schreiben

Wer hat was gemacht?

a) Bilden Sie Sätze.

Sascha Elisabeth | **hat haben ist sind** | **nicht nach Leipzig Freunde krank in Erfurt** | **geworden gekommen geblieben getroffen**

▶ Sascha ist krank geworden.

b) Sprechen Sie im Kurs.

gestern letzte Woche letztes Jahr im Jahr 2000 | **keinen Sport machen Freunde treffen Kuchen essen keinen Urlaub machen viel arbeiten spazieren gehen**

Gestern bin ich spazieren gegangen.

Ich bin gestern nicht spazieren gegangen. Ich habe viel gearbeitet.

6

Hören	Sprechen	Lesen	**Schreiben**

gesagt – getrunken

Ordnen Sie die Partizipien.

~~geflogen~~ ~~gehabt~~ gefunden gesehen gelacht gegessen gegangen gewesen gefeiert gegeben geplant getroffen gesessen geblieben geworden gefahren gemacht

gesagt	getrunken
gehabt,	*geflogen,*

7

Hören	Sprechen	Lesen	**Schreiben**

Schreiben und verstehen: das Partizip Perfekt

regelmäßig:	**ge- -t**	**unregelmäßig:**	**ge- -en**
machen	*ge* mach *t*	fahren	fahr
haben	hab	finden	*ge* fund*en*
planen	plan	werden	word
arbeiten	arbeite	sein	wes

8

Hören	**Sprechen**	Lesen	Schreiben

Heute – gestern

~~arbeiten~~ trinken feiern Fahrrad fahren zu Hause bleiben

▶ Heute arbeite ich nicht.

◁ Gestern hast du auch nicht gearbeitet.

9

Hören	**Sprechen**	Lesen	Schreiben

Hören und sprechen: unbetontes e

a) Hören und sprechen Sie.

planen – geplant – die Reise geplant
fahren – gefahren – Zug gefahren
sitzen – gesessen – im Restaurant gesessen

essen – gegessen – gut gegessen
lachen – gelacht – viel gelacht

b) Eine Reise. Bitte hören Sie.

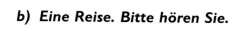

Stadtspaziergang durch Leipzig

1 Leipzig – Stadt des Handels und des Wandels

Hören | Sprechen | **Lesen** | Schreiben

Ordnen Sie zu: vier Bilder und drei Texte. Ein Bild bleibt übrig.

1

2

3

4

A Die Nikolaikirche steht mitten in der Altstadt. 1989 haben viele Leipziger hier für den Frieden gebetet. Hier haben die Montagsdemonstrationen begonnen. Die Nikolaikirche ist ein Symbol für die friedliche Revolution in der DDR geworden.

B Leipzig ist schon immer eine Messestadt gewesen. Das „Doppel-M" ist das Symbol. Es bedeutet **M**uster**m**esse. Zweimal im Jahr kommen Produzenten und Besucher aus aller Welt.

C Johann Sebastian Bach war von 1723 bis 1750 Kantor an der Thomaskirche. Hier hat er viele Passionen, Kantaten und Choräle komponiert und den Thomanerchor geleitet. Im Thomanerchor haben auch die Sänger der Popgruppe „Die Prinzen" gesungen.

2 Bild und Text

Hören | **Sprechen** | Lesen | **Schreiben**

a) Ein Text fehlt. Suchen Sie Wörter. Was passt?

Einkaufspassage, Geschäfte,

elegant,

spazieren gehen,

b) Schreiben Sie einen Text.

Jahrgang „19 hundert 72"

1 Jahreszahlen

Hören	Sprechen	Lesen	Schreiben

Hören Sie und schreiben Sie die Zahl.

1. 1972: neunzehn hundert zweiundsiebzig
2. 1989: ______ hundert ______
3. 1508: ______ hundert ______
4. 2010: ______ tausend ______
5. 2035: ______ tausend ______

2 Der Lebenslauf von Kevin

Hören	Sprechen	Lesen	**Schreiben**

a) Was passt zusammen? Bitte hören Sie.

1972	Gitarre und Klavier studiert
von 1978 bis 1990	Claudia geheiratet
1989	demonstriert
1990	keine Arbeit gehabt
bis 1994	geboren
bis 1995	Abitur gemacht
1998	in die Schule gegangen

b) Bitte ergänzen Sie.

Studium **Heirat** **~~Leipzig~~** **arbeitslos** **Schule** **Abitur** **von ... bis**

Lebenslauf

Kevin Wagner
Nikolaistr. 9
04109 Leipzig

1972	geboren in Leipzig
von 1978 bis 1982	polytechnische ______
____ **1982** ____ **1990**	Thomas-Schule; Sänger im Thomanerchor
1990	Schulabschluss: ______
von 1990 bis 1994	______ an der Musikhochschule: Gitarre und Klavier
von 1994 bis 1995	______
seit 1995	Gitarrist und Texter für die Band „Niemand ist perfekt"
1998	______

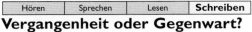

3 Vergangenheit oder Gegenwart?

Hören | Sprechen | Lesen | **Schreiben**

Ergänzen Sie die Biografie von Steffi.

Steffi ist 1972 in Leipzig geboren. Sie *ist* ______ von 1978 bis 1982 in die Grundschule *gegangen* (gehen). Von 1982 bis 1990 ______ Steffi mit Jens und Kevin in die Thomas-Schule ______ (gehen). Ihr Abitur ______ sie 1990 ______ (machen), ihren Hochschulabschluss 1995. Dann ______ sie Glück ______ (haben) und eine Arbeit ______ (finden). Sie ______ (sein) Lehrerin für Sport. Im Studium ______ sie ihren Traummann Markus ______ (treffen). 1996 ______ Markus und Steffi ______ (heiraten). Jetzt ______ (haben) sie eine Tochter, sie ______ (sein) ein Jahr alt. Markus ______ (bleiben) deshalb zu Hause, Steffi ______ (arbeiten) weiter.

4 Biografien

Hören | **Sprechen** | Lesen | **Schreiben**

a) Bereiten Sie ein Interview vor. Schreiben Sie die Fragen.

- geboren
- in die Schule gegangen
- studiert
- arbeitslos gewesen
- gearbeitet
- nach Deutschland gekommen / in Deutschland gewesen
- geheiratet
- ...

1. Wann und wo sind Sie geboren? / Wann und wo bist du geboren?

2. ______

______

b) Machen Sie ein Interview im Kurs.

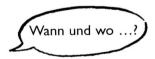

Wann und wo ...?

c) Stellen Sie dann Ihren Partner oder Ihre Partnerin im Kurs vor.

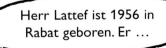

Herr Lattef ist 1956 in Rabat geboren. Er ...

Frau Rozynek ist 1965 in Warschau geboren. Sie ...

Kommen und gehen

1 Wer kommt wann zum Klassentreffen?

Hören | Sprechen | Lesen | Schreiben

Was hören Sie? Kreuzen Sie an.

1. Alex kommt um 10.30 Uhr. Er sagt, er kommt
   um ☐ halb zehn.
   um ☐ halb elf.
2. Jutta kommt um 15.15 Uhr. Sie sagt, sie kommt
   um ☐ Viertel vor drei.
   um ☐ Viertel nach drei.
3. Lutz kommt um 19.45 Uhr. Er sagt, er kommt
   um ☐ Viertel vor acht.
   um ☐ Viertel nach acht.
4. Mandy kommt um 17.10 Uhr. Sie sagt, sie kommt
   um ☐ zehn vor fünf.
   um ☐ zehn nach fünf.

2 Die Uhrzeit

Hören | Sprechen | Lesen | **Schreiben**

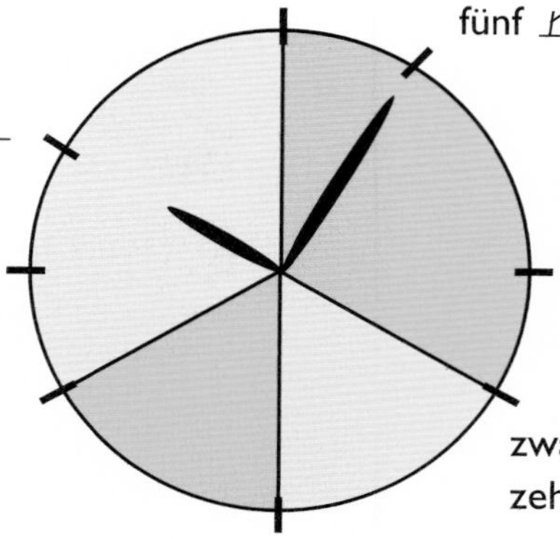

fünf *nach* ______

zehn ______

Viertel ______

______ nach

zwanzig *vor* ______

zehn nach ______

zwanzig ______

zehn vor halb

halb

3 Wie viel Uhr ist es? Es ist …

Hören | **Sprechen** | Lesen | Schreiben

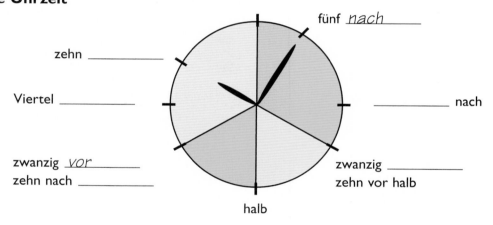

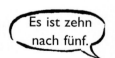

Es ist zehn nach fünf.

4 Wer fährt wann nach Hause?

Hören | Sprechen | Lesen | Schreiben

Was hören Sie? Ordnen Sie zu.

1. Peggy fährt um
2. Horst fährt um
3. Kirsten fährt um
4. Dennis fährt um

A 13.00 Uhr
B 23.20 Uhr
C 12.30 Uhr
D 24.00 Uhr

1	
2	
3	
4	

Grammatik

1 Das Perfekt

→ S. 200

Das Perfekt mit haben

	haben		Partizip Perfekt
Ich	habe	eine Arbeit	gefunden.
Steffi	hat	Kaffee	getrunken.
Es	hat	Veränderungen	gegeben.
Wir	haben	viel	gelacht.
Alle	haben	einen Spaziergang	gemacht.

Das Perfekt mit sein

	sein		Partizip Perfekt
Du	bist	ins Kino	gegangen.
Elisabeth	ist	in Erfurt	geblieben.
Sascha	ist	krank	geworden.
Wir	sind	gestern in Berlin	gewesen.
Ihr	seid	nach Prag	gefahren.

Regel: Die meisten Verben bilden das Perfekt mit ***haben***. Einige Verben bilden das Perfekt mit ***sein***, z. B. Verben der Bewegung (*fahren*), Verben der Veränderung (*werden*), die Verben *sein* und *bleiben*.

2 Das Partizip Perfekt

→ S. 201

Regelmäßige Verben

Infinitiv	Partizip Perfekt		
haben	ge-	hab	-t
machen	ge-	mach	-t
planen	ge-	plan	-t
sagen	ge-	sag	-t
feiern	ge-	feier	-t

Unregelmäßige Verben

Infinitiv	Partizip Perfekt		
fahren	ge-	fahr	-en
finden	ge-	fund	-en
werden	ge-	word	-en
bleiben	ge-	blieb	-en
sein	ge-	wes	-en

Achtung: gearbeit**e**t; geheirat**e**t
Regel: Lernen Sie Infinitiv und Partizip immer zusammen.

3 Die Satzklammer: das Perfekt

→ S. 196

	Verb (Hilfsverb *haben / sein*)	Satzmitte	Satzende (Partizip Perfekt)
Du	hast	viel	gelacht.
Ich	bin	müde	gewesen.
Wen	hat	Steffi	geheiratet?
Wohin	ist	Kevin	gegangen?
	Haben	Sie Arbeit	gefunden?
	Seid	ihr nach Spanien	geflogen?

Satzklammer

Übungsbuch

Zu jeder Kursbuchlektion finden Sie hier im Übungsbuch eine Lektion mit passenden Übungen.
Am besten benutzen Sie Kurs- und Übungsbuch parallel:
Nach jedem Abschnitt im Kursbuch können Sie den neuen Stoff im Übungsbuch üben.

Ein Verweis zeigt Ihnen, zu welchem Abschnitt im Kursbuch die Übungen gehören:

Seite 60	**Aufgabe 1–3**

Das bedeutet: Wenn Sie im Kursbuch auf Seite 60 die Aufgaben 1, 2 und 3 gelöst haben,
können Sie alle Übungen im Übungsbuch bis zum nächsten Verweis machen.

Übrigens können alle Übungen allein bzw. auch zu Hause gemacht werden:
Ein Beispiel zeigt, wie jede Übung funktioniert.
Mit dem Lösungsschlüssel im Anhang kann man seine Antworten auch selbst kontrollieren.

Lektion 1

Guten Tag

Seite 8/9	Aufgabe 1–4

1 Hallo! Was passt?

Tschüs! Guten Abend! Guten Morgen! Auf Wiedersehen! ~~Guten~~ Tag!

1 Guten Tag!

2 ______

3 ______

4 ______

5 ______

2 Fragen und Antworten. Was passt? Kombinieren Sie.

1. Wie heißen Sie bitte?
2. Woher kommst du?
3. Wo wohnst du?
4. Sind Sie Herr Bauer?
5. Wie heißt du?
6. Wohnen Sie in Berlin?

A. Aus Russland.
B. Ich heiße Hansen, Christian Hansen.
C. Nein, mein Name ist Hansen.
D. Ich heiße Maria.
E. Nein, ich wohne in Frankfurt.
F. In Frankfurt.

1	B
2	
3	
4	
5	
6	

3 Eine Antwort passt nicht. A, B oder C?

1. Wie heißt du?
   - A Maria.
   - ~~B~~ ~~Nein, ich heiße Maria.~~
   - C Ich heiße Maria Schmidt.

2. Kommst du aus Deutschland?
   - A Ja, aus Berlin.
   - B Aus Deutschland.
   - C Nein.

3. Wo wohnen Sie?
   - A In Frankfurt.
   - B Ich wohne in Frankfurt.
   - C Ja, in Frankfurt.

4. Sind Sie Frau Schmidt?
   - A Ja, Maria.
   - B Ja, das bin ich.
   - C Nein.

4 Antworten Sie bitte.

Ich komme aus Deutschland. Nein, aus Deutschland. Christian Hansen.
~~Guten Tag!~~ Nein, ich wohne in Frankfurt.

1. Guten Tag! *Guten Tag!*
2. Woher kommen Sie? ______
3. Wohnen Sie in Wien? ______
4. Wie heißen Sie bitte? ______
5. Kommen Sie aus Russland? ______

5 Bitte fragen Sie.

Kommst du aus Deutschland? Wie heißen Sie bitte? Woher kommen Sie?
~~Wie heißt du?~~ Wohnen Sie in Wien?

1. *Wie heißt du?* Ich heiße Philipp.
2. ______ Ja, aus Frankfurt.
3. ______ Mein Name ist Berger.
4. ______ Ich komme aus Österreich.
5. ______ Nein, ich wohne in Salzburg.

6 Was passt?

heiße wohne wo
und ~~heißt~~

Philipp	Wie *heißt* ______ du?
Anna	Anna, ______ du?
Philipp	Ich ______ Philipp.
Anna	Und ______ wohnst du?
Philipp	Ich ______ in Wien.

Sind aus
Kommen Name

Herr Hansen	______ Sie Herr Berger?
Herr Bauer	Nein, mein ______ ist Bauer.
Herr Hansen	______ Sie aus Deutschland?
Herr Bauer	Ja, ______ Bremen.

7 *Wo? Woher? Wie?* Ergänzen Sie.

1. *Wo* ______ wohnst du?
2. ______ heißen Sie?
3. ______ kommst du?
4. ______ heißt du?
5. ______ wohnen Sie?
6. ______ kommen Sie?

8 *Sie* oder *du*?

a) Bitte ordnen Sie.

~~Kommen Sie aus Deutschland?~~ Wie heißen Sie? Woher kommst du? Bist du Christian? Wo wohnen Sie? Sind Sie Herr Bauer? Wie heißt du? Wohnst du in Berlin?

Sie	du
Kommen Sie aus Deutschland?	

b) Markieren Sie bitte.

1. ▶ Woher kommst du?
   ◁ Aus Russland. Und du?
   ▶ Ich komme aus Österreich.

   Sie **(du)**

2. ▶ Hallo, Frau Schmidt!
   ◁ Guten Abend, Frau Fischer.

   Sie **du**

3. ▶ Entschuldigung, wie ist Ihr Name?
   ◁ Ich heiße Hansen. Und Sie?
   ▶ Mein Name ist Berger.

   Sie **du**

4. ▶ Tschüs, Anna!
   ◁ Tschüs, Philipp!

   Sie **du**

9 *Sie, du, ich?* Bitte ergänzen Sie.

1. ▶ Wie heißen *Sie* ______ bitte?
   ◁ ______ heiße Juri Filipow.
   ▶ Kommen ______ aus Russland?
   ◁ Ja, ______ komme aus Moskau. Und ______?
   ▶ ______ komme aus Deutschland.

2. ▶ Woher kommst ______?
   ◁ ______ komme aus Bremen.
   ▶ ______ heiße Anna. Und wie heißt ______?
   ◁ Thomas.
   ▶ Wohnst ______ auch in Bremen?

10 Was ist richtig?

1. Woher — komme / kommst / kommt — du?
2. Ich — heiße / heißen / heißt — Philipp.
3. Wo — wohne / wohnen / wohnst — Sie?
4. Wie — heiße / heißen / heißt — Sie?
5. Bin / Bist / Sind — du Anna?
6. Ich — komme / kommen / kommst — aus Wien.

11 Vier Fragen

~~Woher~~ Maria Schmidt Sind Sie heißen ~~kommen~~ ~~Sie~~
Wo Sie Sie wohnen Wie

a) Schreiben Sie bitte.

Woher kommen Sie?

____

____

____

b) Und du?

Woher kommst du?

____

____

____

12 Ein Dialog: Sprechen Sie mit Nina.

Nina: Guten Morgen!

☺ *Guten Morgen!*

Nina: Ich heiße Nina. Und du?

☺ ______________________.

______________________?

Nina: Aus Deutschland. Und du?

☺ ______________________.

Nina: Wo wohnst du?

☺ ______________________.

______________________?

Nina: In Frankfurt.

Die Welt

Seite 10	Aufgabe 1–5

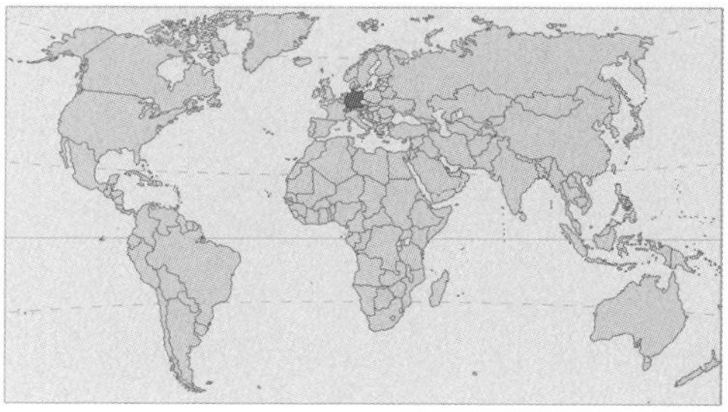

1 Was passt nicht?

1. Australien Europa ~~Österreich~~ Asien
2. Deutschland Russland Österreich Frankfurt
3. wohnen liegen woher kommen
4. wo Weltkarte wie woher

2 Lesen Sie im Kursbuch Seite 10, Aufgabe 1. Ergänzen Sie bitte.

Eine Weltkarte. Hier ist E<u>uropa</u>______. Wo ist die Sch______?
Wo ist Ö______? Wo ist D______?
D______, Ö______ und die Sch______ liegen in E______.
Hier sprechen viele Menschen Deutsch.
Wohnen Sie auch in E______? Oder in A______? Und woher kommen Sie?
Aus A______? Aus A______ oder aus A______?

3 Suchen Sie 10 Länder.

1. China
2. ______
3. ______
4. ______
5. ______

R	A	K	M	H	A	N	X	B	I
U	M	E	I	O	P	O	L	E	N
S	P	N	V	B	K	R	J	L	D
S	Y	I	J	C	O	W	B	G	I
L	S	A	A	H	C	E	M	I	E
A	M	Q	P	I	W	G	T	E	N
N	S	P	A	N	I	E	N	N	A
D	S	D	N	A	G	N	H	U	B
F	R	A	N	K	R	E	I	C	H

6. ______
7. ______
8. ______
9. ______
10. ______

4 a) Was ist Deutsch? Markieren Sie bitte.

1. A España / B Spain / ~~C~~ Spanien
2. A Austria / B Österreich / C Oostenrijk
3. A Schweiz / B Suisse / C Switzerland
4. A France / B Francja / C Frankreich
5. A Großbritannien / B Great Britain / C Gran Bretaña
6. A Rusko / B Rússia / C Russland

b) *-ien, -land, -reich*: Lesen Sie im Kursbuch Seite 10 und ergänzen Sie.

-ien: Argentinien, ______
-land: ______
-reich: ______

5 Schreiben Sie richtig.

1. dAs IsT eiNE welTkARte. *Das ist eine Weltkarte.*
2. hIEr ist asIEN. ______
3. CHiNa, inDieN UND japAn liegeN iN aSiEn. ______
4. SprechEN diE menSCHeN hieR deuTSCH? ______

6 Ist das richtig?

1. Wo liegt China? In Australien? *Nein, in Asien.*
2. Wo liegt Österreich? In Amerika? ______
3. Wo liegt Marokko? In Asien? ______
4. Wo liegt Indien? In Europa? ______
5. Wo liegt Ecuador? In Afrika? ______

Seite 11	Aufgabe 6–7

1 Kreuzworträtsel. Was ist das?

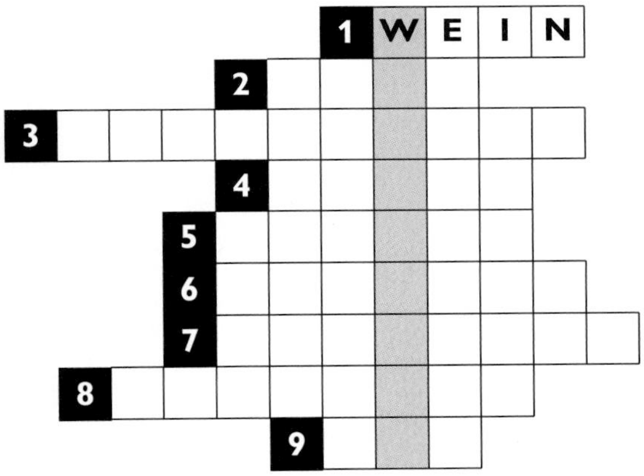

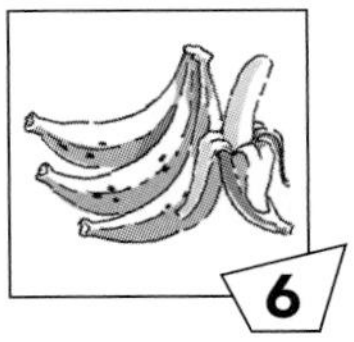

Lösungswort: W______

2 Ordnen Sie bitte.

~~in~~	kommen	ist	aus	wohnen	liegt

Mitten in Europa

Seite 12	Aufgabe 1–3

1 Was ist richtig?

1. Wo — fährt / ist / kommt — der Zug?
2. Wo / Woher / Wohin — kommt — der Zug?
3. Wohin — fährt / ist / kommt — der Zug?
4. Deutschland — kommt / liegt / wohnt — mitten in Europa.

2 *Wo* oder *wohin*? Wie fragen Sie?

1. Deutschland liegt in Europa.
2. Der Zug fährt nach Berlin.
3. Herr Hansen wohnt in Frankfurt.
4. Berlin ist in Deutschland.
5. Viele Menschen fahren nach Amerika.

Wo?

Wohin?

3 *Aus, in* oder *nach*?

1. Wo liegt Deutschland? In ________ Europa.
2. Woher kommt der Tee? ________ Asien.
3. Wohin fährt der Zug? ________ Berlin.
4. Woher kommen die Bananen? ________ Ecuador.
5. Wo wohnt Frau Hansen? ________ Frankfurt.

4 *Wo, woher, wohin? Aus, in, nach?* Markieren Sie.

1. A Wo / B Woher / C Wohin — fährt der Zug? — D Aus / E In / F Nach — Paris. — 1. C F
2. A Wo / B Woher / C Wohin — liegt Deutschland? — D Aus / E In / F Nach — Europa. — 2. ☐ ☐
3. A Wo / B Woher / C Wohin — kommen Sie? — D Aus / E In / F Nach — Spanien. — 3. ☐ ☐

5 Wie fragen Sie?

1. Der Zug ist in Deutschland. *Wo ist der Zug?*
2. Er kommt aus Kopenhagen. ______
3. Vielleicht fährt er nach Wien. ______
4. Deutschland liegt mitten in Europa. ______
5. Viele Menschen fahren nach Paris. ______

Ein Zug in Deutschland

Seite 13	Aufgabe 1–2

1 Wie heißen die 8 Verben?

~~ar-~~ schla- woh- -sen ver- rei- ~~-ten~~ -ste- -ren -fen -nen
~~-bei-~~ ler- spie- fah- -len -nen -hen

arbeiten ______ ______ ______
______ ______ ______ ______

2 Was passt? Bitte kombinieren Sie.

1. nach Köln *fahren*
2. Karten ______
3. Urlaub ______
4. Deutsch ______
5. aus Australien ______
6. in Deutschland ______

~~fahren~~ **machen** **arbeiten** **spielen** **lernen** **kommen**

3 Ein Zug in Deutschland. Schreiben Sie Sätze.

Anna **Martin Miller** **Lisa und Tobias**

reist/reisen **lernt/lernen** **kommt/kommen** **spielt/spielen** **arbeitet/arbeiten** **fährt/fahren**

Karten **in Deutschland** **aus Polen** **nach Italien** **Deutsch** **sehr viel**

Anna lernt Deutsch.
______
______

4 Lesen Sie Seite 13, Aufgabe 1. Wer macht was?

Frau Mohr
- *wohnt in Berlin.*
- *reist sehr viel.*
- *fährt nach Brüssel.*

Anna und Thomas
- ______
- ______

Frau Schmidt
- ______
- ______
- ______
- ______

5 Personen: *er* oder *sie*? Bitte ergänzen Sie.

1. Marlene Steinmann fährt nach Köln.	*Sie* ist Fotografin.
2. Lisa und Tobias fahren nach Italien.	______ spielen Karten.
3. Martin Miller reist sehr viel.	______ ist Journalist.
4. Frau Schmidt kommt aus Dortmund.	______ schläft.
5. Anna und Thomas fahren nach Süddeutschland.	______ wohnen in Bremen.

Seite 14	Aufgabe 3–6

1 3. Person Singular oder Plural?

a) Was ist richtig? Markieren Sie bitte.

1. Wo arbeiten / arbeitet Martin Miller?
2. Lisa und Tobias spielen / spielt Karten.
3. Frau Mohr fahren / fährt heute nach Brüssel.
4. Anna und Thomas wohnen / wohnt in Bremen.
5. Marlene Steinmann ist / sind Fotografin.
6. Woher kommen / kommt Frau Schmidt?

b) Ergänzen Sie.

1. Wo mach*en* Frau Schmidt, Lisa und Tobias Urlaub?	In Italien.
2. Wo wohn______ Anna und Thomas?	In Bremen.
3. Wohin fähr______ Martin Miller heute?	Nach Köln.
4. Woher komm______ Anna?	Aus Polen.
5. Wo wohn______ Marlene Steinmann?	In Köln.
6. Wohin fahr______ Frau Schmidt, Lisa und Tobias?	Nach Italien.

2 Fragen Sie bitte: *Wer?*

1. Wer kommt aus Australien? — Martin Miller kommt aus Australien.
2. ______________________ — Frau Mohr wohnt in Berlin.
3. ______________________ — Martin Miller und Marlene Steinmann arbeiten in Deutschland.
4. ______________________ — Frau Schmidt schläft.
5. ______________________ — Marlene Steinmann fährt nach Köln.
6. ______________________ — Frau Schmidt, Lisa und Tobias machen Urlaub.

3 *Wer?* Fragen und antworten Sie.

1. (spielen) Wer spielt ______ Karten? — Lisa und Tobias spielen ______ Karten.
2. (schlafen) Wer ______ ? — Frau Schmidt ______ .
3. (fahren) Wer ______ nach Italien? — Frau Schmidt, Lisa und Tobias ______ nach Italien.
4. (wohnen) Wer ______ in Bremen? — Thomas und Anna ______ in Bremen.
5. (reisen) Wer ______ viel? — Martin Miller und Frau Mohr ______ viel.
6. (lernen) Wer ______ Deutsch? — Anna ______ Deutsch.

4 Bitte ergänzen Sie.

1. Marlene Steinmann fä_hrt_ nach Köln.
2. Frau Schmidt f__hr__ nach Italien. Sie mach__ Urlaub. Sie schl__f__.
3. Lisa und Tobias f__hr__ nach Italien. Sie schl__f__ nicht. Sie spiel__ Karten.
4. Martin Miller arbeit__ in Deutschland. Er reis__ viel. Heute f__hr__ er nach Köln.
5. Anna wohn__ in Bremen. Sie f__hr__ nach Süddeutschland.

5 Alles falsch?

a) Ergänzen Sie *nein* und *nicht*.

1. Spielt Frau Schmidt Karten? — Nein ______, sie spielt nicht ______ Karten.
2. Schlafen Lisa und Tobias? — ______, sie schlafen ______ .
3. Kommt Martin Miller aus Belgien? — ______, er kommt ______ aus Belgien.
4. Wohnt Frau Mohr in Brüssel? — ______, sie wohnt ______ in Brüssel.
5. Kommen Anna und Thomas aus Italien? — ______, sie kommen ______ aus Italien.
6. Fährt Marlene Steinmann nach Bremen? — ______, sie fährt ______ nach Bremen.

b) Antworten Sie mit *nein*.

1. Sind Sie Frau Schmidt? — Nein, ich bin nicht Frau Schmidt.
2. Kommen Sie aus Österreich? — ______________________
3. Wohnen Sie in Leipzig? — ______________________
4. Arbeiten Sie in Leipzig? — ______________________
5. Fahren Sie nach China? — ______________________

1 **Ein Dialog: Bitte ordnen Sie.**

- [] Nein, wir kommen aus Bremen.
- [] Wir fahren nach München. Und wohin fährst du?
- [] Wir machen Urlaub.
- [] Ich fahre nach Köln. Kommt ihr aus München?
- [] Ah ja. Was macht ihr in München?
- [1] Wohin fahrt ihr?

2 **Verbformen. Was ist richtig? Markieren Sie bitte.**

1. Wohin fahren ihr?
 (fahrt)
 fährt

2. Wir ist aus Bremen.
 seid
 sind

3. Machen ihr Urlaub in Italien?
 Machst
 Macht

4. Woher kommen ihr denn?
 kommst
 kommt

5. Ich lerne Deutsch.
 lernst
 lernt

6. Verstehe du schon ein bisschen?
 Verstehst
 Versteht

3 **Wie heißt das Lösungswort? Bitte ergänzen Sie.**

(fahren) ich
(arbeiten) er
(machen) Lisa und Tobias
(wohnen) wir
(kommen) du
(lernen) Anna
(reisen) Anna und Thomas
(sein) du
(schlafen) ihr
(verstehen) ich

F	A	H	R	E

4 **Sie verstehen nicht gut. Bitte fragen Sie.**

1. Mein Name ist Rademacher. _Wie bitte? Wie ist Ihr Name?_
2. Ich heiße Sonja. _____
3. Ich komme aus Rzeszów. _____
4. Wir wohnen in Wasserburg. _____
5. Wir fahren nach Mainz. _____

5 Bitte antworten Sie.

1. Fährst du nach Frankfurt? *Nein, ich fahre nach* Berlin.
2. Kommen Sie aus Hannover, Herr Bauer? ______ Bremen.
3. Wohin fahrt ihr? ______ Österreich.
4. Woher kommt ihr? ______ Italien.
5. Woher kommen Sie? ______ Leipzig.
6. Was macht ihr in Berlin? ______ Urlaub.

6 Ergänzen Sie bitte.

1. *Er/Sie* arbeitet in Deutschland.
2. Lernst ______ Deutsch?
3. Thomas und Anna, macht ______ in Süddeutschland Urlaub?
4. Und Sie, wie heißen ______?
5. Das sind Herr und Frau Hansen, ______ reisen sehr viel.
6. Fahrt ______ nach Moskau?
7. ______ heiße Philipp.

7 Pronomen und Verbformen. Markieren Sie bitte.

ich	du	er	sie	wir	ihr	sie	Sie	Verbform
×								komme
								machen
								fährst
								schlaft
								arbeitet
								reist

8 Was passt?

a) Kombinieren Sie.

Urlaub	reisen
in Moskau	arbeiten
Deutsch	machen
nach Japan	lernen
sehr viel	fahren

b) Schreiben Sie Sätze.

Wir machen Urlaub. Machst du auch Urlaub?

______

______

Auf Wiedersehen

Seite 16/17	Zahlen

1 Wort und Zahl

1. vierundzwanzig 24
2. dreißig ______
3. achtundneunzig ______
4. siebenundvierzig ______
5. sechzehn ______
6. einundfünfzig ______
7. siebenundsiebzig ______
8. dreiundsechzig ______

2 Bitte ordnen Sie die Zahlen.

1. zehn / neun / elf 9, 10, 11
2. vierzehn / zwölf / sechzehn ______
3. einunddreißig / neunundzwanzig / dreißig ______
4. achtzig / neunzig / siebzig ______
5. zweiundzwanzig / elf / dreiunddreißig ______

3 Schreiben Sie bitte die Telefonnummern.

1 zwei acht – drei eins – fünf vier

2 drei – zehn – zweiundachtzig – einundfünfzig

3 sechsunddreißig – zehn – null sechs – neunundzwanzig

4 null acht neun – sieben drei fünf – eins sieben – drei drei

5 null acht eins fünf zwei – acht drei – acht vier

1. 28 31 54
2. ______
3. ______
4. ______
5. ______

Seite 16/17	Aufgabe 1–3

1 Schreiben Sie richtig.

1. VielleichtkommtihreinmalnachKöln. Vielleicht kommt ihr einmal nach Köln.
2. MeineAdresseistSandhofstraßezwölf. ______
3. WieistdeineTelefonnummer? ______
4. HierdasistmeineKarte. ______
5. DannnochguteReise! ______

2 Eine Visitenkarte. Fragen Sie bitte.

Martin Miller
Journalist
Pfalzburger Straße 8
10719 Berlin

Tel.: 030/88764613
Fax: 030/88764614

Wie heißen Sie?

______________________ ?

______________________ ?

______________________ ?

3 Bitte kombinieren Sie.

1. Name
2. Vorname
3. Nachname
4. Adresse
5. Postleitzahl
6. Telefonnummer
7. Faxnummer
8. Vorwahl
9. E-Mail-Adresse

A 60439
B Fax: 069/2672133
C Dillgasse 5, 60439 Frankfurt am Main
D Julia Weber
E Tel.: 069/2672133
F 069
G Julia
H julia.weber@t-online.de
I Weber

1	*D*
2	
3	
4	
5	
6	
7	
8	*F*
9	

4 Die Visitenkarte. Ergänzen Sie.

Vorname | ______

Julia Weber

Dillgasse 5
60439 Frankfurt am Main
Tel.: 069 /2672133
Fax: 069 /2672134
julia.weber@t-online.de

______ | Postleitzahl | Vorwahl | ______ | ______ | E-Mail-Adresse

Im Deutschkurs

Seite 18	Aufgabe 1–4

1 Wie heißen die Verben? Kombinieren Sie.

lern-
nummer-
frag-
mark-
antwort-
buchstab-
ergänz-
kombin-

-en
-ieren

lernen
______
______
______
______
______
______
______

2 Was hören Sie im Deutschkurs?

Hören Sie bitte.

______

______

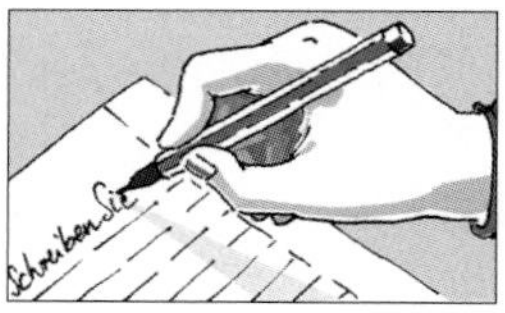

______

3 Imperative: Was passt? Schreiben Sie bitte.

~~nummerieren~~ markieren kombinieren antworten
ergänzen buchstabieren fragen

1. dreizehn [1]
   fünfzehn [3]
   vierzehn [2]

   Nummerieren Sie bitte.

2. S-a-n-d-h-o-f

   ______

3. Der Zug fährt ______ Berlin.

   ______

4. Wo wohnst du?

   ______

5. ▶ …? ◁ Ich fahre nach Italien.

   ______

6. Frau Schmidt machen / (macht) Urlaub.

   ______

7. Urlaub – Deutsch – Karten / spielen – machen – lernen

   ______

1 Aussagesätze. Ordnen Sie und schreiben Sie bitte.

1. ist / mein Name / Thomas Bauer /.
2. sehr viel / Frau Mohr / reist /.
3. liegt / Deutschland / mitten in Europa /.
4. Lisa und Tobias / Karten / spielen /.
5. Martin Miller / nach Berlin / fährt /.

	Position 2	
Mein Name	ist	Thomas Bauer.

2 Fragen. Ordnen Sie bitte und schreiben Sie.

a) W-Fragen

1. ihr / wohin / fahrt / ?
2. heißen / Sie / wie / ?
3. du / hier / machst / was / ?
4. Urlaub / wer / macht / ?

	Position 2	
Wohin	fahrt	ihr?

b) Ja-/Nein-Fragen

1. du / Deutsch/ lernst / ?
2. wohnen / Sie / in Berlin / ?
3. Frau Mohr / nach Brüssel / fährt / ?
4. aus Spanien / seid / ihr / ?

Position 1	
Lernst	du Deutsch?

3 Wo ist das Verb? Bitte schreiben Sie Sätze.

1. kommen / woher / Sie / ? — Woher kommen Sie?
2. aus Frankfurt / Sie / kommen / ? — ____________
3. Sie / Deutsch / ein bisschen / verstehen / ? — ____________
4. fahre / nach Berlin / ich /. — ____________
5. Sie / wohin / fahren / ? — ____________
6. Urlaub / machen / in Polen / wir /. — ____________

4 Imperativ. Schreiben Sie.

1. fragen
2. nummerieren
3. ordnen
4. buchstabieren
5. antworten

Position 1	
Fragen	Sie.

Lektion 2

Bilder aus Deutschland

Seite 20/21	Aufgabe 1

1 Lesen Sie im Kursbuch Seite 20–21, Aufgabe 1a. Richtig (r) oder falsch (f)?

1. Von Rostock fahren viele Schiffe nach Dänemark. ______ ~~r~~ f
2. Im Ruhrgebiet sind viele Fabriken. ______ r f
3. Die Autobahnen im Ruhrgebiet sind immer voll. ______ r f
4. Der Hauptbahnhof von Köln ist nicht sehr groß. ______ r f
5. Der Platz im Zentrum von Köln heißt „Römer". ______ r f
6. Viele Häuser im Zentrum von Frankfurt sind sehr alt. ______ r f
7. Die Alpen liegen in Norddeutschland. ______ r f

2 Wörter. Was passt?

Eurocity ~~Menschen~~ Lastwagen Kirche ~~Restaurants~~ Zug Auto Rathaus

1. Platz: *Restaurants, Menschen*
2. Bahnhof: ______
3. Autobahn: ______
4. Gebäude: ______

3 Was passt nicht?

1. Hafen – ~~Telefon~~ – Schiff – Norddeutschland
2. Zug – Zitrone – Bahnhof – Eurocity
3. Lastwagen – Adresse – Bus – Auto
4. Fabrik – Kirche – Mensch – Rathaus
5. Frage – Dorf – Stadt – Region
6. Bier – Gebäude – Kaffee – Tee
7. Name – Restaurant – Telefonnummer – Adresse
8. Zitrone – Tomate – Berg – Banane

4 Sätze. Bitte schreiben Sie richtig.

1. dasisteinestadtindeutschlanddiestadtheißtfrankfurt
   Das ist eine ______
2. DASISTDERHAUPTBAHNHOFINKÖLNVIELEZÜGEFAHRENNACHKÖLN
   ______
3. dASisTeiNPLatZinfRANKfurTDASgEbäUdeRechtsIStdAsrAThaUS
   ______

Seite 21 | Aufgabe 2

1 *ein/der, eine/die* oder *ein/das*? Ordnen Sie bitte.

Restaurant Hafen Gebäude Stadt Platz ~~Fabrik~~
Rathaus Lastwagen Region

ein/der	eine/die	ein/das
______	Fabrik	______
______	______	______
______	______	______

2 *ein* oder *eine*? Markieren Sie.

	ein	eine	
1.	X	○	das Auto
2.	○	○	die Weltkarte
3.	○	○	der Bus
4.	○	○	die Adresse
5.	○	○	das Haus
6.	○	○	der Zug
7.	○	○	das Produkt
8.	○	○	der Lastwagen

3 Die Schweiz – *der, die* oder *das*? Ergänzen Sie bitte.

Die Schweiz: Die Menschen hier sprechen vier Sprachen. 65 % (Prozent) im Norden und Osten sprechen Deutsch. In der Schweiz liegen viele Berge: die Alpen.

1. Im Nordwesten liegt _die_ Stadt Basel. Im Zentrum von Basel liegt ein Platz, der Marktplatz. ______ Gebäude rechts ist ______ Rathaus.
2. ______ Dorf Grindelwald liegt mitten in der Schweiz. Der Berg hier heißt Eiger. In Grindelwald machen viele Menschen Urlaub. ______ Region heißt Berner Oberland.
3. ______ Stadt Genf liegt im Westen. Im Zentrum von Genf liegt ______ Hauptbahnhof. Jeden Tag fahren viele Züge von Genf nach Frankreich.
4. Im Südosten liegt Bellinzona. Nach Italien sind es 10 km. ______ Autobahn E9 von Bellinzona nach Mailand ist immer voll.

4 Verben. Bitte ergänzen Sie.

1. Das Schiff kommt aus Norwegen. *Es* ______ *fährt* ______ nach Deutschland. (fahren)
2. Frau Baraldi wohnt in Bellinzona. ______ ______ Lucia. (heißen)
3. Der Bahnhof liegt im Zentrum von Genf. ______ ______ sehr groß. (sein)
4. Herr Fischer ist in Grindelwald. ______ ______ hier Urlaub. (machen)
5. Die Berge in Grindelwald sind die Alpen. ______ ______ in der Schweiz, in Österreich und in Deutschland. (liegen)

Seite 22/23	Aufgabe 3–8

1 *ein, eine, ein – der, die, das.* Was ist das?

1. Das ist *eine* ______ Kirche. *Die* ______ Kirche heißt Paulskirche.
2. Das ist ______ Lastwagen. ______ Lastwagen kommt aus Italien.
3. Das ist ______ Restaurant. ______ Restaurant liegt im Zentrum von Rostock.
4. Das ist ______ Autobahn. ______ Autobahn ist voll.
5. Das ist ______ Rathaus. ______ Rathaus heißt „Römer".

2 *ein, eine, ein – der, die, das.* Was ist wie?

1. Schiff, groß: *Das ist ein Schiff. Das Schiff ist groß.*
2. Bus, voll: ______
3. Kirche, alt: ______
4. Restaurant, gut: ______
5. Zug, lang: ______

3 Singular und Plural. Bitte ergänzen Sie.

a)

	Singular	Plural
1.	Café	*Cafés*
2.	Auto	______
3.	Lastwagen	______
4.	Stadt	______
5.	Haus	______
6.	Dorf	______

b)

	Singular	Plural
1.	*Schiff*	Schiffe
2.	______	Berge
3.	______	Züge
4.	______	Straßen
5.	______	Autobahnen
6.	______	Restaurants

4 Was ist Singular, was ist Plural? Bitte ordnen Sie.

~~Häuser~~ ~~Bus~~ **Dörfer** **Zug** **Auto** **Kirchen** **Stadt** **Plätze**

Singular	Plural
Bus,	*Häuser,*

5 Singular oder Plural? Markieren Sie.

		Singular	Plural
1.	Telefonnummern	☐	☒
2.	Fotoapparate	☐	☐
3.	Urlaub	☐	☐
4.	Banane	☐	☐
5.	Adressen	☐	☐
6.	Beispiele	☐	☐
7.	Mensch	☐	☐
8.	Welt	☐	☐

6 Der Plural. Bitte ordnen Sie.

Berge Dörfer Autobahnen Regionen Lastwagen Plätze Städte Restaurants Kirchen Bahnhöfe Straßen

-e	-(e)n	-er	–	-s
Schiffe,	*Fabriken,*	*Rathäuser,*	*Gebäude,*	*Autos,*

7 Bitte schreiben Sie Sätze.

1 aus Frankfurt kommen

2 nach Italien fahren

3 in Österreich liegen

4 aus Spanien kommen

5 im Ruhrgebiet liegen

6 in Köln sein

1. *Das sind Autos. Die Autos kommen aus Frankfurt.*
2. ______
3. ______
4. ______
5. ______
6. ______

Eine Stadt, ein Dorf

Seite 24	Aufgabe 1

1 Lesen Sie im Kursbuch Seite 24, Aufgabe 1. Was passt?

1.	Das Café	trinkt	nicht.
2.	Die Frauen	essen	Kaffee.
3.	Anna Brandner	wartet	Schokoladentorte.
4.	Die Kinder	kommt	schon 20 Minuten.
5.	Ein Mann	ist	Fußball.
6.	Der Bus	spielen	sehr voll.

1. *Das Café ist sehr voll.*
2. ______________________
3. ______________________
4. ______________________
5. ______________________
6. ______________________

2 Bitte kombinieren Sie.

①	Auto	A	sprechen	1	*D*
②	Kaffee	B	warten	2	
③	Fußball	C	machen	3	
④	Urlaub	D	fahren	4	
⑤	Torte	E	kommen	5	
⑥	20 Minuten	F	essen	6	
⑦	Deutsch	G	trinken	7	
⑧	aus Frankfurt	H	spielen	8	

3 Was passt?

1. trinken: *Bier, Tee*
2. essen: ______________
3. fahren: ______________
4. spielen: ______________
5. sein: ______________

~~Tee~~ Journalist Fußball Zug Tomaten Bus Karten ~~Bier~~ Zitroneneis Fotografin

4 Verben. Was ist richtig?

1. Frau Brandner und Frau Preisinger (kommen) / kommt aus Süddeutschland.
2. Frau Brandner trinken / trinkt Eiskaffee.
3. Die Kinder spielen / spielt Karten.
4. Der Mann und die Frau warten / wartet schon 15 Minuten.
5. Die Autobahn: Hier fahren / fährt viele Lastwagen.
6. Der Euro-City ist / sind sehr voll.

5 Bitte ergänzen Sie.

10 Minuten spielen Bus Café nicht viele ~~im Zentrum~~ trinkt jeden Tag

1. Ein Platz _im Zentrum_ von Frankfurt.
2. Frau Goldberg ist im ______ Heller.
3. Sie ist ______ hier.
4. Sie ______ Tee.
5. Ein Mann wartet schon ______.
6. Der ______ kommt nicht.
7. Zwei Kinder ______ Fußball.
8. Hier fahren ______ Autos.

6 *ein – der – er …* Ergänzen Sie bitte.

1. Das ist _ein_ Mann. _Der_ Mann wartet im Café. _Er_ trinkt Kaffee.
2. Das ist ______ Frau. ______ Frau wartet nicht. ______ schläft.
3. Das sind ______ Kinder. ______ Kinder sind noch klein. ______ spielen Fußball.
4. Das ist ______ Bus. ______ Bus kommt aus Budapest. ______ fährt nach Berlin.
5. Hier kommt ______ Auto. ______ Auto fährt langsam. ______ ist alt.
6. Da kommt ______ Zug. ______ Zug fährt nach Köln. Dann fährt ______ nach Bonn.

7 Sie hören nicht gut.

1. Das ist Frau Bellini. – _Wie bitte, wer ist das?_ – Frau Bellini.
2. Sie heißt Anna Bellini. – _Wie bitte,_ ______ – Anna Bellini.
3. Sie kommt aus Mailand. – ______ – Aus Mailand.
4. Mailand liegt in Italien. – ______ – In Italien.
5. Sie fährt nach Köln. – ______ – Nach Köln.
6. In Köln sind viele Museen. – ______ – Viele Museen.

8 Bilder und Sätze. Bitte ordnen und schreiben Sie.

~~Die Kinder spielen Fußball~~. Der Zug kommt nicht.

Die Straße ist der Fußballplatz. Sie wartet schon 20 Minuten.

~~Hier sind viele Menschen: Der Bahnhof ist voll~~. Das Café ist im Zentrum.

Sie essen Torte. Eine Frau wartet. Sie spielen jeden Tag hier.

Der Mann trinkt Kaffee, die Frau trinkt Tee. Hier fahren nicht viele Autos.

~~Eine Frau und ein Mann sind im Café~~.

Ein Bahnhof

Hier sind viele Menschen: Der Bahnhof ist voll.

Ein Café

Eine Frau und ein Mann sind im Café.

Eine Straße

Die Kinder spielen Fußball.

Seite 25	Aufgabe 2–4

1 Wie ist …? Bitte markieren Sie.

1.	Herr Bachmann ist 95. Er ist	☐ lang	☒ alt	☐ groß.
2.	Die Reise ist	☐ kalt	☐ leer	☐ lang.
3.	Die Liste ist	☐ heiß	☐ kurz	☐ langsam.
4.	Das Land ist	☐ klein	☐ schnell	☐ kurz.
5.	Der Urlaub ist	☐ langsam	☐ lang	☐ leer.
6.	Die Schokolade ist	☐ voll	☐ schnell	☐ gut.

2 Was sagen die Leute im Café Exquisit? Finden Sie die Sätze.

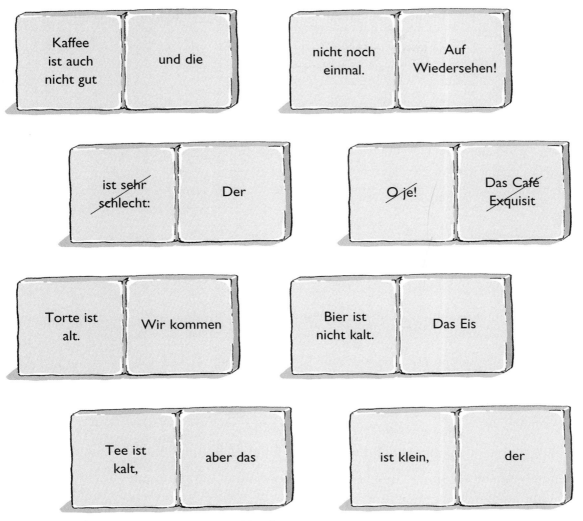

Kaffee ist auch nicht gut	und die
nicht noch einmal.	Auf Wiedersehen!
~~ist sehr schlecht:~~	Der
~~O je!~~	~~Das Café Exquisit~~
Torte ist alt.	Wir kommen
Bier ist nicht kalt.	Das Eis
Tee ist kalt,	aber das
ist klein,	der

O je! Das Café Exquisit ist sehr schlecht:

3 *Nicht kalt – heiß*. Bitte schreiben Sie.

langsam **voll** **gut** **rechts** ~~**heiß**~~ **klein** **kurz**

1. ▶ Der Kaffee ist kalt. ◁ *Nein, der Kaffee ist nicht kalt!* *Er ist heiß.*
2. ▶ Der Mann ist groß. ◁ *Nein,* ______ ! ______
3. ▶ Das Bier ist schlecht. ◁ *Nein,* ______ ! ______
4. ▶ Der Bus ist schnell. ◁ *Nein,* ______ ! ______
5. ▶ Der Zug ist lang. ◁ *Nein,* ______ ! ______
6. ▶ Die Kirche ist links. ◁ *Nein,* ______ ! ______

4 Was ist wie?

	groß	klein	gut	schlecht	langsam	schnell
1. die Weltkarte	+		+			
2. das Bananeneis		+		+		
3. das Hotel	+			+		
4. der Lastwagen	+				+	
5. das Geschäft	+		+			
6. der Computer		+	+			+

1. *Die Weltkarte ist groß und gut.*
2. ________________
3. ________________
4. ________________
5. ________________
6. ________________

Seite 25	Aufgabe 5

1 Was ist hier falsch? Schreiben Sie richtig.

~~Fußball~~ / stadt   Eis / zug   Schokoladen / ~~platz~~   Schnell / torte   Groß / kaffee

1. *der Fußballplatz* 2. ______ 3. ______ 4. ______ 5. ______

2 Was ist das? Kombinieren Sie.

1 +

2
= *der Eiskaffee*

7 +

8
= ________________

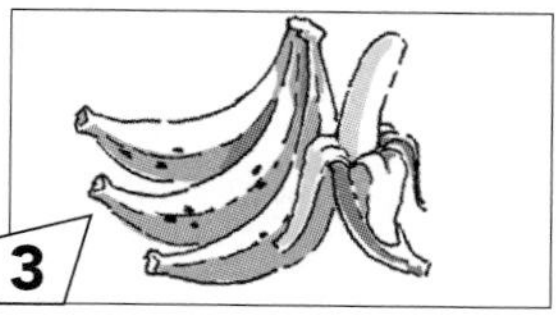
3 +

4
= ________________

9 +

10
= ________________

5 +

6
= ________________

11 +

12
= ________________

Die Stadt Frankfurt

Seite 26	Aufgabe 1–2

1 Lesen Sie im Kursbuch Seite 26, Aufgabe 1. Ergänzen Sie dann die Sätze.

Kino, kein Kaufhaus und kein Museum. — ist ganz nah. — im ~~Zentrum von~~ Frankfurt. — Menschen. — Auto und kein Bus. — arbeiten nicht hier, sie arbeiten im Zentrum. — viele Theater, Hotels, Restaurants und Kinos. — ist ~~Frankfurt~~: — gehen zu Fuß.

Die Straße „Zeil" liegt *im Zentrum von Frankfurt.*
Hier fährt kein ______
Hier sind nur Geschäfte, Kaufhäuser und viele ______
Und alle ______
Im Zentrum von Frankfurt sind auch ______
______
Die Paulskirche, das Rathaus, der Main und die Museen: alles ______
______

Auch das *ist Frankfurt:*
Wohnhäuser, Supermärkte und viele Autos – aber kein ______
______
Viele Menschen wohnen am Stadtrand, aber sie ______
______

Seite 26/27	Aufgabe 3–5

1 Bitte ordnen Sie.

~~Menschen~~ Züge Banken das ~~Wohnhaus~~ die Fotografin der Bus Geschäfte die Schule Frauen das ~~Auto~~ Männer das Schiff der Journalist der Supermarkt der Lastwagen

Menschen,

das Wohnhaus,

das Auto,

2 Wo? Bitte verbinden Sie.

① schlafen	A Wohnhaus	1	*D*
② lernen	B Straße	2	
③ arbeiten	C Schule	3	
④ fahren	D Hotel	4	
⑤ wohnen	E Restaurant	5	
⑥ essen	F Fabrik	6	

3 *Kein Schiff, kein Hafen* … Was sagt der Mann?

Kein Schiff, kein Hafen, kein …

~~Schiff~~ Geschäfte Bank Museum Post Hotels Schule ~~Hafen~~ Restaurant Kaufhaus

Kein Schiff, kein Hafen, keine ________________

____

4 *kein, keine* – was ist richtig?

1 

2 

3 

4 

eine Fabrik | ein Auto | ein Fotoapparat | eine Kirche

5 

6 

7 

8 

Zitronen | ein Computer | ein Haus | Bananen

1 *Das ist keine Fabrik. Das sind Bananen.*

2 ________________

3 ________________

4 ________________

5 ________________

6 ________________

7 ________________

8 ________________

5 Nein, nein, nein! Bitte antworten Sie.

a) kein

1. Ist hier ein Restaurant? Nein, hier ist kein Restaurant.
2. Sind hier Hotels? ______
3. Ist das ein Museum? ______
4. Ist hier eine Bank? ______
5. Sind das Wohnhäuser? ______
6. Ist Frankfurt eine Kleinstadt? ______

b) nicht

1. Spielt ihr? Nein, wir spielen nicht.
2. Schlafen Sie? ______
3. Fährt der Zug nach Bonn? ______
4. Ist der Urlaub lang? ______
5. Wohnst du in Österreich? ______
6. Liegt Rostock in Süddeutschland? ______

c) nicht oder *kein?*

1. Warten Sie? Nein, ich ______
2. Kommt der Bus? ______
3. Ist hier ein Geschäft? ______
4. Arbeitet ihr? ______
5. Ist das Auto schnell? ______
6. Ist das eine Schule? ______

6 Wie heißt die Negation?

1.	Supermärkte	≠	keine	Supermärkte
2.	arbeiten	≠	nicht	arbeiten
3.	kalt	≠	nicht	kalt
4.	ein Kaufhaus	≠	______	Kaufhaus
5.	voll	≠	______	voll
6.	eine Bank	≠	______	Bank
7.	wohnen	≠	______	wohnen
8.	fahren	≠	______	fahren
9.	Wohnhäuser	≠	______	Wohnhäuser
10.	nah	≠	______	nah

In Köln

Seite 28	Aufgabe 1

1 Was sagt Herr Schneider?

Nervös? Warum?
~~Ach, guten Tag, Frau Steinmann.~~
Kein Problem! Ich habe ein Auto.
Kommen Sie, mein Auto ist hier.
Na, wie geht's?

Herr Schneider	1. *Ach, guten Tag, Frau Steinmann.*
Frau Steinmann	Hallo, Herr Schneider.
Herr Schneider	2. ______
Frau Steinmann	Nicht so gut. Ich bin ganz nervös.
Herr Schneider	3. ______
Frau Steinmann	Ich warte und warte, aber das Taxi kommt nicht.
Herr Schneider	4. ______
Frau Steinmann	Ach ja?
Herr Schneider	5. ______
Frau Steinmann	Das ist sehr nett. Vielen Dank!

2 Eine Antwort passt nicht.

1. Guten Tag.
   - A Hallo.
   - B Guten Tag.
   - C ~~Nicht so gut~~.
2. Na, wie geht's?
   - A Es geht.
   - B Ich gehe jetzt.
   - C Gut.
3. Nervös? Warum?
   - A Ich gehe zu Fuß.
   - B Das Taxi kommt nicht.
   - C Ich warte schon 10 Minuten.
4. Kommen Sie, mein Auto ist hier.
   - A Das ist sehr nett.
   - B Gute Reise.
   - C Vielen Dank!

Seite 28/29	Zahlen

1 Zahlen. Lesen Sie.

1. 1002
2. 103
3. 483
4. 21566
5. 770
6. 8490
7. 960000
8. 3513

2 Zahlen. Schreiben Sie.

1. siebenhundertsiebenundfünfzig 757
2. zweihundertsiebzig ______
3. dreitausendfünfhundertdreizehn ______
4. neunhundertsechzigtausend ______
5. tausendachthundertfünfundneunzig ______
6. einundzwanzigtausendfünfhundertsechsundsechzig ______
7. achthundertdreiunddreißig ______
8. vierhundertdreiundachtzig ______

3 Was passt?

① 43 208 → D
② 860 012
③ 317
④ 34 280
⑤ 53 990
⑥ 371

A dreihunderteinundsiebzig
B dreiundfünfzigtausendneunhundertneunzig
C vierunddreißigtausendzweihundertachtzig
D dreiundvierzigtausendzweihundertacht
E dreihundertsiebzehn
F achthundertsechzigtausendzwölf

1	D
2	
3	
4	
5	
6	

4 Ordnen Sie bitte.

1. zweitausenddreihunderteinundachtzig
2. vierhundertelf
3. dreiundfünfzigtausendachthundert
4. ~~neunzehn~~
5. zweitausenddreihundertachtzehn
6. dreihundertsiebzigtausendvierhundertzwölf

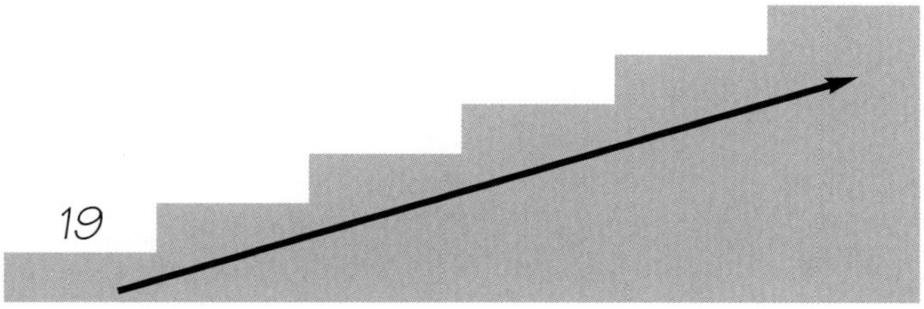

5 Ordnen Sie auch hier.

1. [2] siebzigtausenddreihundertzwei [1] siebzehntausendvierhundertfünf
2. [ ] zwölftausendeinhundertelf [ ] zwölftausenddreißig
3. [ ] hundertachtzehn [ ] hunderteinundachtzig
4. [ ] dreihundertsiebenundsechzig [ ] dreihundertsechsundsiebzig
5. [ ] vierhunderttausendacht [ ] vierzigtausendacht

Seite 28/29	Aufgabe 2–4

1 *Wie hoch? Wie alt? Wie viele?* Fragen und antworten Sie.

1

Herr Bachmann, 95 Jahre

Wie alt ______ ist Herr Bachmann?
Er ist 95 Jahre alt.

4

114 Menschen

______ Menschen wohnen hier?
Hier ______

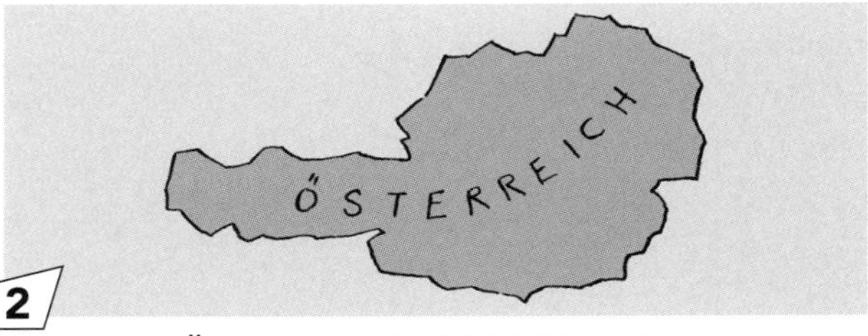

2

Österreich, 8 140 000 Menschen

______ Menschen wohnen hier?
Hier ______

5

3 m

______ ist der Lastwagen?
______

3

161 m

______ ist die Kirche?
______

6

**1950*

______ ist das Auto?
______

2 *Wer? Was?* Fragen Sie bitte.

1. Marlene Steinmann kommt aus Köln. – Wer ______ kommt aus Köln? – Marlene Steinmann.
2. Das Schiff kommt aus Polen. – Was ______ kommt aus Polen? – Das Schiff.
3. Martin Miller ist Journalist. – ______ ist Journalist? – Martin Miller.
4. Köln ist sehr groß. – ______ ist sehr groß? – Köln.
5. Im Zentrum von Köln arbeiten viele Menschen. – ______ arbeitet im Zentrum von Köln? – Viele Menschen.
6. Der Kölner Dom ist sehr hoch. – ______ ist sehr hoch? – Der Kölner Dom.
7. Hier kommt der Bus. – ______ kommt hier? Der Bus.
8. Frau Steinmann ist nervös. – ______ ist nervös? Frau Steinmann.

Im Deutschkurs

Seite 30	Aufgabe 1–3

1 Was passt?

Blatt Papier ~~Seite~~ Wörter Buch Heft Kugelschreiber Grammatik Bleistift ~~Text~~

1. lesen: *Text* ______ *Seite* ______ ______
2. lernen: ______ ______
3. schreiben: ______ ______ ______ ______

2 Das Wort im Wort.

1. L E S E N *es* ______
2. B E R G ______
3. L I S T E ______
4. K L E I N ______
5. K I N D ______
6. R E I S E ______
7. A N T W O R T E N ______
8. B U C H S T A B I E R E N ______, ______

Seite 31	Grammatik

1 Ordnen Sie bitte.

wiederholen schlecht der Radiergummi nah das Bild ~~trinken~~ ~~nervös~~ glauben gehen ~~der Kugelschreiber~~ die Schule wissen falsch das Papier richtig

Nomen	Adjektive	Verben
der Kugelschreiber	*nervös*	*trinken*

2 *wissen* und *warten*. Ergänzen Sie.

1. ▶ Wohin fährt der Bus? *Wissen* ______ Sie das? ◁ Nein, das ______ ich leider nicht.
2. ▶ Kommst du jetzt? ◁ Nein, ich ______ noch fünf Minuten hier.
3. ▶ Warum ist Lisa nicht hier? ______ du das?
4. ▶ Schlaft ihr? ◁ Nein, wir ______. Die Fotografin kommt nicht.
5. ▶ Heute ist kein Deutschkurs. ______ ihr das nicht? ◁ Nein, das ______ wir nicht.
6. ▶ Wo macht Herr Schreiber Urlaub? ◁ Das ______ er noch nicht.

Lektion 3

Meine Familie und ich

Seite 32/33	Aufgabe 1–3

1 Bitte ergänzen Sie.

mitmachen fantastisch ~~Kandidatin~~ Jahre Hausfrau Vorname Beruf

Frau Mainka ist *Kandidatin* für die Show „Meine Familie und ich". Sie findet die Show ________ und möchte gern ________. Ihr ________ ist Irene. Sie ist 34 ________ alt. Von ________ ist sie Krankenschwester, aber im Moment ist sie ________.

2 Ein Dialog: Ordnen Sie.

- [1] Wie ist Ihr Name, bitte?
- [ ] Ich bin Journalist.
- [ ] Und wie ist Ihr Vorname?
- [ ] Ist das Ihr Vorname?
- [ ] Also: Michael Karl. Wie alt sind Sie, Herr Karl?
- [ ] Nein, das ist mein Familienname.
- [2] Karl.
- [ ] 45 Jahre.
- [ ] Michael.
- [ ] Und was sind Sie von Beruf?

3 Bitte fragen Sie.

1. *Wie ist Ihr Name?* — Mein Name ist Markus Baumann.
2. ________ — Ich bin 28.
3. ________ — Journalist.
4. ________ — Ich komme aus Deutschland.
5. ________ — In Salzburg.

Seite 34/35 | Aufgabe 4–6

1 Anders gesagt: Wie können Sie auch fragen?

1. Wie ist Ihr Familienstand?
2. Wie heißen Sie?
3. Wie ist Ihre Adresse?
4. Woher kommen Sie?

A Wo wohnen Sie?
B Woher sind Sie?
C Wie ist Ihr Name?
D Sind Sie verheiratet?

1	D
2	
3	
4	

2 Wer hat ein Foto? Bitte ergänzen Sie.

Wer hat ein Foto?

Ich	habe	kein Foto.
________	hast	kein Foto.
Er	________	kein Foto.
Sie	________	kein Foto.
Das Kind	________	auch kein Foto.
________	haben	kein Foto.
Ihr	habt	kein Foto.
Sie	________	kein Foto. Leider.

3 Schreiben Sie bitte Sätze.

Philipp **ich** **wir** **Herr und Frau Berger** **Maria**

haben **habe** **hat**

drei Kinder **kein Foto** **kein Geld** **eine Frage** **ein Haus in Österreich**

Philipp hat kein Geld.

____

____

____

4 *haben* oder *sein*?

1. Martin Miller *ist* ________ Journalist von Beruf. Er ________ aus Australien.
2. Wir ________ verheiratet und ________ drei Kinder. Sie ________ zwölf, acht und vier Jahre alt.
3. ________ ich hier richtig? ________ hier das Büro von Frau Schnell?
4. Wie alt ________ du? 18?
5. ________ Sie vielleicht ein Foto?
6. Wie ________ Ihr Name? Und was ________ Sie von Beruf?

5 *haben, sein* oder *heißen*. Was passt?

Herr Hauser und sein Sohn möchten auch bei „Meine Familie und ich“ mitmachen.

Frau Schnell	*Sind* ______ Sie verheiratet, Herr Hauser?
Herr Hauser	Ja. Meine Frau ______ Rita Hauser.
Frau Schnell	______ Sie Kinder?
Herr Hauser	Ja, drei. Sie ______ Thomas, Sarah und Lukas. Leider ______ ich kein Foto.
Frau Schnell	______ du vielleicht ein Foto, Thomas?
Thomas	Ja, natürlich. Ich ______ zwei Fotos. Hier ______ meine Mutter und hier ______ wir Kinder.
Frau Schnell	Wie alt ______ ihr, Thomas?
Thomas	Sarah ______ 14, ich ______ 12 und Lukas ______ 5 Jahre alt.

Seite 35	**Aufgabe 7–9**

1 Bitte fragen Sie.

Sie	du	Antwort
1. *Wie heißen Sie?*	*Wie heißt du?*	Marion Herder.
2.		Fotografin.
3.		Ja, drei.
4.		5, 7 und 10 Jahre alt.
5.		In Hamburg.
6.		040/7145990.

2 *mein(e)* und *dein(e)*? Bitte ergänzen Sie.

▶ Hier, das ist *meine* _____ Familie.
◁ Ja, __________ Familie …
▶ Links __________ Frau,
◁ Aha, __________ Frau,
▶ rechts __________ drei Kinder,
◁ nett, __________ Kinder.
▶ __________ Sohn Sebastian …
◁ Oh, __________ Sohn ist ja schon groß!
▶ und __________ Töchter Maria und Anna.
◁ Sehr hübsch, __________ Töchter.
▶ Das ist __________ Haus,
◁ __________ Haus? Sehr schön!
▶ und das ist __________ Auto.
◁ __________ Auto! Fantastisch! Du hast alles!

3 *mein(e), dein(e), Ihr(e)*? Was passt?

1. Herr Mainka: „*Mein* _____ Name ist Klaus Mainka. Das ist __________ Frau Irene und das sind __________ Kinder. __________ Sohn heißt Stefan und __________ Tochter heißt Beate."
2. Herr Mainka und Herr Hauser: „Wie ist __________ Name? Wie alt sind __________ Kinder? Ist __________ Tochter verheiratet? Wie heißt __________ Sohn? Wie ist __________ Adresse?"
3. Herr Mainka und sein Sohn: „Wo ist __________ Fotoapparat? Ist das __________ Foto? Sind das __________ Bananen? Wo sind __________ Kugelschreiber und __________ Bleistift? Ist das __________ Schokolade?"
4. Frau Schnell und die Kandidaten: „Sind das __________ Fotos, Herr Hauser? Stefan, wo ist __________ Familie? Herr Hauser, ist das __________ Kugelschreiber? Wo ist __________ Tochter? Stefan, ist das __________ Fotoapparat?"

4 *mein(e), dein(e), ihr(e)*? Bitte ergänzen Sie.

Frau König	Wie heißt du?
Sarah	*Mein* _____ Name ist Sarah.
Frau König	Und wie ist __________ Familienname?
Sarah	Hauser. Und wie ist __________ Name?
Frau König	__________ Name ist Erna König. Wo wohnst du?
Sarah	In Hamburg.
Frau König	Ich wohne auch in Hamburg. Wie ist __________ Adresse?
Sarah	__________ Adresse ist Holstenstraße 7. Und __________ Adresse?
Frau König	Auch Holstenstraße. Aber 138.

Die Hobbys von Frau Mainka

Seite 36	Aufgabe 1–4

1 Was sind Hobbys? Ordnen Sie bitte zu.

~~reisen~~ Karten spielen lesen warten Tennis spielen Musik hören aus Berlin kommen singen in Deutschland wohnen

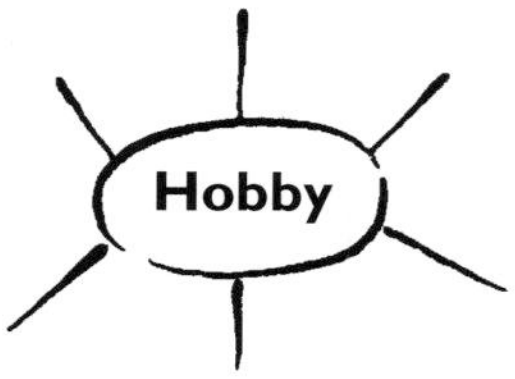

reisen

2 Was passt zusammen?

Tennis	essen
Urlaub	hören
Musik	fahren
Grammatik	spielen
ins Kino	machen
Zug	gehen
Torte	lernen

3 Was machen Sie gern? Was machen Sie nicht gern?

~~Auto fahren~~ lesen joggen Eis essen Musik hören

☺		☹
1. *Ich fahre gern Auto.*	ODER	*Ich fahre nicht gern Auto.*
2. ______		______
3. ______		______
4. ______		______
5. ______		______

4 Wer macht was (nicht) gern?

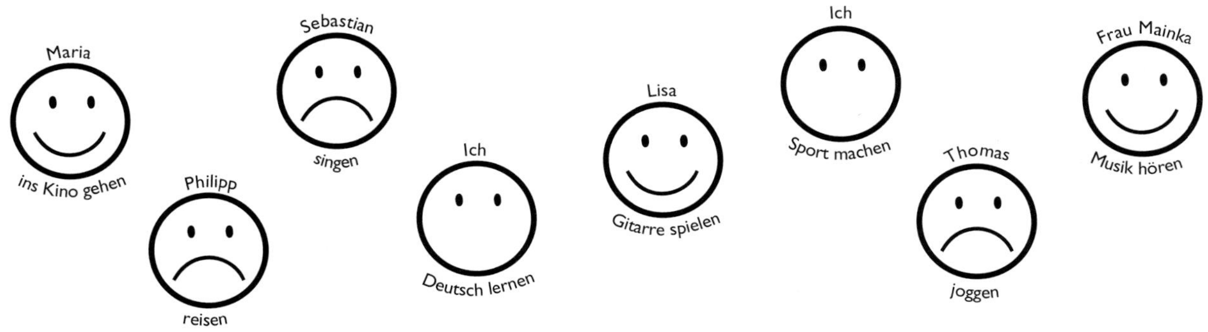

Maria geht gern ins Kino.

5 Häufigkeiten

a) Bitte ordnen Sie.

oft	manchmal	immer	nie	selten

immer,

b) Was machen Sie *immer – nie*? Schreiben Sie.

Bus
Auto
Zug
fahren

Grammatik
Wörter
lernen

Eis
Torte
Schokolade
essen

Ich fahre oft Zug.

6 Ein Dialog

a) Lesen Sie.

Boris Und was sind deine Hobbys?

Tina Meine Hobbys? Tja, also meine Hobbys sind Tennis spielen und joggen.

Boris Du machst aber viel Sport! Ich bin leider ziemlich unsportlich … Ich mache nie Sport! Und Musik? Spielst du vielleicht Gitarre? Oder singst du?

Tina Nein, nein, ich singe nicht. Aber ich höre gern Musik, gehe manchmal ins Kino …

Boris Ah, schön! Gehen wir mal ins Kino?

Tina Oh … Ich verstehe aber nicht viel! Mein Deutsch ist nicht so gut!

Boris Na ja … Du verstehst aber ein bisschen! Wir gehen ins Kino und du lernst dann sehr schnell Deutsch!

Tina Hm, gut. Gehen wir heute? Oder vielleicht am Montag?

Boris Montag ist gut. Um 20 Uhr?

b) Richtig (r) oder falsch (f)? Markieren Sie bitte.

1. Tina spielt gern Tennis. ____ ~~r~~ f
2. Boris macht oft Sport. ____ r f
3. Tina singt gern. ____ r f
4. Tina versteht nicht so gut Deutsch. ____ r f
5. Boris und Tina gehen am Montag ins Kino. ____ r f

Das Formular

Seite 37	Aufgabe 1

1 Marion Herder. Was ist was?

A- Al- Be- -by -dres- -en- Fa- ~~-fon-~~ Hob- ~~-le-~~ -li- -me -me
~~-mer~~ -mi- -na- -na- ~~-num-~~ Ort -ruf -se ~~Te-~~ -ter Vor-

1. **0 40/7 14 59 90** ist ihre …
2. **Lesen** ist ihr …
3. **Holstenstraße 7, 22767 Hamburg,** ist ihre …
4. **Herder** ist ihr …
5. Sie ist **Fotografin** von …
6. **38 Jahre** ist ihr …
7. **Marion** ist ihr …
8. **Hamburg** ist ein … in Deutschland.

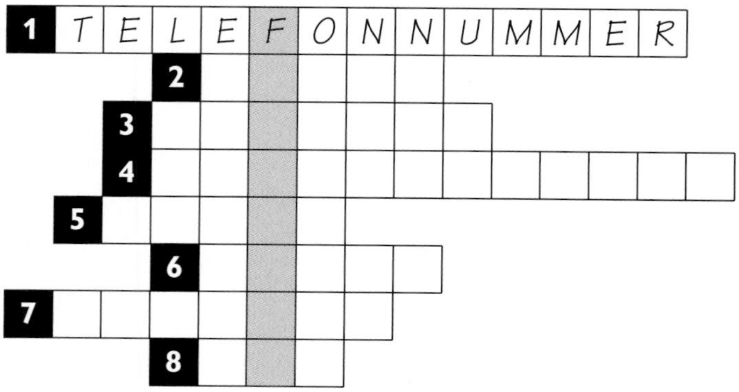

2 Bitte füllen Sie das Formular aus.

Compu-Partner GmbH
Computerkurse mit Niveau
Ernst-Toller-Straße 47 a

01257 Dresden

Kursangebot

Urlaubs-Turbo II: Fit in Excel in 10 Tagen

vom 19. 09. bis 30. 09.
9.30 Uhr bis 11.00 Uhr

Familienname: ______________________

Vorname: ______________________

Straße: ______________________

Postleitzahl (PLZ): __________ Ort: __________

Telefon: ______________________

Fax: ______________________

E-Mail: ______________________

Alter: ______________________

Beruf: ______________________

Familienstand: ______________________

Montag, 9 Uhr, Studio 21

Seite 38	Aufgabe 1

1 **Wie viel Uhr ist es? Bitte schreiben Sie die Uhrzeiten.**

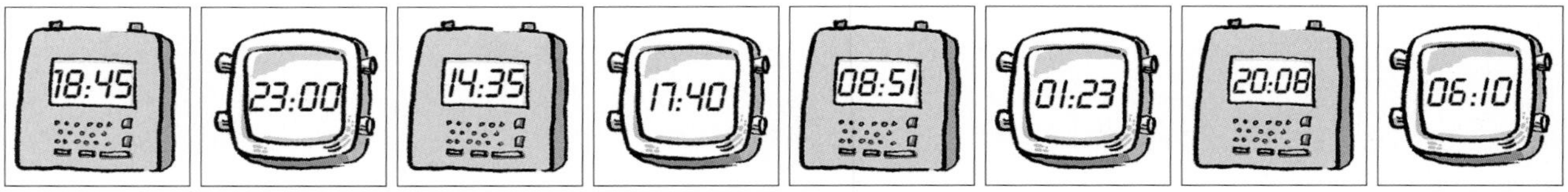

1. *Es ist achtzehn Uhr fünfundvierzig.*
2. ______
3. ______
4. ______
5. ______
6. ______
7. ______
8. ______

2 **Wer macht was um wie viel Uhr? Schreiben Sie Sätze.**

1. 9.00 / der Produzent und die Fotografin / schon warten
Um neun Uhr warten der Produzent und die Fotografin schon.
2. 9.45 / Frau Schnell / kommen
______
3. 10.00 / das Casting / anfangen
______
4. 12.00 / Pause / sein
______
5. 13.55 / Herr und Frau Franke / dran sein
______

Seite 38	Aufgabe 2–3

1 **Wie heißt das Verb?**

1. Frau Mainka [füllt] das Formular [aus]. *ausfüllen*
2. Wann [findet] das Casting [statt]? ______
3. Tom [spielt] auch [mit]. ______
4. Bitte [fangen] Sie jetzt [an]! ______
5. [Machst] du am Montag [mit]? ______
6. Herr Wunderlich [ist] auch [da]. ______

2 Was fehlt?

1. Wir fangen pünktlich um zehn Uhr *an* ______.
2. Wir spielen jetzt Karten. Spielt ihr ______?
3. Sie sind jetzt noch nicht ______.
4. Bitte füllen Sie das Formular ______.
5. Eine Fernsehsendung? Da mache ich nicht ______.
6. Heute findet kein Deutschkurs ______.

aus | dran | mit | statt | mit | ~~an~~

3 Trennbar oder nicht?

~~ausfüllen~~ | singen | mitmachen | anfangen | fragen | warten | arbeiten | stattfinden

a) Bitte sortieren Sie die Verben.

Trennbare Verben	Nicht trennbare Verben
ausfüllen	

b) Ergänzen Sie bitte die Verben.

Heute *findet* ______ das Casting *statt* ______. Elf Kandidaten ______ ______. Das Casting ______ um zehn Uhr ______. Frau Mainka und Herr Wunderlich ______ schon. Sie ______ ein Formular ______. Die Fotografin Frau Steinmann ist auch schon da. Sie ______ auch für „Tele Media". Der Produzent ______ Frau Troll: „Was sind Ihre Hobbys? ______ Sie gern?"

4 *Sie? Warum Sie?* Ergänzen Sie *dran sein*.

Herr Spring	Wer *ist* ______ jetzt *dran* ______?
Herr Wunderlich	Ich ______ ______.
Frau Braun	Sie? Warum Sie? Sie ______ noch nicht ______!
Herr Wunderlich	Natürlich ______ ich ______!
Herr Kowalski	Entschuldigung, ich glaube, die Frau hier links ______ ______.
Torsten und Tanja Troll	Das stimmt nicht! Wir ______ ______. Wir warten schon lange.
Frau Schnell	Nein, nein, Frau Mainka fängt an. Sie ______ jetzt ______!

5 Aller Anfang ist schwer. Ergänzen Sie *anfangen*.

▶ Also gut, wir fangen ______ an ______! Wer ______ zuerst ______? ______ Sie ______?

◁ Ich? Nein, ich ______ nicht ______! Du ______ ______.

● Ach nein, warum ______ ihr nicht ______?

○ Nein, Frau Baumann ______ ______. Sie ist dran.

6 Schreiben Sie bitte die Sätze.

~~Frau Braun ist um elf Uhr~~ dran. | Wer macht heute mit? | Füllen Sie bitte das Formular aus. | Findet das Spiel heute statt? | Wir fangen am Montag um acht Uhr an. | Tobias spielt auch mit.

	Verb	Satzmitte	Satzende
Frau Braun	ist	um elf Uhr	dran.

7 Im Deutschkurs. Bitte schreiben Sie Sätze.

1. der Kurs – stattfinden – am Montag
2. die Leute – Platz nehmen
3. um 19.20 Uhr – alle Leute – da sein
4. um 19.30 Uhr – sie – anfangen
5. die Leute – lesen – Texte
6. Herr Sandos – dran sein
7. er – nervös – sein
8. alle – gern – mitmachen

1. Der Kurs findet am Montag statt.
2. ______
3. ______
4. ______
5. ______
6. ______
7. ______
8. ______

8 Verbformen *(möcht-)*. Bitte ergänzen Sie.

Ich ____________ gern mitmachen.
Möchtest ____________ du auch mitmachen?
Herr Kowalski ____________ mitmachen,
Frau Braun ____________ mitmachen,
und ihr Kind ____________ auch mitmachen.
Wir alle möchten ____________ gern mitmachen.
Thomas und Anna, möchtet ____________ ihr auch mitmachen?
Oh, Herr und Frau Franke möchten ____________ auch mitmachen!
Und Sie? ____________ Sie auch mitmachen?

9 Schreiben Sie bitte Sätze.

Ich, Ihr, Sebastian, Anna und Tom, Du, Frau Schnell, Wir, Die Kandidaten	möchte, möchtest, möchten, möchtet	gern, nicht	lesen, reisen, mitspielen, Urlaub machen, arbeiten, ins Kino gehen, Deutsch lernen, Tennis spielen

Ich möchte gern Urlaub machen.
____

Seite 39	Aufgabe 4–7

1 *sein(e)* oder *ihr(e)*? Bitte ergänzen Sie.

Frau Ihle wohnt in Köln. Sie ist verheiratet. Ihr ____________ Mann ist Taxifahrer. Sie hat drei Kinder. ____________ Kinder sind vier, sechs und neun Jahre alt. Frau Ihle macht sehr oft Sport. ____________ Hobby ist Tennis spielen. ____________ Tochter spielt oft mit.

Herr Gallo kommt aus Italien. Er ist Hausmann. Seine ____________ Frau ist von Beruf Büroassistentin. ____________ Eltern wohnen nicht in Deutschland. Herr Gallo lernt Deutsch. ____________ Kurs findet jeden Tag um neun Uhr statt. Herr Gallo arbeitet sehr viel. ____________ Hobby ist schlafen.

2 Frau Mainka zeigt Fotos von ihrer Familie. Bitte schreiben Sie Sätze.

Beate
mein Mann
Stefan
meine Mutter

sein
seine
ihr
ihre

der Computer
die Katze
das Auto

Das ist Beate und ihr Computer.

____

3 Bitte ergänzen Sie *Ihr(e)* oder *ihr(e)*.

Das ist Frau Mainka. Sie ist verheiratet. *Ihre* ________ Adresse ist Schillerstraße 8, Dortmund. Frau Mainka ist 34 Jahre alt, ________ Hobby ist Musik hören. Im Moment ist sie Hausfrau, aber ________ Beruf ist Krankenschwester. Frau Mainka hat zwei Kinder, aber ________ Kinder spielen bei „Meine Familie und ich" nicht mit.

Frau Schnell, die Assistentin, fragt Frau Mainka: „Wie ist ________ Adresse? Und ________ Beruf, bitte? Was machen Sie gern? Was ist denn ________ Hobby? Haben Sie Kinder? Möchten ________ Kinder auch mitspielen?"

Ein Brief aus Tübingen

Seite 40/41	Aufgabe 1–3

1 Der Brief von Familie Troll. Richtig (r) oder falsch (f)?

1. Torsten und seine Familie sehen gern die Show „Meine Familie und ich". ________ ~~r~~ f
2. Die Schwester von Torsten heißt Therese. ________ r f
3. Nur Torsten möchte mitmachen. ________ r f
4. Familie Troll möchte ein Lied für die Show singen. ________ r f
5. Die Familie singt gern. ________ r f

2 Familie

a) Bitte ordnen Sie.

~~die Schwester~~ der Onkel die Großeltern die Tante der Mann
die Kinder die Großmutter der Vater die Geschwister

m	f	Pl
	die Schwester	

b) Ergänzen Sie.

1. die Eltern: der Vater, die Mutter
2. die ________________: der Bruder, die Schwester
3. die Großeltern: ________________, die Großmutter
4. der Großvater, der Vater, ________________
5. die Kinder, die Eltern, ________________
6. der Ehemann, ________________

Seite 41	Aufgabe 4–6

1 Ordnen Sie zu.

~~singen~~ die Geschwister das Klavier die Tante das Lied
verheiratet der Onkel hören die Großeltern die Flöte

singen

2 Warum möchten Sie das wissen?

▶ Wo sind denn *eure* ______ Eltern?
◁ *Unsere* ______ Eltern? Zu Hause.
▶ Wie heißen denn ______ Eltern?
◁ ______ Eltern heißen Papi und Mami.
▶ Na schön, aber wie heißen ______ Papi und ______ Mami?
◁ ______ Papi heißt Papi und ______ Mami ...
▶ Ja, ja, aber wie ist ______ Familienname?
◁ ______ Familienname? Was ist das?
▶ Also gut, aber ______ Adresse kennt ihr sicher.
◁ ______ Adresse?
▶ Ja, wo ist ______ Haus?
◁ Das sagen wir nicht.

3 Nach der Show. Wer hat die Sachen?

a) Bitte ergänzen Sie.

1. Das ist *ihre* ______ Flöte. (die Flöte von Tanja)
2. Das ist ______ Fotoapparat. (der Fotoapparat von Sebastian Hahn)
3. Das ist ______ Klavier. (das Klavier von Herrn Troll und Frau Troll)
4. Das sind ______ Fotos. (die Fotos von Herrn Wunderlich)
5. Das ist ______ Formular. (das Formular von Frau Schnell)
6. Das ist ______ Kugelschreiber. (der Kugelschreiber von Herrn Spring)

b) Ein Dialog: Beate und Torsten. Ergänzen Sie.

1. Beate Mainka sagt: „Das ist *mein* ______ Fotoapparat!" (der Fotoapparat von Beate)
2. Torsten Troll sagt: „Das sind ______ Fotos!" (die Fotos von Familie Troll)
3. Beate sagt: „Das ist ______ Hund!" (der Hund von Familie Troll)
4. Torsten sagt: „Das ist ______ Buch!" (das Buch von Beate)
5. Beate sagt: „Das ist ______ Gitarre!" (die Gitarre von Familie Troll)
6. Torsten sagt: „Das ist ______ Katze!" (die Katze von Familie Troll)

Im Deutschkurs

Seite 42	Aufgabe 1–3

1 Was passt?

an-	-sprechen
aus-	-lesen
mit-	-bringen
vor-	-fangen
nach-	-kommen
mit-	-füllen

anfangen ______________________

____

____

____

____

____

2 Alles ist schlecht! Was machen Sie?

1. „Meine Familie und ich" ist nicht interessant. (mitmachen)
2. Das Kino ist am Samstag immer voll. (mitkommen)
3. Das Lied ist nicht schön. (mitsingen)
4. Der Text ist sehr lang. (vorlesen)
5. Tennis? Ich bin unsportlich. (mitspielen)

		ODER	
1.	*Ich mache nicht mit.*		*Ich möchte nicht mitmachen.*
2.	______________________		______________________
3.	______________________		______________________
4.	______________________		______________________
5.	______________________		______________________

3 Das Kinoprogramm

a) Ergänzen Sie die Wochentage.

Fr ____________ Sa ____________ Do ____________ So ____________

Di ____________ Mi ____________ Mo ____________

b) Wann kommen die Filme?

Casablanca	Fr 22.00, Sa 21.45
Tarzan	Do 20.30, So 22.45
James Bond 007	Di/Mi 20.00, Sa 21.45
Drei Männer und ein Baby	Do 18.15
Titanic	Fr 20.15, So 19.00
Bambi	Mo 14.30, 16.15

Casablanca kommt am Freitag um 22.00 Uhr und am Samstag um 21.45 Uhr.

____

Lektion 4

Der Münsterplatz in Freiburg

Seite 44/45	Aufgabe 1–2

1 Was passt nicht?

1. das Café ~~das Kind~~ das Restaurant
2. das Obst das Gemüse die Kellnerin
3. der Kaffee der Mann die Frau
4. das Münster das Eis der Münsterplatz
5. die Kellnerin die Marktfrau das Buch
6. der Marktstand der Tee die Marktfrau

2 Der Münsterplatz. Was sehen Sie? Bitte ergänzen Sie.

verkauft **liest** ~~**gibt**~~ **isst** **bringt** **fotografiert**

1. Es *gibt* ein Café und einen Marktstand.
2. Die Kellnerin ______________ einen Kaffee.
3. Ein Mann ______________ ein Buch.
4. Marlene Steinmann ______________ den Münsterplatz.
5. Das Kind ______________ ein Eis.
6. Die Marktfrau ______________ Obst und Gemüse.

Foto-Objekte

Seite 46/47	Aufgabe 1–5

1 Fotos von Timo. Lesen Sie den Text (S. 46). Richtig (r) oder falsch (f)?

1. Die Marktfrau verkauft Eis. ______ r ~~f~~
2. Es gibt einen Souvenirladen. ______ r f
3. Timo lernt fotografieren. ______ r f
4. Die Kellnerin bringt ein Bier. ______ r f
5. Timo liest ein Buch. ______ r f
6. Frau Daume kauft einen Stadtplan. ______ r f

2 Verben und Nomen. Bitte kombinieren Sie.

trinken lesen verkaufen beobachten kaufen essen

eine Zeitung die Kellnerin Bücher das Auto einen Kaffee die Marktfrau Obst und Gemüse einen Brief

eine Zeitung lesen, kaufen; die Kellnerin ______

______

______

3 Subjekt, Verb, Objekt

a) Wer? Was? Wo ist das Subjekt (der Nominativ)? Markieren Sie.

1. Heute reist (Familie Daume) nach Freiburg. *Familie Daume*
2. Liegt Freiburg in Süddeutschland? ______
3. Timo fotografiert alle Leute. ______
4. Er macht das gern. ______
5. Trinkt das Kind gern Kaffee? ______
6. Nein, Timo trinkt nie Kaffee. ______

b) Wen? Was? Wo ist das Objekt (der Akkusativ)? Bitte markieren Sie.

1. Timo fotografiert (den Münsterplatz.) *den Münsterplatz*
2. Hier gibt es einen Souvenirladen. ______
3. Frau Daume kauft einen Stadtplan und Souvenirs. ______
4. Timo fotografiert auch den Münsterturm und das Café. ______
5. Die Kellnerin bringt einen Kaffee. ______
6. Der Mann trinkt den Kaffee. ______

4 Freiburg–Berlin

a) In Berlin gibt es auch ... Ergänzen Sie den unbestimmten Artikel (Akkusativ).

1. Das ist ein Platz. — In Berlin gibt es auch so *einen* Platz.
2. Das ist ein Rathaus. — Berlin hat auch _______ Rathaus.
3. Das sind Touristen. — Auch in Berlin gibt es _______ Touristen.
4. Das ist eine Kirche. — Hat Berlin auch so _______ Kirche?
5. Das ist ein Fußballplatz. — In Berlin gibt es auch _______ Fußballplatz.

b) In Freiburg ist alles interessant. Ergänzen Sie bitte den bestimmten Artikel (Akkusativ).

1. Das Münster ist schön. — Timo fotografiert *das* Münster.
2. Der Marktstand ist interessant. — Er fotografiert _______ Marktstand.
3. Die Marktfrau ist interessant. — Er beobachtet _______ Marktfrau.
4. Die Menschen in Freiburg sind nett. — Er findet _______ Menschen hier nett.
5. Der Münsterplatz ist groß. — Er beobachtet _______ Münsterplatz.

5 Herr Kaufinger kauft gern und viel. Ergänzen Sie den Artikel (Akkusativ).

Heute kauft Herr Kaufinger *einen* Kugelschreiber, _______ Bleistift und _______ Radiergummi, _______ Karte von Europa, _______ Stadtplan von Rom, _______ Fotoapparat, _______ Zeitung, _______ Computerspiel und _______ Bücher. Morgen kauft er nichts, er hat kein Geld mehr.

6 Was glauben Sie: Was kaufen die Leute?

a) Kombinieren Sie.

1. Herr Daume	Stadtplan
2. Frau Daume	Computer
3. Timo	Souvenirs
4. Marlene Steinmann	Eis
5. die Touristen	Auto
6. der Student	Fotoapparat

b) Bitte schreiben Sie Sätze.

1. *Herr Daume kauft ein Auto.*

____

7 Zeitungsanzeigen. Bitte lesen Sie.

a) Wer sucht wen?

1
Welche nette und freundliche
Kellnerin
möchte samstags und sonntags im
Restaurant Post arbeiten?
Interesse? Dann rufen Sie uns an:
Tel. 0761/667593

2
Taxi-Unternehmen sucht
Fahrer
für Samstag und Sonntag.
Firma Taxi-Meier, T.: 2456781

3
Wo ist unsere **neue Fotografin** für
Fotos und Reportagen?
Die Freiburger Zeitung braucht Sie!
Schreiben Sie an Herrn Böhme.
Chiffre FZ 765.

4
Zwei zuverlässige
Lastwagen-Fahrer gesucht!
Hamburg–München
Spedition Franz, T.: 486531

5
Ich, 38 Jahre alt, suche
Ehemann
– nett und schön, bis 40 J. –
Bitte schreiben Sie mit Foto
an Chiffre FZ 810.

1. Das Restaurant Post sucht *eine Kellnerin* ______.
2. Die Firma Meier sucht ______.
3. Die Freiburger Zeitung sucht ______.
4. Die Spedition Franz sucht ______.
5. Eine Frau sucht ______.

b) Was passt zusammen?

1. Herr Wunderlich ist 36 Jahre alt und sucht eine Frau: Anzeige ______
2. Herr Kowalski ist Fahrer, er möchte aber nicht Lastwagen fahren: Anzeige ______
3. Frau Braun fotografiert gern und gut: Anzeige ______
4. Frau Troll möchte arbeiten, aber nur am Samstag und Sonntag: Anzeige ______
5. Herr Franke ist Fahrer. Er wohnt in Hamburg und hat Freunde in München: Anzeige ______

8 Der Münsterplatz. Bitte schreiben Sie Sätze.

1. einen Mann / Timo / fotografiert / .
   Timo fotografiert einen Mann.
2. einen Kaffee / liest / der Mann / trinkt / und / ein Buch / .
   ______
3. Timo / Herr und Frau Daume / beobachten / .
   ______
4. die Kellnerin / ein Eis / bringt / .
   ______
5. isst / die Marktfrau / ein Sandwich / .
   ______
6. Obst und Gemüse / Marlene Steinmann / kauft / .
   ______

9 Hier ist ja alles falsch! Schreiben Sie bitte die Sätze richtig.

1. Der Stadtplan liest den Mann.
   Der Mann liest den Stadtplan.
2. Der Kaffee bringt die Kellnerin.
   ____
3. Ein Marktstand hat die Marktfrau.
   ____
4. Ein Computer kauft die Studentin.
   ____
5. Der Münsterplatz beobachtet Frau Daume.
   ____
6. Ein Fotoapparat hat Timo.
   ____

10 Was fotografiert Marlene Steinmann wo?

Rostock *Frankfurt* *Oberstdorf (Süddeutschland)*

eine Kirche	**der Hafen**	**die Berge**	**das Rathaus**	**der Platz**
Restaurants	**die Schiffe**	**Cafés**	**ein Dorf**	**Menschen**

In Rostock fotografiert Marlene Steinmann *die Schiffe.* ______________________________

____

In Frankfurt fotografiert sie ______________________________

____

In Süddeutschland fotografiert sie ______________________________

____

Seite 48	Aufgabe 6–9

1 Wo ist das Akkusativ-Objekt? Bitte markieren Sie.

1. Timo fotografiert (die Kirche.) (Den Platz) fotografiert er auch.
2. Die Marktfrau verkauft Obst. Eis verkauft sie nicht.
3. Was kauft Frau Daume? Ein Buch? Nein, ein Buch kauft sie nicht.
4. Frau Daume kauft eine Zeitung, und einen Stadtplan kauft sie auch.
5. Marlene fotografiert den Münsterplatz. Die Menschen fotografiert sie natürlich auch.
6. Die Kellnerin bringt einen Kaffee. Ein Bier bringt sie nicht.

2 Subjekt und Objekt. Ordnen Sie bitte.

		Subjekt	Akkusativ-Objekt
1.	Herr Daume isst gern Eis.	*Herr Daume*	*Eis*
2.	Obst isst er nicht gern.	________	________
3.	Beobachtet Frau Daume ein Auto?	________	________
4.	Nein, sie beobachtet den Münsterplatz.	________	________
5.	Straßen und Plätze beobachtet sie immer gern.	________	________
6.	„Trinken Sie noch einen Kaffee?“	________	________
7.	„Nein, ich hätte gern einen Tee.	________	________
8.	Und ein Sandwich möchte ich auch.“	________	________

3 Verb und Akkusativ. Kombinieren Sie.

sehen lernen buchstabieren
schreiben beobachten
fotografieren suchen

eine Kirche der Mann ein Brief
das Alphabet ein Wort das Kind
Katzen der Name

eine Kirche sehen, fotografieren, suchen; den Mann sehen, ________

____

____

4 *Wen? Was?* Ordnen Sie die Verben aus Übung 3.

Wen?	Was?
sehen,	*sehen, lernen,*

5 *Wer? Wen? Was?* Bitte ergänzen Sie.

1. *Was* möchte Herr Daume sehen? – Das Münster.
2. Marlene Steinmann fotografiert Menschen in Freiburg. – ________ fotografiert Marlene Steinmann?
3. ________ kommt aus Berlin? – Familie Daume.
4. Frau Daume sucht Timo. – ________ sucht sie?
5. Die Kellnerin bringt einen Kaffee. – ________ bringt die Kellnerin?
6. Der Kaffee ist kalt. – ________ ist kalt?
7. ________ möchte ein Eis haben? – Timo natürlich.
8. Freiburg ist schön. – ________ ist schön?

Eine Freiburgerin

Seite 49	Aufgabe 1–3

1 Was brauchen die Leute? – Ein Akkusativ-Objekt!

~~Radio~~ Kugelschreiber Deutschbuch Computer Fotoapparat Klavier

1. Katrin möchte Nachrichten hören. *Sie braucht ein Radio.*
2. Marlene Steinmann möchte ein Foto machen. ______
3. Die Kinder möchten ein Computerspiel spielen. ______
4. Martin Miller möchte einen Brief schreiben. ______
5. Torsten Troll möchte ein Lied spielen. ______
6. Pablo möchte Deutsch lernen. ______

2 Herr Wenig braucht nicht viel. Bitte ergänzen Sie die Formen von *kein*.

1. Ich brauche *kein* Auto. Ich fahre Zug.
2. Ich brauche ______ Kaffee. Ich trinke Tee.
3. Ich brauche ______ Fernseher. Ich habe ein Radio.
4. Ich brauche ______ Telefon. Ich schreibe Briefe.
5. Ich brauche ______ Bücher. Ich lese die Zeitung.
6. Ich brauche ______ Haus. Ich habe eine Wohnung.

3 Interview mit Frau Reich. Ergänzen Sie bitte.

Martin Miller: Was sind Sie von Beruf?
Frau Reich: Beruf? Ich brauche *keinen* Beruf. Ich habe viel Geld.
Martin Miller: Sind Sie verheiratet?
Frau Reich: Nein, ich brauche ______ Mann.
Martin Miller: Haben Sie Kinder?
Frau Reich: Nein, ich habe ______ Kinder.
Martin Miller: Wo ist Ihre Wohnung?
Frau Reich: Ich habe drei Häuser, ich brauche ______ Wohnung.
Martin Miller: Machen Sie hier Urlaub?
Frau Reich: Ich arbeite nie, ich brauche ______ Urlaub.
Martin Miller: Sie haben ______ Beruf, ______ Mann, ______ Kinder, ______ Wohnung, ______ Urlaub. Sie haben viel Geld und ______ Probleme.
Frau Reich: Doch! Ein Problem habe ich! Ich bin sehr allein.

4 Wer hat was? Bitte schreiben Sie Sätze.

	Telefon	Fernseher	Auto	Fahrrad	Haus	Zeit
Katrin	+	–	–	+	–	–
Timo	–	–	–	+	–	+
Herr und Frau Daume	+	+	+	+	+	–
Marktfrau	+	+	–	+	–	+

Katrin hat ein Telefon und ein Fahrrad. Sie hat keinen Fernseher, kein Auto,

5 Schöndorf und Schönstadt

Schöndorf	Schönstadt
Kirche, Schule, Rathaus, Sportplatz, Marktplatz, Geschäft	Kirche (2), Schule (3), Rathaus, Kaufhaus, Fabrik, Bahnhof, Restaurants, Supermarkt, Sportplatz (2)

a) Was gibt es in Schöndorf? Was gibt es in Schönstadt?

In Schöndorf gibt es eine Kirche,

In Schönstadt gibt es zwei Kirchen,

b) Was gibt es in Schöndorf nicht?

In Schöndorf gibt es kein Kaufhaus,

Das Münster-Café

Seite 50/51	Aufgabe 1–4

1 Was ist das?

1. *der Kuchen*
2.
3.
4.
5.
6.
7.

2 Nomen und Verben. Was passt?

arbeiten	essen	~~trinken~~	kaufen	lesen

1. Tee Kaffee Apfelsaft Milch *trinken*
2. Wurst Käse Kuchen Obst ______
3. Buch Zeitung Stadtplan Brief ______
4. Supermarkt Geschäft Souvenirladen Marktstand ______
5. Marktfrau Kellnerin Fotografin Journalist ______

3 Frau Schröder im Café. Wer spricht? Ordnen Sie den Dialog.

______	☐	Und was möchten Sie trinken?
______	☐	Ja, wir haben heute Apfelkuchen und Schokoladenkuchen.
Frau Schröder	1	Ich möchte gern bestellen.
______	☐	Dann hätte ich gern einen Apfelkuchen.
______	☐	Einen Tee bitte.
______	☐	Haben Sie Obstkuchen?
Kellnerin	2	Was nehmen Sie bitte?

4 Was passt? Bitte kreuzen Sie an.

	ein Glas	eine Flasche	eine Tasse	ein Stück, zwei Stück
1. Tee	×		×	
2. Kaffee				
3. Kuchen				
4. Torte				
5. Mineralwasser				

5 *Glas, Stück, Tasse* oder *Flasche*? Ergänzen Sie bitte.

1. Die Kellnerin kommt und fragt: „Guten Tag! Was möchten Sie?"
   Frau Daume sagt: „Ich hätte gern *ein Glas* Tee und ______ Schokoladentorte. Was möchtest denn du, Walter?"
2. Herr Daume antwortet: „Ich hätte auch gern ______ Schokoladentorte und ______ Kaffee bitte."
3. Die Kellnerin bringt ______ Kaffee und ______ Tee. Sie sagt: „Entschuldigen Sie bitte. Wir haben heute keine Schokoladentorte. Möchten Sie dann Obstkuchen?"
4. Herr und Frau Daume sagen: „Nein, dann möchten wir ______ Käsekuchen. Und bitte noch ______ Mineralwasser und zwei Gläser."
   Und was möchte Timo? Natürlich ein Eis!

6 *nehmen*. Ergänzen Sie bitte.

1. Die Kellnerin kommt und fragt: „Guten Tag! Was *nehmen* Sie?“
2. Frau Daume sagt: „Ich ____________ ein Glas Tee und ein Stück Schokoladentorte.
3. Was ____________ denn du, Walter?“
4. Herr Daume antwortet: „Ich ____________ auch ein Stück Schokoladentorte und eine Tasse Kaffee bitte.“
5. Die Kellnerin bringt eine Tasse Kaffee und ein Glas Tee. Sie sagt: „Entschuldigen Sie bitte. Wir haben heute keine Schokoladentorte. ____________ Sie dann Obstkuchen?“
6. Herr und Frau Daume sagen: „Nein, dann ____________ wir zwei Stück Käsekuchen. Und bitte noch eine Flasche Mineralwasser und zwei Gläser.“
7. Und was ____________ Timo? Natürlich ein Eis!

7 Pronomen und Verbformen. Markieren Sie bitte.

ich	du	er	sie	es	wir	ihr	sie	Sie	Verbform
					×		×	×	essen
									sehe
									liest
									sprecht
									isst
									siehst
									spricht

8 Verben mit Vokalwechsel. Bitte ergänzen Sie.

	sehen	lesen	sprechen
ich			*spreche*
du		*liest*	
er • sie • es	*sieht*		*spricht*
wir			
ihr	*seht*		*sprecht*
sie • Sie		*lesen*	

9 „Mein Mann und ich!“ Ergänzen Sie bitte.

1. Mein Mann *spricht* selten, ich ____________ viel. (sprechen)
2. Ich ____________ Wurst, er ____________ Käse. (essen)
3. Ich ____________ Zeitung, er ____________ Bücher. (lesen)
4. Er ____________ immer den Bus, ich ____________ immer ein Taxi. (nehmen)
5. Ich ____________ gern Fernsehshows, er ____________ gern Krimis. (sehen)

Machen wir etwas falsch?

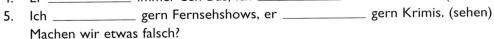

1 Im Café. Herr Hansen und Herr Bauer möchten gehen. Was passt?

sofort ~~bezahlen~~ machen Sie zurück Zusammen Das macht

Herr Bauer	Kann ich bitte *bezahlen* ?
Kellnerin	Ja, ______ . ______ oder getrennt?
Herr Bauer	Getrennt bitte.
Kellnerin	______ einmal ... 11 Euro bitte und einmal 9 Euro.
Herr Bauer	Hier sind 20 Euro, ______ 12.
Kellnerin	Danke. Und 8 Euro ______ .
Herr Hansen	Hier sind 10 Euro, das stimmt so.
Kellnerin	Vielen Dank. Auf Wiedersehen.

2 Wie lesen Sie die Preise?

1,40€
ein Euro vierzig

23,85€
______

19,99€
______

18,30€
______

8,65€
______

3 Bestellen oder bezahlen? Was passt?

~~Ich hätte gern ein Mineralwasser.~~ Das macht 15€. Das stimmt so. Zusammen oder getrennt? Ich nehme einen Kaffee. Ich möchte ein Stück Obstkuchen. Was nehmen Sie? Was macht das?

bestellen	bezahlen
Ich hätte gern ein Mineralwasser.	

Am Samstag arbeiten?

Seite 52	Aufgabe 1–2

1 Wer muss was machen?

reisen lesen Interviews machen lernen in die Schule gehen schreiben fotografieren

1. Ein Journalist: *Er muss reisen,* ____________
2. Eine Fotografin: ____________
3. Eine Schülerin: ____________

2 Zwei Männer im Café. Antworten Sie.

arbeiten ~~etwas bestellen~~ mehr schlafen Urlaub machen bezahlen ein Taxi nehmen

1. „Ich möchte etwas essen." *„Dann musst du etwas bestellen!"*
2. „Ich habe kein Geld." ____________
3. „Ich arbeite so viel." ____________
4. „Ich bin immer so müde." ____________
5. „Ich möchte gehen." ____________
6. „Ich möchte nicht zu Fuß gehen." ____________
   „Aber ich habe doch kein Geld!"

3 Immer ich! Ergänzen Sie die Formen von *müssen*.

1. Immer *muss* ich einkaufen.
2. ____________ du auch manchmal einkaufen, Sandra?
3. Timo ____________ nie einkaufen.
4. Maria und ich, wir ____________ immer einkaufen.
5. Warum ____________ ihr nie einkaufen, Dennis und Philipp?
6. Alle ____________ einkaufen. Das ist richtig!

4 Was passt nicht?

Supermarkt	Schreibwarenladen	Bäckerei	Marktstand
~~Klavier~~ Marmelade Eier	Kugelschreiber Heft Milch	Brot Gemüse Kuchen	Zeitung Salat Äpfel

5 Was können Sie essen oder trinken?

eine Tasse Tee ein Glas Apfelsaft eine Wasserflasche

eine Kaffeetasse ein Saftglas eine Tasse Kaffee

ein Weinglas

ein Stück Kuchen

ein Sandwich eine Flasche Mineralwasser

Das können Sie essen oder trinken	Das können Sie nicht essen und nicht trinken
eine Tasse Tee,	

6 Die Bäckerei. Frau Egli kauft ein. Bitte ergänzen Sie.

nehme sind hätte ~~möchten~~ ist macht

Verkäuferin: Guten Tag, was *möchten* ______ Sie bitte?
Frau Egli: Ich ______________ gern ein Brot.
Verkäuferin: Ja, gern. Noch etwas?
Frau Egli: Dann ______________ ich noch zwei Stück Apfelkuchen.
Das ______________ alles.
Verkäuferin: Das ______________ dann 7 Euro.
Frau Egli: Hier ______________ 10 Euro.
Verkäuferin: Und 3 Euro zurück. Vielen Dank, auf Wiedersehen.
Frau Egli: Auf Wiedersehen.

Seite 53 | **Aufgabe 3–5**

1 Was kann Katrin Berger hier machen?

a) Kombinieren Sie.

Marktstand	Kaffee trinken
Universität	Fahrrad fahren
Café	Obst und Gemüse kaufen
Kino	viel lernen
Straße	Brot kaufen
Bäckerei	einen Film sehen

b) Schreiben Sie Sätze.

Marktstand: *Hier kann Katrin Obst und Gemüse kaufen.*
Universität: ______________________
Café: ______________________
Kino: ______________________
Straße: ______________________
Bäckerei: ______________________

2 Wer kauft für Mama ein?

1. Ich *kann* ________ leider nicht einkaufen, Mama.
2. ________ du vielleicht einkaufen, Robert?
3. Nein, Mama, Robert ________ auch nicht einkaufen, er lernt.
4. Wir ________ nicht einkaufen, Mama. Wir Kinder haben keine Zeit.
5. ________ ihr das nicht machen, du und Papa?
6. Die Eltern ________ doch alles so gut!

3 *kann* oder *muss*? Bitte markieren Sie.

1. Das Kind ist klein. Es (kann) / muss noch nicht sprechen.
2. Der Supermarkt ist groß. Hier kann / muss Frau Egli alles kaufen.
3. Herr Egli bestellt einen Kaffee. Er kann / muss den Kaffee bezahlen.
4. Herr und Frau Daume haben Urlaub. Sie können / müssen nicht arbeiten.
5. Herr und Frau Daume müssen nicht arbeiten. Sie können / müssen eine Reise machen.
6. Katrin Berger ist Studentin. Sie kann / muss viel lesen.

4 *müssen* oder *können*? Was passt?

1. Wir _können_ heute leider nicht mitkommen, wir ______ lange arbeiten.
2. Katrin Berger hat kein Auto, aber sie ______ Auto fahren.
3. Die Schüler schreiben nicht gern, aber heute ______ sie viel schreiben.
4. Tiere ______ nicht sprechen.
5. Die Marktfrau ______ am Samstag arbeiten.
6. Das Kind ist acht Jahre alt. Es ______ noch nicht gut lesen. Es ______ jetzt lesen lernen.
7. Es ist schon 22 Uhr. Kinder ______ jetzt schlafen.
8. ______ du immer am Wochenende arbeiten? ______ du keine andere Arbeit finden?

5 Modalverben. Bitte ordnen Sie die Sätze.

~~Timo muss nicht in die Schule~~ gehen. Was möchte Timo machen?
Er möchte viele Fotos machen. Timo kann aber nicht gut fotografieren.
Das muss er noch lernen!

	Verb (Modalverb)	Satzmitte	Satzende (Infinitiv)
Timo	*muss*	*nicht in die Schule*	*gehen.*

6 Bitte schreiben Sie Sätze.

Frau Egli: wir / einkaufen / müssen / heute noch / .
1. *Wir müssen heute noch einkaufen.*
morgen / Beat und Regula / möchten / kommen / .
2. ______

Herr Egli: Kaffee / kaufen / müssen / wir / ?
3. ______

Frau Egli: wir / Kaffee / müssen / kaufen / keinen.
4. ______
können / wir / Kuchen / kaufen / !
5. ______

Herr Egli: Regula und Beat / Torte / doch immer / essen / möchten / !
6. ______

Frau Egli: dann / kaufen / Kuchen / Torte / wir / und / .
7. ______

Herr Egli: Aber keinen Kaffee!

Im Deutschkurs

Seite 54	Aufgabe 1–3

1 Was kann man machen? Ergänzen Sie.

essen trinken hören lesen buchstabieren kaufen schreiben machen verkaufen

1. Ein Buch *kann man lesen, kaufen, schreiben und verkaufen.*
2. Einen Brief ______
3. Ein Wort ______
4. Gemüse ______
5. Apfelsaft ______
6. Musik ______
7. Kuchen ______
8. Die Zeitung ______

2 Im Deutschkurs: Muss man? Kann man? Oder kann man nicht?

fragen Dialoge hören essen Deutsch sprechen Grammatik lernen trinken schlafen

Man muss Deutsch sprechen, ______

______

Man kann ______

______

Man kann nicht ______

3 *er, sie, es* oder *man*? Ergänzen Sie bitte.

1. Ein Supermarkt. Hier gibt es fast alles: *Man* ______ kann Brot kaufen, Obst und Gemüse.
2. Aber manchmal muss ______ lange warten.
3. Pablo kauft heute im Supermarkt ein; ______ braucht Milch, Salat und Marmelade.
4. Frau Daume und Timo sind auch da. ______ suchen Apfelsaft.
5. Frau Daume sagt: „Hier findet ______ nichts!"
6. Timo sucht und sucht. ______ findet den Apfelsaft!
7. Frau Daume ist zufrieden. Jetzt möchte ______ bezahlen, aber ______ muss warten.

Lektion 5

Leute in Hamburg

Seite 56/57	Aufgabe 1–4

1 Berufe: Was passt?

Journalist · **~~Produzent~~** · **Kellner** · **Lehrer** · **Verkäufer**

1. Fernsehen, Casting, Sendung, Kandidaten: *Produzent*
2. Deutschkurs, lernen, Grammatik, Schule: ____________
3. Obst, Supermarkt, verkaufen, Gemüse: ____________
4. schreiben, Interviews, reisen, Zeitung: ____________
5. Café, bringen, Torte, bestellen: ____________

2 Berufe: Er und sie. Ergänzen Sie bitte.

1. Er ist Taxifahrer. Sie ist *Taxifahrerin*.
2. Er ist Journalist. Sie ist ____________.
3. Er ist ____________. Sie ist Lehrerin.
4. Er ist Rentner. Sie ist ____________.
5. Er ist ____________. Sie ist Fotografin.
6. Er ist Koch. Sie ist ____________.
7. Er ist Arzt. Sie ist ____________.
8. Er ist Hausmann. Sie ist ____________.

3 Berufe: Wer macht was?

Menschen fotografieren · **Interviews machen** · **ein Restaurant haben** · **Obst verkaufen** · **~~Auto fahren~~** · **Kaffee und Kuchen bringen**

1. Frau Behrend ist Taxifahrerin. Sie *fährt Auto.*
2. Frau Steinmann ist Fotografin. Sie ____________
3. Herr Perrone ist Kellner. ____________
4. Frau Jakob ist Marktfrau. ____________
5. Herr Miller ist Journalist. ____________
6. Herr Opong ist Koch. ____________

4 Ein Dialog

a) Lesen Sie.

Herr Wunderlich: Ach, Frau Schuster, was sind Sie denn von Beruf?
Frau Schuster: Na ja, ich arbeite nicht mehr. Ich bin …
Herr Wunderlich: Aha! Sind Sie Hausfrau?
Frau Schuster: Nein, eigentlich nicht. Im Moment mache ich ein Casting für eine Fernsehsendung, aber ich …
Herr Wunderlich: Oh! Arbeiten Sie für das Fernsehen? Sind Sie Produzentin?
Frau Schuster: Aber nein. Ich habe viel Zeit, aber wenig Geld und …
Herr Wunderlich: Ah, alles klar. Sie haben also keine Arbeit. Möchten Sie für mich arbeiten? Ich habe ein Café und suche eine Kellnerin.
Frau Schuster: Das ist nett, aber das kann ich nicht. Ich bin alt! Ich bin …
Herr Wunderlich: Aber nein! Ich finde Sie sehr jung und hübsch! Möchten Sie nicht morgen …
Frau Schuster: Stopp, stopp, stopp! Ich bin keine Hausfrau und auch keine Produzentin. Ich möchte auch nicht Kellnerin sein. Ich bin Rentnerin!

b) Richtig (r) oder falsch (f)? Markieren Sie bitte.

1. Frau Schuster arbeitet nicht. Sie ist Hausfrau. ______ r ~~f~~
2. Herr Wunderlich ist Produzent für eine Fernsehsendung. ______ r f
3. Frau Schuster hat viel Zeit. ______ r f
4. Herr Wunderlich braucht eine Kellnerin. ______ r f
5. Frau Schuster ist Kellnerin. ______ r f

Ein Stadtspaziergang

Seite 58	Aufgabe 1–3

1 Tourist in Hamburg: Was kann man machen?

①	„Fischmarkt"	A	Man kann auf die Stadt schauen.	1	C
②	Fußgängerzone	B	Man kann Schiffe beobachten.	2	
③	Hafen	C	Man kann Fisch kaufen.	3	
④	Restaurant	D	Man kann Prospekte und Stadtpläne finden.	4	
⑤	Touristen-Information	E	Man kann in Geschäfte gehen.	5	
⑥	„Michel"	F	Man kann Hamburger Spezialitäten essen.	6	

2 Was kann man besichtigen? Was kann man beobachten? Bitte ordnen Sie.

besichtigen	beobachten
	Menschen

Seite 59	Aufgabe 4–7

1 Martin Miller sagt: „Ich möchte …“ Was sagen Sie? Wohin muss er gehen?

auf den Kirchturm steigen — ins Zentrum fahren — in ein Café gehen — in einen Schreibwarenladen gehen — auf den Markt gehen — ~~ins Kino gehen~~

Martin Miller: „Ich möchte …

☺: „Da müssen Sie …

1. einen Film sehen.“ — ins Kino gehen!“
2. Obst kaufen.“ — ______
3. Postkarten kaufen.“ — ______
4. auf die Stadt schauen.“ — ______
5. einen Kuchen essen.“ — ______
6. die Fußgängerzone sehen.“ — ______

2 *auf* oder *in*? Bitte kombinieren Sie.

auf
in

ein Haus — die Schule — einen Supermarkt — die Stadt — den Markt — die Straße — den Stadtplan — Geschäfte

gehen
schauen

auf ein Haus schauen, in ein Haus gehen, ______

______

3 Eine Postkarte aus Köln. Ergänzen Sie bitte *auf* oder *in* + Artikel.

Hallo Sabine,
jetzt bin ich schon fünf Tage in Köln. Ich finde die Stadt sehr interessant. Man kann viel besichtigen, ich gehe oft ins ______ Museum. Jeden Tag nehme ich die S-Bahn und fahre ______ Zentrum. Dort liegt der Dom, mitten in Köln.
Ich steige sehr gerne ______ ______ Turm und schaue ______ ______ Stadt und ______ ______ Fluss. Ich gehe auch oft ______ ______ Markt. Abends gehe ich mit Martin und Nina ______ Theater oder ______ Kino. Wir gehen auch manchmal ______ ______ Restaurant oder ______ ______ Café.
Dort trinkt man gerne „Kölsch". Das ist ein Bier, eine Kölner Spezialität.
Kennst du es?
Bis bald!

Tschüs, deine Ellen

Frau
Sabine Weber
Christophstr. 30

70180 Stuttgart

4 *Wo, wohin? – Auf, in, nach …*

a) *Wo* oder *wohin*? Bitte markieren Sie.

	Wo?	Wohin?
auf den Markt gehen		×
in Deutschland arbeiten		
nach Hamburg fahren		
ins Restaurant gehen		
auf den Stadtplan schauen		
in Berlin wohnen		
nach Italien fahren		
in Italien Urlaub machen		

b) Wie fragen Sie?

1. Martin Miller ist heute in Hamburg. — Wo ist er?
2. Zuerst geht er in die Touristen-Information. — ______
3. Dann geht er in ein Café. — ______
4. Dort trinkt er einen Tee. — ______
5. Danach fährt Martin Miller ins Zentrum. — ______
6. Abends ist er müde und fährt ins Hotel. — ______
7. Und morgen? Morgen ist er in Bremen. — ______
8. Und am Montag fährt er nach Berlin. — ______

Der Tag von Familie Raptis

Seite 60	Aufgabe 1–3

1 Lesen Sie Seite 60, Aufgabe 1. Was ist richtig? Markieren Sie bitte.

1. Abends / Morgens — bereitet Andrea ihren Deutschunterricht vor.
2. Nachmittags / Mittags — essen Andrea und die Kinder zusammen zu Mittag.
3. Nachmittags / Abends — treffen Lena und Jakob ihre Freunde.
4. Morgens / Abends — bringt Kostas die Kinder ins Bett.
5. Nachts / Mittags — schläft Familie Raptis.

2 Was macht man wann?

1. Kaffee trinken: *morgens, nachmittags*
2. in die Schule gehen: ______
3. schlafen: ______
4. das Mittagessen machen: ______
5. Freunde treffen: ______
6. ins Kino gehen: ______

3 Der Tag von Claudia Wieland

a) Bitte schreiben Sie Sätze.

	morgens	mittags	nachmittags	abends	nachts
schlafen	X				
frühstücken		X			
Haushalt machen			X		
einkaufen			X		
Kaffee trinken				X	
ins Krankenhaus fahren				X	
arbeiten					X

1. Morgens *schläft Claudia Wieland.*
2. Mittags ______
3. Nachmittags ______
4. Abends ______
5. Nachts ______

b) Was ist Claudia Wieland von Beruf? Was glauben Sie?

Sie ist ______ von Beruf.

1 Was brauchen die Leute? Ergänzen Sie *ihr, ihre, ihren* und *sein, seine, seinen.*

1. Martin Miller fährt nach Hamburg. Er braucht *seinen* Stadtplan, ________ Computer und ________ Kugelschreiber.
2. Marlene Steinmann macht eine Foto-Reportage. Sie braucht ________ Fotoapparat, ________ Kalender und ________ Visitenkarten.
3. Igor Schapiro geht in den Deutschkurs. Er braucht ________ Buch, ________ Bleistift, ________ Radiergummi und ________ Heft.
4. Herr und Frau Berger machen Urlaub in Italien. Sie brauchen ________ Auto, ________ Fahrräder und ________ Wörterbuch.

2 Familie Raptis fotografiert. Bitte schreiben Sie Sätze mit *ihr* und *sein.*

Kostas **die Eltern** **die Kinder** **Jakob** **Lena**

fotografiert **fotografieren**

Bruder Jakob **Kinder** **Großeltern** **Frau** **Schwester Lena** **Katze** **Vater**

Kostas fotografiert seine Kinder.

____

____

____

____

3 Wir verkaufen alles. Ihr auch?

Wir verkaufen …
1. *unsere* Bücher,
2. ________ Klavier,
3. ________ Auto,
4. ________ Fernseher,
5. ________ Radio,
6. und ________ Wohnung.

Wir gehen nach Amerika und brauchen Geld!

Und ihr? Verkauft ihr auch …
1. *eure* Bücher,
2. ________ Klavier,
3. ________ Auto,
4. ________ Fernseher,
5. ________ Radio,
6. und ________ Wohnung?

Wohin geht ihr?

4 Kombinieren Sie und schreiben Sie Sätze mit *mein*, *dein* usw.

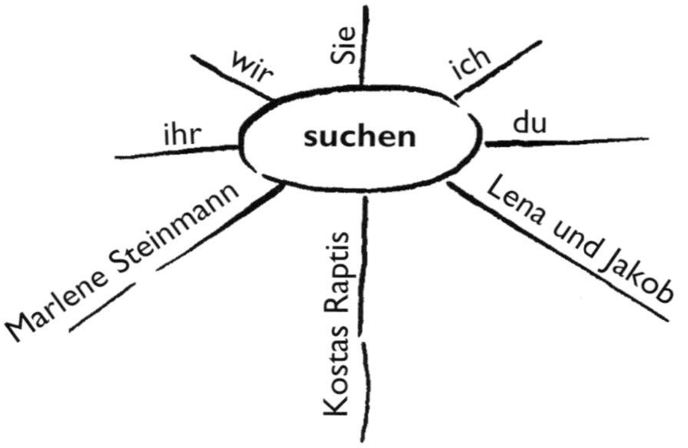

der Fotoapparat
der Stadtplan
die Flöte
die Katze
das Auto
das Fahrrad
die Kinder
die Bücher

Marlene Steinmann sucht ihren Fotoapparat. Wir suchen unser Auto.

____

____

5 Kostas Raptis und Andrea Solling-Raptis

a) Kostas: Bitte schreiben Sie Sätze.

1. Er / von Beruf / ist / Arzt /.
   Er ist Arzt von Beruf.
2. ist / anstrengend, / Seine Arbeit / aber interessant /.
   ____
3. arbeitet / am Wochenende / und / manchmal auch / von Montag bis Freitag / Er /.
   ____
4. Zeit für seine Familie / Er / nicht immer / hat /.
   ____
5. ins Bett / Kostas / Abends / bringt / die Kinder /.
   ____

b) Was wissen Sie über Andrea? Schreiben Sie einen Text.

Deutschlehrerin von Beruf
Mann: Kostas, Kinder: Lena und Jakob
morgens: alle zusammen frühstücken
Deutschunterricht vorbereiten
Haushalt machen
abends Deutsch unterrichten

Andrea ist Deutschlehrerin von Beruf. Ihr Mann

____

____

Früher und heute

Seite 62/63	Aufgabe 1–4

1 Was gab es nur früher, was gibt es auch heute?

a) Ergänzen Sie bitte.

Busse **Supermärkte** ~~**E-Mails**~~ **Autos** **Radios**

Früher	Heute
Briefe	*E-Mails*
Lebensmittelgeschäfte	
	S-Bahnen
	Fernseher
Fahrräder	

b) Bitte schreiben Sie Sätze.

Früher gab es nur Briefe, heute gibt es auch E-Mails.

2 Frau König erzählt von früher. Markieren Sie.

1. Früher bin / hatte / (war) ich Verkäuferin.
2. Die Geschäfte haben / sind / waren früher klein.
3. Heute gibt es / sind / waren die Supermärkte oft groß.
4. Früher haben / hatten / waren die Leute mehr Zeit.
5. Aber früher hatte / ist / war auch nicht alles gut!

3 Hamburg früher und heute. Bitte ergänzen Sie *haben, sein, es gibt*.

1. Hamburg _war_ _______ früher sehr schön. Die Häuser _______ klein. Man _______ mehr Kontakt.
2. Die Leute _______ selten Autos. _______ _______ aber noch keine S-Bahn; das _______ heute gut.
3. Früher _______ die Geschäfte sehr klein. Heute _______ die Supermärkte und Kaufhäuser ja oft so groß! Dort _______ _______ alles.
4. Früher oder heute: Hamburg _______ immer schön!

Seite 63	Aufgabe 5–6

1 Fragen und Antworten. Bitte kombinieren Sie.

①	Möchtest du nicht mitspielen?	A	Ja, ich komme schon.	1	_B_
②	Hast du ein Haustier?	B	Nein, ich spiele nicht mit.	2	
③	Hast du auch eine Katze?	C	Doch, natürlich habe ich ein Wörterbuch.	3	
④	Spielst du gern Tennis?	D	Nein, ich spiele nicht gern Tennis.	4	
⑤	Machst du nicht gern Sport?	E	Ja, ich habe einen Hund.	5	
⑥	Kommen Sie mit?	F	Doch, ich komme sofort.	6	
⑦	Möchten Sie nicht mitkommen?	G	Nein, ich habe keine Katze.	7	
⑧	Hast du kein Wörterbuch?	H	Doch, aber ich spiele nicht gern Tennis.	8	

2 Wie heißt die Frage? Schreiben Sie bitte.

1. ▶ _Sind Sie Lehrerin von Beruf?_
   ◁ Ja, ich bin Lehrerin von Beruf.
2. ▶ _______________________
   ◁ Nein, ich arbeite nicht in Hamburg.
3. ▶ _______________________
   ◁ Doch, ich trinke gern Kaffee.
4. ▶ _______________________
   ◁ Nein, ich habe keine Tochter.
5. ▶ _______________________
   ◁ Doch, ich habe einen Computer.
6. ▶ _______________________
   ◁ Ja, ich reise viel.

Eine Spezialität aus Hamburg

Seite 64/65	Aufgabe 1–5

1 Wie heißen die Dinge?

2 Mahlzeiten. Wann isst und trinkt man was in Deutschland?

Frühstück **Mittagessen** **Abendessen**

____________	____________	____________
Brot, Wurst, Käse, Salat, Bier, Mineralwasser, Apfelsaft	Brot, Kaffee, Tee, Milch, Eier, Marmelade, Honig, Käse, Wurst	Suppe, Fisch, Fleisch, Gemüse, Kartoffeln, Salat, Mineralwasser, Apfelsaft

3 Hier ist alles falsch! Machen Sie es richtig.

~~kocht~~	legt	schneidet	kocht	salzt	brät

1. Herr Opong ~~salzt~~ *kocht* ________ Kaffee.
2. Er pfeffert und ~~wäscht~~ ________ den Fisch.
3. Er ~~wäscht~~ ________ eine Suppe.
4. Er ~~pfeffert~~ ________ das Fleisch in den Topf und ~~schält~~ ________ es.
5. Er ~~brät~~ ________ die Zitronen klein.

4 Pronomen. Schreiben Sie Sätze.

essen

der Fisch *Ich esse ihn.*

das Brot ________

die Suppe ________

die Tomaten ________

trinken

die Getränke ________

der Saft ________

die Milch ________

das Bier ________

5 Jetzt oder später?

1. Liest du die Zeitung jetzt? Nein, ich lese *sie* ________ später.
2. Hörst du die Musik jetzt? Nein, ich höre ________ später.
3. Trinken wir den Tee jetzt? Nein, wir trinken ________ später.
4. Machst du die Aufgaben jetzt? Nein, ich mache ________ später.
5. Lernst du die Grammatik jetzt? Nein, ich lerne ________ später.
6. Essen wir den Kuchen jetzt? Nein, wir essen ________ später.

Ich habe jetzt keine Zeit!

6 Ergänzen Sie das Pronomen (Akkusativ).

1. Das Schiff fährt in den Hafen. Martin Miller beobachtet *es* ________.
2. Frau König kocht einen Tee und trinkt ________.
3. Lena und Jakob spielen. Ihr Vater fotografiert ________.
4. Clemens braucht die Zutaten für die Suppe. Er kauft ________.
5. Martin Miller bestellt eine Aalsuppe und isst ________.
6. Clemens schneidet das Fleisch und brät ________.
7. Das ist der „Michel“, sehen Sie ________ nicht?
8. Da geht Andrea Solling-Raptis, kennst du ________ nicht?

7 Im Kaufhaus: Herr Opong kauft nichts. Was sagt er?

1. Der Verkäufer: Kaufen Sie den Topf!
   Clemens Opong: Nein danke, ich möchte keinen Topf kaufen.
   Ich brauche ihn nicht.
2. Der Verkäufer: Kaufen Sie zehn Messer! Nur fünfundzwanzig Euro!
   Clemens Opong: Nein danke, ich möchte keine Messer kaufen.
   Ich ______
3. Der Verkäufer: Kaufen Sie das Kochbuch! Es ist ganz neu!
   Clemens Opong: Nein danke, ich möchte kein Kochbuch kaufen.
   ______
4. Der Verkäufer: Kaufen Sie die Teller! Sie sind sehr schön!
   Clemens Opong: Nein danke, ich möchte keine Teller kaufen.
   ______
5. Der Verkäufer: Kaufen Sie die Schokoladentorte! Sie ist sehr gut!
   Clemens Opong: Nein danke, ich möchte keine Schokoladentorte kaufen.
   ______

Ich habe alles. Ich bin doch Koch von Beruf.

8 Ein Rezept. Wie kocht man eine Gemüsesuppe? Schreiben Sie bitte.

Gemüsesuppe
Zuerst die Kartoffeln waschen und schälen.
Die Kartoffeln klein schneiden und in die Brühe legen.
Dann den Lauch waschen und klein schneiden.
Die Karotten waschen, schälen und auch klein schneiden.
Das ganze Gemüse zusammen kochen.
Zum Schluss die Kräuter in die Suppe geben und die Suppe salzen und pfeffern.

Zuerst wäscht man die Kartoffeln und schält sie. Man schneidet sie klein und ______

______

______

______

______

Jetzt kennen Sie Leute in Hamburg!

Seite 66	Aufgabe 1–2

1 **Martin Miller macht Interviews und fragt viele Leute: „Ohne wen machen Sie nie Urlaub?"**

a) Hier sind die Antworten. Bitte ergänzen Sie den Possessivartikel.

1. Andrea Solling-Raptis und Kostas Raptis: „Ohne *unsere* Kinder."
2. Frau König: „Ohne ________ Freundinnen."
3. Clemens Opong: „Ohne ________ Frau."
4. Herr und Frau Daume: „Ohne ________ Sohn Timo."
5. Torsten Troll: „Ohne ________ Schwester Tanja."
6. Tanja Troll: „Ohne ________ Hund!"

b) Was schreibt Martin Miller in seine Reportage? Ergänzen Sie den Possessivartikel.

1. Andrea Solling-Raptis und Kostas Raptis machen nie Urlaub ohne *ihre* Kinder.
2. Frau König macht nie Urlaub ohne ________ Freundinnen.
3. Clemens Opong macht nie Urlaub ohne ________ Frau.
4. Herr und Frau Daume machen nie Urlaub ohne ________ Sohn Timo.
5. Torsten Troll macht nie Urlaub ohne ________ Schwester Tanja.
6. Tanja Troll macht nie Urlaub ohne ________ Hund.

2 **Ohne was geht es nicht?**

~~Topf~~	Radio	Karten	Ball	Fotoapparat

1. *Ohne Topf* ________ kann man nicht kochen.
2. ________ kann man nicht fotografieren.
3. ________ kann man nicht Fußball spielen.
4. ________ kann man nicht Musik hören.
5. ________ kann man nicht Karten spielen.

3 **Was ist wofür? Ergänzen Sie bitte den bestimmten Artikel.**

1. Wofür ist der Zucker? Für *den* Kaffee.
2. Wofür sind die Kräuter? Für ________ Kartoffelsuppe.
3. Wofür ist das Interview? Für ________ Zeitung.
4. Wofür sind die Computerspiele? Für ________ Computer.
5. Wofür ist die Schokolade? Für ________ Kuchen.

4 Kostas kauft ein. Was ist für wen?

1 → seine Frau Andrea

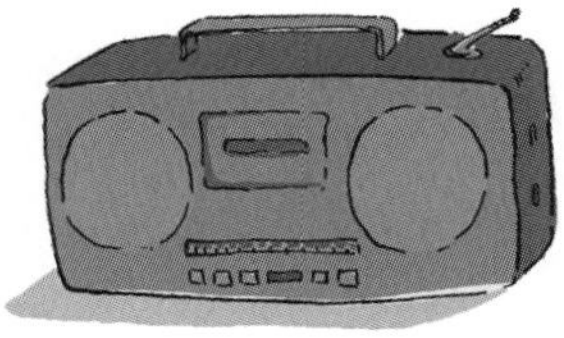

2 → seine Kinder

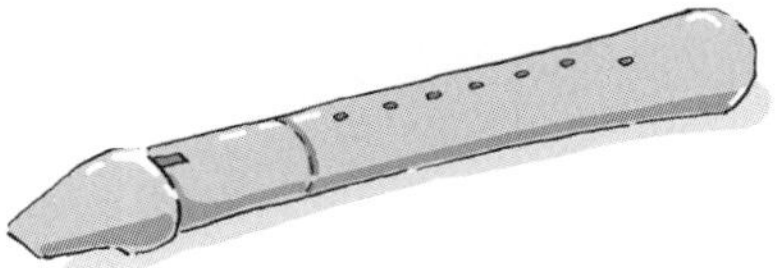

3 → sein Sohn Jakob

4 → seine Tochter Lena

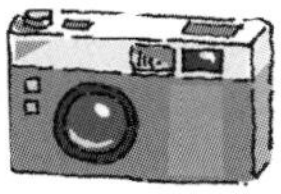

5 → seine Eltern

6 → sein Freund Thomas

1. *Die Bücher sind für seine Frau Andrea.*
2. ______
3. ______
4. ______
5. ______
6. ______

5 *Für wen oder wofür?*

1. *Für wen* möchte die Großmutter ein Computerspiel kaufen? – Für Sebastian.
2. ______ brauchst du die Kartoffeln? – Für eine Kartoffelsuppe natürlich.
3. ______ ist das Wörterbuch? – Für Pablo.
4. ______ ist der Apfelsaft? – Für Timo Daume.
5. ______ braucht Frau Mainka die Fotos? – Für das Casting.
6. ______ möchte Frau König Geld haben? – Für ihre Reisen.

6 Der kleine Jakob fragt seinen Vater. *Für wen oder wofür?*

1. Jakob: *Wofür* ist das Rezept?
   Kostas: Für eine Gemüsesuppe.
2. Jakob: ______ brauchst du das Gemüse?
   Kostas: Auch für die Gemüsesuppe.
3. Jakob: ______ braucht man den Topf?
   Kostas: Man kocht das Gemüse.
4. Jakob: ______ kochst du das Abendessen?
   Kostas: Für dich, Lena und deine Mama.
5. Jakob: ______ ist der Kaffee?
   Kostas: Für die Eltern. Für Kinder ist Kaffee nicht gut.
6. Jakob: ______ ist die Schokolade?
   Kostas: Nicht nur für dich allein!

1 Im Café. Die Kellnerin fragt: „Für wen ist das Eis?"

ich Für *mich*!

du Für ________!

er Für ________!

sie Für ________!

wir Für ________!

ihr Für ________!

Sie Für ________!

sie Für ________!

2 *mich, dich, uns, euch.* Ergänzen Sie bitte.

1. ▶ Wir gehen heute Nachmittag ins Café Schmidt.
   ◁ Gut, dann treffe ich *euch* dort.
2. ▶ Wir sind heute Abend zu Hause.
   ◁ Gut, dann besuche ich ________.
3. ▶ Hallo, wo seid ihr?
   ◁ Hier! Siehst du ________ nicht?
4. ▶ Hier ist es schön. Fotografierst du ________ mal?
   ◁ Dich und Anna? Ja, natürlich fotografiere ich ________.
5. ▶ Kennst du ________ nicht? Ich bin dein Onkel Bill aus Amerika!
   ◁ Ah ja, natürlich kenne ich ________.
6. ▶ Ich komme morgen nach Kassel.
   ◁ Besuchst du ________?

3 Lena Raptis erzählt ihren Tagesablauf. Ergänzen Sie bitte.

Morgens weckt *mich* (1) meine Mutter. Dann weckt sie meinen Bruder und macht Frühstück für ________ (2). Sie bringt ________ (3) in den Kindergarten. Dort treffe ich meine Freundin Maria und sage: „Ich besuche ________ (4) heute!" Meine Mutter bereitet das Mittagessen für ________ (5) vor. Dann sagt sie: „Jetzt habe ich Zeit für________ (6)!" Wir essen und spielen zusammen. Dann besuche ich Maria. Abends geht meine Mutter in ihren Unterricht. Mein Vater macht das Abendessen für ________ (7) drei und bringt meinen Bruder und ________ (8) ins Bett.

4 Im Deutschkurs. Ergänzen Sie bitte: Akkusativ oder Nominativ?

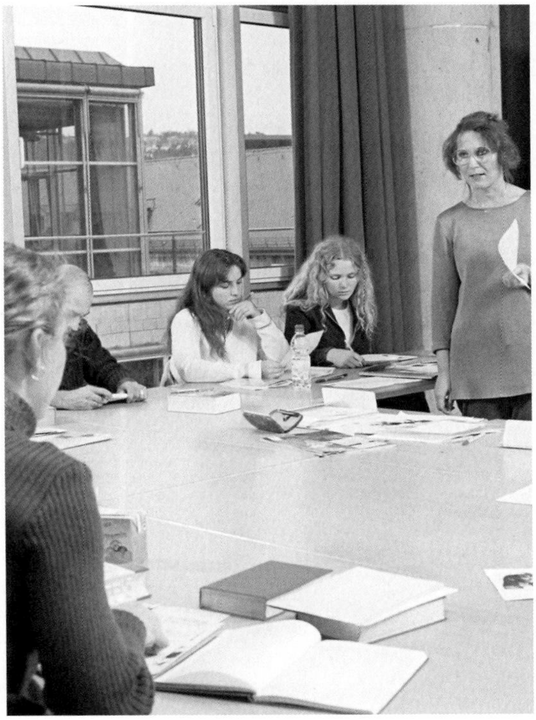

1. ▶ Machen wir Satz 1 zusammen?
   ◁ Ja, gut. Ich lese ihn und du schreibst ihn.
2. ▶ Hast du keinen Bleistift?
   ◁ Doch, aber ________ finde ________ nicht. Hast du einen Bleistift für ________?
3. ▶ Und wo ist dein Wörterbuch?
   ◁ ________ bringe ________ morgen mit.
4. ▶ Verstehst du die Aufgabe?
   ◁ Nein, ________ verstehe ________ auch nicht.
5. ▶ Müssen wir die Wörter schreiben?
   ◁ Ja, ________ müsst ________ schreiben und buchstabieren.
6. ▶ Anna, wie schreibt man Souvenir?
   ◁ Schläfst du, Anna? Die Lehrerin fragt ________ etwas!
7. ▶ Lesen Sie bitte den Text noch einmal.
   ◁ Gerne, ________ ist sehr interessant.
8. ▶ Ist Nina heute nicht da?
   ◁ Nein, ________ muss heute arbeiten.
9. ▶ Und wir kommen morgen nicht.
   ◁ Oh je, ohne ________ ist der Deutschkurs nicht schön.

5 Urlaub in Wien. Verbessern Sie den Text. Nehmen Sie Pronomen.

Frau König macht Urlaub in Wien. Dort kann man viel besichtigen: die Fußgängerzone, den Stephansdom, die Ringstraße, das Burgtheater, den Heldenplatz …
Frau König geht zuerst ins Zentrum. Dort sucht Frau König (1) die Fußgängerzone, aber sie findet die Fußgängerzone (2) nicht sofort. Sie fragt eine Frau, aber sie versteht die Frau (3) nicht. Deshalb braucht Frau König einen Stadtplan. Sie geht in einen Buchladen und kauft den Stadtplan (4) dort. Endlich findet sie die Fußgängerzone. Dann geht sie weiter zum Stephansplatz und beobachtet den Stephansplatz (5) lange: Es gibt sehr viele Touristen, und die Touristen (6) fotografieren den Stephansdom. Auch Frau König fotografiert den Stephansdom (7). Frau König (8) findet den Stephansdom (9) sehr schön. Jetzt möchte sie eine Pause machen. Sie geht ins Kaffeehaus. Frau König bestellt eine „Mélange“, eine Wiener Kaffee-Spezialität. Der Kellner bringt die Mélange und ein Glas Wasser. Dann sucht Frau König eine Zeitung und liest die Zeitung (10).
Danach geht Frau König wieder in die Fußgängerzone. Dort sieht sie ein Souvenir und kauft das Souvenir (11) für ihre Tochter: Sie nimmt für ihre Tochter (12) ein Buch über Wien mit. Es gibt auch Postkarten und Frau König kauft die Postkarten (13) für ihre Freundinnen.
Abends ist sie sehr müde. Sie sucht ihr Hotel, findet das Hotel (14) endlich und geht schnell ins Bett.

1. sie
2. ________
3. ________
4. ________
5. ________
6. ________
7. ________
8. ________
9. ________
10. ________
11. ________
12. ________
13. ________
14. ________

Lektion 6

Ortstermin Leipzig

Seite 68/69	Aufgabe 1–3

1 Die Einladung. Was passt?

Klassentreffen ~~Einladung~~ Programm Treffpunkt Kaffeepause Feiern Musik

Abi 90

Einladung

____

am Samstag, 15. Juli 2000, in Leipzig

____

von 15 bis 18 Uhr: Stadtspaziergang

______________: Augustusplatz, Brunnen

16 Uhr: ______________ im Café Riquet

ab 19.30 Uhr: ______________ mit Essen, Trinken

und ______________

Ort: Gosenschenke „Ohne Bedenken“

(Menckestraße 5)

2 Schreiben Sie bitte Wörter. Was passt zusammen?

Kaffee-	-treffen, das	die Kaffeepause
Schokoladen-	-ende, das	
Klassen-	-haus, das	
Stadt-	-punkt, der	
Treff-	-torte, die	
Wochen-	-pause, die	
Kranken-	-spaziergang, der	

3 Lesen Sie die Einladung (S. 68) noch einmal. Richtig (r) oder falsch (f)?

1. Das Abitur findet am Samstag, 15. Juli 2000, in Leipzig statt. ________ r ~~f~~
2. Die Klasse macht von 15 bis 18 Uhr einen Stadtspaziergang. ________ r f
3. Der Treffpunkt ist die Gosenschenke. ________ r f
4. Um 19.30 Uhr gibt es Essen und Trinken. ________ r f
5. Das Klassentreffen liegt zehn Jahre zurück. ________ r f

4 W-Wörter. Bitte fragen Sie.

1. *Wann findet das Klassentreffen statt?*
   Das Klassentreffen findet am Samstag, 15. Juli 2000, statt.
2. ________________________________
   Das Klassentreffen ist in Leipzig.
3. ________________________________
   Das Abitur liegt zehn Jahre zurück.
4. ________________________________
   Alle gehen um 16 Uhr ins Café Riquet.
5. ________________________________
   Sie gehen um 19.30 Uhr in die Gosenschenke.

5 Zwei Telefongespräche. Bitte ergänzen Sie.

~~Hier ist Karin.~~	Vielen Dank und auf Wiederhören.	Und wann?
Kann ich bitte Jens sprechen?	Dann bis Dienstag. Tschüs.	Guten Tag, Frau Marek.

▶ Martin Hanke.
◁ Hallo, Martin.
Hier ist Karin. ________ Du, ich habe eine Frage. Hast du am Dienstag Zeit?
▶ Ja, warum?
◁ Ich möchte gern ein bisschen feiern. Kommst du?
▶ Ja, natürlich. ________________
◁ So um 20 Uhr.
▶ Gern, vielen Dank für die Einladung.
◁ Bitte, bitte. ________________
▶ Tschüs.

● Marek.
◁ ________________ Hier ist Karin Pollok.
____
● Jens ist leider nicht zu Hause. Er ist heute in Berlin.
◁ Kann ich ihn vielleicht morgen sprechen?
● Ja, ich glaube, er ist abends zu Hause.
◁ ________________
● Auf Wiederhören.

6 Die Gosenschenke „Ohne Bedenken". Fünf Situationen: Wohin gehen Sie?

Ohne Bedenken
Gosen- schenke

Besitzer Dr. Hartmut Hennebach
04155 Leipzig / Gohlis, Menckestr. 5 / Poetenweg 6
2 km nördlich vom Zoo,
3 km nord-westlich vom Hauptbahnhof
Tel. / Fax 0341/5662360
Tel. 0172/3413251

Wir laden ein

Gaststube:	ca. 60 Plätze gemütlich-rustikal und originalgetreu um 1900! Täglich 18 bis 1 Uhr geöffnet
Bierkeller:	ca. 15 bis 20 Plätze altes Gewölbe, historische Wendeltreppe, heiße Musik! Montag bis Samstag 20 bis 1 Uhr geöffnet
Biergarten:	bis 500 Plätze mit 100-jährigem Baumbestand, einmalig in Leipzig, idyllisch! April bis September täglich 12 bis 24 Uhr geöffnet
Vereinszimmer:	bis 35 Plätze gemütlich-rustikal bestens geeignet für Familienfeiern, Klassentreffen, Vereinsfeiern …

1. Samstag, 15. Juli, 19.30 Uhr, 30 Personen: Sie haben ein Klassentreffen. Sie gehen in das *Vereinszimmer* ____________.
2. Samstag, 21 Uhr, 5 Personen: Sie möchten Musik hören und Bier trinken. Sie gehen in den ____________.
3. Sonntag, 19 Uhr: Sie und Ihre Freunde möchten gemütlich essen. Sie gehen in die ____________.
4. Sonntag, 15 Uhr, 20 Personen: Die Großmutter hat Geburtstag, Sie möchten feiern. Sie gehen in das ____________.
5. Mittwoch, 12. Juli, 12 Uhr, 10 Personen: Das Wetter ist schön. Sie möchten im Garten sitzen. Sie gehen in den ____________.

7 Lesen Sie den Text „Was ist Gose?" (S. 69). Was ist richtig? Markieren Sie bitte.

1. Die Gose ist
   - ☐ ein Bier.
   - ☐ eine Rose.
   - ☐ ein Wein.
2. Die Gose kommt aus
   - ☐ Gosen.
   - ☐ Goslar.
   - ☐ Leipzig.
3. Die Gose ist
   - ☐ 100 Jahre alt.
   - ☐ 1000 Jahre alt.
   - ☐ 1738 Jahre alt.
4. Die Gosenschenke „Ohne Bedenken" ist
   - ☐ in Dänemark.
   - ☐ in Deutschland.
   - ☐ in Frankreich.

Das Klassentreffen

Seite 70	Aufgabe 1

1 Die Einladung

a) Bitte ordnen Sie den Brief.

R *Herzliche Grüße*
Steffi, Jens und Kevin

T *Gestern haben wir zusammen im Café gesessen. Wir haben unser Klassentreffen geplant. Es war wie früher: Jens hat drei Stück Apfelkuchen gegessen, Steffi hat wie immer viel Milchkaffee getrunken und ich meinen Tee. Es war lustig, wir hatten viele Ideen und haben viel gelacht.*

I *Jetzt ist es so weit: Zehn Jahre sind vorbei. Viele Mitschüler wohnen nicht mehr in Leipzig. Wir drei – Steffi, Jens und ich – sind immer noch hier. Wir haben Glück gehabt und haben hier eine Arbeit gefunden.*

U *In Leipzig hat es viele Veränderungen gegeben. Aber keine Angst: Es ist immer noch unser Leipzig. Hoffentlich könnt ihr alle kommen!*

A *Liebe Leute,*

B *Abi 90: Wisst ihr noch? Da haben wir Abitur gemacht. Wir haben damals gesagt: „2000 machen wir ein Klassentreffen."*

Lösungswort: A ☐ ☐ ☐ ☐ ☐

b) Alle Briefteile haben eine Überschrift. Was passt?

1. Tschüs! Auf Wiedersehen!
2. Leipzig früher und heute
3. Essen, trinken und planen
4. Leben und arbeiten in Leipzig
5. Abi 90: Das waren wir!
6. Hallo! Guten Tag!

1	R
2	
3	
4	
5	
6	

1 Infinitiv und Partizip. Was passt zusammen?

①	essen	A	gesessen	1	E
②	finden	B	gegeben	2	
③	haben	C	geplant	3	
④	lachen	D	gefunden	4	
⑤	geben	E	gegessen	5	
⑥	machen	F	gehabt	6	
⑦	planen	G	gemacht	7	
⑧	sitzen	H	gelacht	8	
⑨	trinken	I	getrunken	9	

2 Perfekt. Drei Verben. Was passt? Bitte markieren Sie.

1. Hast du einen Spaziergang — gefunden? / gemacht? / gesagt?
2. Meine Mutter hat unseren Urlaub — gegessen. / gelacht. / geplant.
3. Martin hat viel Tee — gefunden. / gegessen. / getrunken.
4. Meine Freunde haben gestern keine Zeit — gehabt. / gemacht. / geplant.
5. Ich habe lang im Zug — gefunden. / gehabt. / gesessen.
6. Maria hat in Berlin eine Arbeit — gefunden. / gelacht. / gesessen.

3 Viel gemacht? Ergänzen Sie bitte.

Ich habe viel gemacht.
Hast du auch viel ______?
Ja, er ______ viel gemacht.
Also: Wir ______ viel ______.
______ ihr viel ______?
Sie ______ wirklich viel ______.
Und was ______ du ______?
Nichts! Nur geschlafen!

4 Was haben Steffi, Kevin und Jens gemacht?

lachen ~~sitzen~~ planen trinken essen

1. Sie *haben* im Café *gesessen*.

2. Sie __________ Kuchen __________.

3. Steffi __________ Kaffee __________.

4. Sie __________ viel __________.

5. Sie __________ das Klassentreffen __________.

5 Bitte schreiben Sie die Sätze in die Tabelle.

~~Philipp hat eine Reise nach Tunesien geplant.~~ Er hat Geld gefunden.
Hat er gestern Wein getrunken? Was hat er gestern gegessen? Er hat gelacht.

	Verb	Satzmitte	Satzende
Philipp	*hat*	*eine Reise nach Tunesien*	*geplant.*

6 Schreiben Sie bitte Sätze im Perfekt.

1. Philipp und Nina / planen / Reise / eine / . *Philipp und Nina haben eine Reise geplant.*
2. machen / sie / was / ? __________
3. im Restaurant / sitzen / sie / . __________
4. sie / gut / essen / ? __________
5. gut / essen / und / sie / trinken / . __________
6. den / finden / Bahnhof / sie / ? __________
7. den / finden / Bahnhof / sie / . __________
8. Reise / die / sie / machen / . __________

Treffpunkt Augustusplatz

Seite 72	Aufgabe 1

1 Präsens: e oder *i*? Ergänzen Sie die Formen von *werden*.

ich w_e_rde
du w____rst
er • sie • es w____rd
wir w____rden
ihr w____rdet
sie • Sie w____rden

2 *werden*. Was passt?

① Hast du Geburtstag? Wie alt wirst du denn?
② Peggy möchte nicht essen.
③ Timo fotografiert gern.
④ Es ist schon 23 Uhr.
⑤ Wir müssen am Wochenende arbeiten.

A Er möchte Fotograf werden.
B Das wird anstrengend.
C Ich werde 35.
D Vielleicht wird sie krank.
E Langsam werde ich müde.

1	C
2	
3	
4	
5	

3 *werden* oder *sein*? Markieren Sie bitte.

1. Martin Miller reist viel. Er (ist) / wird Journalist.
2. Anna ist Studentin. Sie möchte Ärztin sein. / werden.
3. Nina hat morgen Geburtstag. Sie ist / wird 22.
4. Heute kann Pablo nicht in den Deutschkurs gehen. Er ist / wird krank.
5. Der Bus kommt nicht. Langsam bin / werde ich nervös.
6. Herr Bauer hat viel gearbeitet. Jetzt ist / wird er müde.

4 *gehen* und *fahren*. Kombinieren Sie und schreiben Sie Sätze im Perfekt.

Fahrrad
spazieren
nach Leipzig
zu Fuß
Zug
ins Café
nach Hause

fahren
gehen

Dennis ist gestern Fahrrad gefahren.

1 Alles falsch! Korrigieren Sie bitte die Postkarte von Elisabeth.

Erfurt, 13. Juli

Lieber Kevin,

vielen Dank für die Einladung. Leider kann ich nicht kommen. Meine Großmutter hat Geburtstag getroffen (1), sie ist 85 geblieben (2)! Und deshalb bin ich nach Erfurt gewesen (3). Wir haben schön gesehen (4) und ich habe endlich wieder viele Freunde und Verwandte gefeiert (5). Und jetzt bin ich noch ein paar Tage in Erfurt geworden (6). Wir sind auch schon in Eisenach gefahren (7) und haben die Wartburg gehabt (8).

Viele Grüße und hoffentlich bis bald,
deine Elisabeth

Herrn
Kevin Wagner
Nikolaistraße 9

04109 Leipzig

1. gehabt
2. ____________
3. ____________
4. ____________
5. ____________
6. ____________
7. ____________
8. ____________

2 Perfekt: *haben* oder *sein*? Ordnen Sie bitte.

~~fahren~~ essen finden trinken werden haben
gehen lachen fliegen sein treffen bleiben

sein	haben
fahren,	

3 *haben* oder *sein*? Ergänzen Sie bitte.

Urs *ist* ________ nach Bern geflogen. Seine Tante ________ Geburtstag gehabt. Zuerst ________ er das Haus in Bern nicht gefunden. Aber dann ________ er eine Verwandte getroffen. Die Verwandte ________ mit Urs zur Tante gefahren. Dort ________ alle schön gefeiert. Danach ________ Urs krank geworden, vielleicht ________ er zu viel gegessen. Deshalb ________ er bald wieder nach Hause geflogen und ________ nicht mehr in Bern geblieben. Leider ________ er die Altstadt von Bern nicht gesehen. Also muss er noch einmal nach Bern kommen!

4 Bitte schreiben Sie Sätze.

Ich, Wir, Peter, Tina	hat, ist, haben, sind, bin, habe	eine Arbeit, nach Russland, Freunde, krank, in Wien, Glück, Tee mit Milch	geflogen, gefunden, getrunken, gehabt, geblieben, geworden, getroffen

Peter hat Glück gehabt.

____

5 Das Klassentreffen in Leipzig. Beantworten Sie bitte die Fragen.

1. Was haben Kevin, Steffi und Jens im Café gemacht?
   Sie haben das Klassentreffen geplant, Kaffee getrunken und Apfelkuchen gegessen.
   (das Klassentreffen planen / Kaffee trinken und Apfelkuchen essen)
2. Warum sind Kevin, Steffi und Jens in Leipzig geblieben?
   ____
   (Glück haben / eine Arbeit finden)
3. Warum sind Tanja und Sascha nicht zum Klassentreffen gekommen?
   ____
   (nach Spanien fliegen / krank werden)
4. Warum ist Elisabeth nicht gekommen?
   ____
   (nach Erfurt fahren / Großmutter 85 werden)
5. Was hat Elisabeth in Erfurt gemacht?
   ____
   (Geburtstag feiern / nach Eisenach fahren)

Seite 74	Aufgabe 6–9

1 **Schreiben Sie die Partizipien in die Tabelle und ergänzen Sie den Infinitiv.**

~~gelacht~~ gehabt ~~gewesen~~ gesagt geblieben gesehen
geschlafen gefeiert geworden geflogen geschrieben gekauft

regelmäßig		unregelmäßig	
Partizip	**Infinitiv**	**Partizip**	**Infinitiv**
gelacht	*lachen*	*gewesen*	*sein*

2 ***kein* oder *nicht*? Antworten Sie immer mit *nein*.**

1. ▶ Haben Sie gut gegessen? ◁ Nein, *ich habe nicht gut gegessen.*
2. ▶ Haben Sie Wein getrunken? ◁ Nein, ______
3. ▶ Sind Sie nach Leipzig gefahren? ◁ Nein, ______
4. ▶ Haben Sie Geld gefunden? ◁ Nein, ______
5. ▶ Sind Sie krank geworden? ◁ Nein, ______
6. ▶ Haben Sie Freunde getroffen? ◁ Nein, ______

Stadtspaziergang durch Leipzig

Seite 75	Aufgabe 1–2

1 **Im Café. Bitte schreiben Sie einen Text.**

Kuchen Leipzig
Milchkaffee trinken sitzen
essen Café Riquet

______
______
______
______

Jahrgang „19 hundert 72“

Seite 76/77	Aufgabe 1–4

1 Jahreszahlen. Schreiben Sie bitte.

1. Neunzehnhundertsiebenundsechzig 1967 ____
2. Neunzehnhundertdreiundfünfzig ____
3. Sechzehnhundertsieben ____
4. Zweitausenddreizehn ____
5. Zweitausendneunundzwanzig ____
6. 1794 ____
7. 2005 ____
8. 800 ____

2 Wortbildung

a) Wie heißt das Nomen?

arbeiten die Arbeit ____
heiraten ____
demonstrieren ____
frühstücken ____
spazieren gehen ____
studieren ____
fragen ____
antworten ____
reisen ____
unterrichten ____

b) Die Nomen sind neu. Aber Sie kennen die Verben. Bitte ordnen Sie zu.

bestellen	die Wäsche
besuchen	die Feier
waschen	der Besuch
besichtigen	die Bestellung
feiern	die Besichtigung
fliegen	der Gesang
singen	der Flug

(bestellen — die Bestellung)

3 Was passt zusammen?

① auf einen Kirchturm	A machen	1 E
② Abitur	B gehen	2
③ in die Schule	C haben	3
④ die S-Bahn	D sein	4
⑤ keine Arbeit	E steigen	5
⑥ geboren	F nehmen	6

4 Verben auf *-ieren*. Schreiben Sie bitte die Sätze im Präsens.

1. Steffi, Jens und Kevin haben ein Klassentreffen organisiert.
   Steffi, Jens und Kevin organisieren ein Klassentreffen.
2. Herr Filipow hat Deutsch studiert.
   ____
3. Viele Menschen haben für den Frieden demonstriert.
   ____
4. Marlene Steinmann hat Menschen in Freiburg fotografiert.
   ____
5. Ich habe die Sätze nummeriert.
   ____
6. In Übung 2 haben wir Nomen und Verben kombiniert.
   ____

5 Lebenslauf. Was passt?

~~Abitur~~ **Studium** **Spaziergang**
Schulabschluss **Arbeit** **Heirat**
gefeiert **Schule** **Wartburg**
geboren **Klassentreffen**

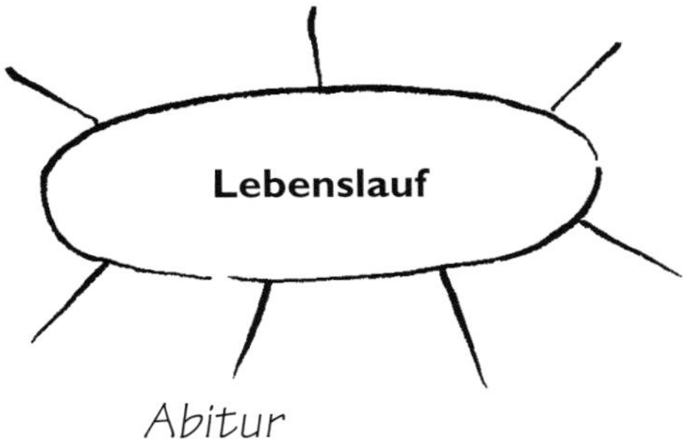

6 Noch ein Lebenslauf

a) Tabellarisch: Lesen Sie Tanjas Lebenslauf.

1971	geboren in Leipzig
1978–1982	Grundschule
1982–1990	Thomas-Schule
1990	Abitur
1990–1996	Studium in Frankfurt
1996–1997	arbeitslos
seit 1997	Fotografin
1998	Heirat
1999	Tochter Lena geboren
seit 1999	Hausfrau

b) Ausführlich: Was schreibt Tanja?

Ich bin 1971 in Leipzig geboren. Von 1978 bis 1982 ______________________________

____

____

____

7 Ihr Lebenslauf. Bitte schreiben Sie.

Lebenslauf

Passfoto

Name: ______________________
Adresse: ______________________
____

Geboren: am ______________ in ______________
Familienstand: ______________

Schulbildung: ______________________
____
____
____

Ausbildung / Studium: ______________________
____
____
____

Berufserfahrung: ______________________
____
____
____

Sprachkenntnisse: ______________________

Computerkenntnisse: ______________________

Interessen: ______________________

______________, den ______________
(Ort) (Datum)

____
(Unterschrift)

Kommen und gehen

Seite 78	Aufgabe 1–4

1 Uhrzeiten. Was ist gleich?

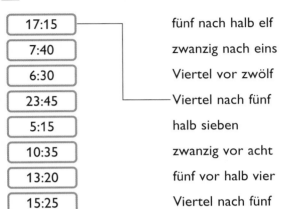

17:15	fünf nach halb elf
7:40	zwanzig nach eins
6:30	Viertel vor zwölf
23:45	Viertel nach fünf
5:15	halb sieben
10:35	zwanzig vor acht
13:20	fünf vor halb vier
15:25	Viertel nach fünf

2 Was ist später?

1.	☐ halb elf	*oder*	☒ fünf nach elf?
2.	☐ Viertel nach sieben	*oder*	☐ Viertel vor sieben?
3.	☐ fünf vor halb zwei	*oder*	☐ halb zwei?
4.	☐ zehn nach halb zehn	*oder*	☐ zehn nach zehn?
5.	☐ ein Uhr	*oder*	☐ halb eins?
6.	☐ Viertel vor acht	*oder*	☐ halb acht?

3 Wie heißt die offizielle Uhrzeit? Es gibt immer zwei Möglichkeiten.

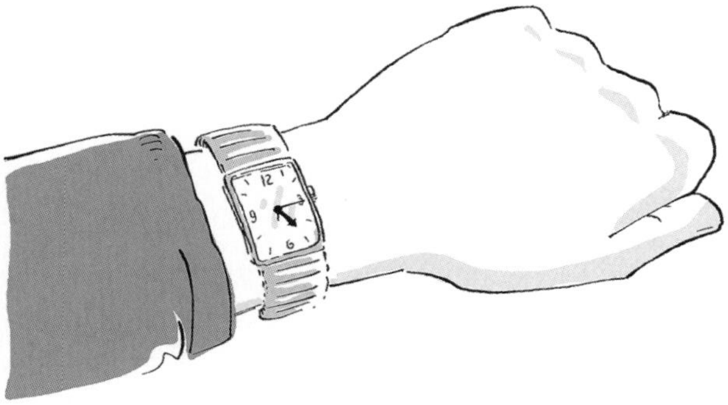

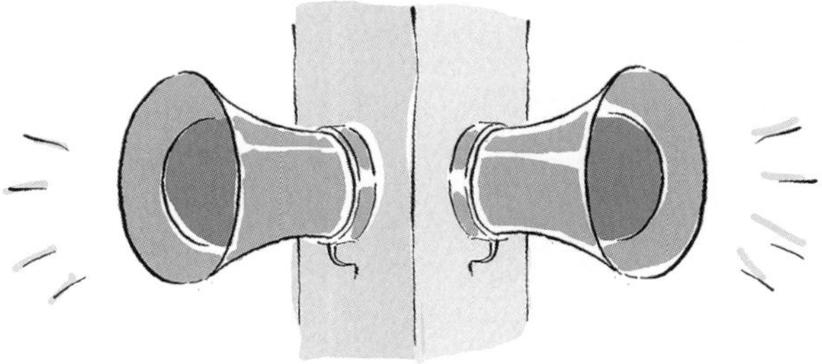

1. Viertel nach fünf — *5.15 Uhr / 17.15 Uhr*
2. halb sieben — ____________
3. Viertel vor zwölf — ____________
4. fünf vor sechs — ____________
5. fünf nach halb elf — ____________
6. zwanzig nach eins — ____________

4 Das Fernsehprogramm. Was kommt wann?

Donnerstag, 11. Mai

ARD

15.00 Tagesschau
Nachrichten, Berichte, Wetter
15.45 Fußball
UEFA-Cup
17.55 Verbotene Liebe
Seifen-Oper

18.25 Marienhof
Seifen-Oper
18.54 Der Fahnder
Krimi-Serie
19.49 Das Wetter
19.56 Börse im Ersten

20.00 Tagesschau
Nachrichten, Berichte, Wetter
20.15 Fußball
UEFA-Cup
22.30 Tagesthemen
Nachrichten

Wann können Sie ... sehen?

1. Nachrichten	Um *15 Uhr, um 20 Uhr und um 22.30 Uhr.*	Um *drei, um acht und um halb elf.*
2. einen Krimi	Um	Um *kurz vor sieben.*
3. Fußball	Um	Um
4. eine Seifenoper	Um	Um
5. den Wetterbericht	Um	Um

5 Frau Schmidt muss ihre Zeit gut planen. Lesen Sie bitte den Text. Wann macht Frau Schmidt was?

Frau Schmidt möchte um drei Uhr nachmittags ihre Freundin im Café treffen. Zuerst muss sie noch Essen für die Kinder kochen, sie braucht 45 Minuten. Dann muss sie einkaufen, sie braucht 20 Minuten. Dann nimmt sie den Bus in die Stadt, er fährt 15 Minuten. Zum Café geht sie 10 Minuten zu Fuß. Frau Schmidt und ihre Freundin sitzen zwei Stunden im Café. Dann gehen sie nach Hause.

1. Frau Schmidt trifft ihre Freundin: um *drei Uhr nachmittags (15 Uhr)*.
2. Sie kocht: um ______________________.
3. Sie kauft ein: um ______________________.
4. Sie nimmt den Bus: um ______________________.
5. Frau Schmidt und ihre Freundin gehen nach Hause: um ______________________.

6 Ergänzen Sie die Uhrzeiten.

Morgens um fünf vor sechs (5.55)
kommt die kleine Hex';

Morgens um ______________________ (6.30)
kocht sie Gelbe Rüben;

Morgens um ______________________ (7.45)
hat sie Kaffee gemacht;

Morgens um ______________________ (9.15)
geht sie in die Scheun';

Morgens um ______________________ (9.30)
holt sie Holz und Spän';

feuert an um elf,
kocht dann bis um zwölf

Fröschebeine, Krebs und Fisch.
Schnell ihr Kinder, kommt zu Tisch.

7 Zeitangaben: *ab, am, um, seit, von … bis* oder ohne Präposition. Ergänzen Sie bitte.

1. Wir sind zusammen in die Schule gegangen und haben __________ 1990 Abitur gemacht.
2. Deshalb möchten wir __________ 15. Juli 2000 ein Treffen machen.
3. Treffpunkt ist __________ 15 Uhr am Augustusplatz in Leipzig.
4. __________ 15 Uhr __________ 18 Uhr machen wir einen Stadtspaziergang.
5. __________ 16 Uhr gehen wir ins Café Riquet.
6. __________ 19.30 Uhr feiern wir.
7. Die Feier dauert bestimmt lange, wir haben uns ja schon __________ 1990 nicht mehr gesehen.
8. Aber das macht nichts. __________ Sonntag können wir alle lang schlafen.

Anhang

Lösungen

Lektion 1

S. 82–85 Guten Tag

1 2. Tschüs! 3. Guten Abend! 4. Auf Wiedersehen! 5. Guten Morgen!
2 2A • 3F • 4C • 5D • 6E
3 2A • 3C • 4A
4 2. Ich komme aus Deutschland. 3. Nein, ich wohne in Frankfurt. 4. Christian Hansen. 5. Nein, aus Deutschland.
5 2. Kommst du aus Deutschland? 3. Wie heißen Sie bitte? 4. Woher kommen Sie? 5. Wohnen Sie in Wien?
6 1. und, heiße, wo, wohne 2. Sind, Name, Kommen, aus
7 2. Wie 3. Woher 4. Wie 5. Wo 6. Woher
8 **a)** **Sie:** Wie heißen Sie? / Wo wohnen Sie? / Sind Sie Herr Bauer? • **du:** Woher kommst du? / Bist du Christian? / Wie heißt du? / Wohnst du in Berlin?
b) 2. Sie 3. Sie 4. du
9 1. Ich, Sie, ich, Sie, Ich 2. du, Ich, Ich, du, du
10 2. heiße 3. wohnen 4. heißen 5. Bist 6. komme
11 **a)** Wie heißen Sie? • Wo wohnen Sie? • Sind Sie Maria Schmidt?
b) Wie heißt du? • Wo wohnst du? • Bist du Maria?
12 (Ich heiße) … Woher kommst du? • (Ich komme) Aus … • (Ich wohne) In … Und (wo wohnst) du?

S. 86/87 Die Welt

1 2. Frankfurt 3. woher 4. Weltkarte
2 Schweiz • Österreich • Deutschland • Deutschland • Österreich • Schweiz • Europa • Europa • Asien • Afrika • Amerika • Australien
3 Russland • Kenia • Japan • Norwegen • Belgien • Indien • Polen • Spanien • Frankreich
4 **a)** 1C • 2B • 3A • 4C • 5A • 6C
b) **-ien:** Argentinien, Belgien, Großbritannien, Indien, Spanien, Tunesien • **-land:** Deutschland, Russland • **-reich:** Frankreich, Österreich
5 2. Hier ist Asien. 3. China, Indien und Japan liegen in Asien. 4. Sprechen die Menschen hier Deutsch?
6 2. Nein, in Europa. 3. Nein, in Afrika. 4. Nein, in Asien. 5. Nein, in Amerika.

S. 87

1 2. Bier 3. Schokolade 4. Autos 5. Zucker 6. Bananen 7. Zitronen 8. Computer 9. Tee • *Lösungswort:* Weltkarte
2 **wo:** in, ist, wohnen, liegt • **woher:** kommen, aus

S. 88/89 Mitten in Europa

1 2. Woher 3. fährt 4. liegt
2 2. Wohin? 3. Wo? 4. Wo? 5. Wohin?
3 2. Aus 3. Nach 4. Aus 5. In
4 2AE • 3BD
5 2. Woher kommt er? 3. Wohin fährt er (vielleicht)? 4. Wo liegt Deutschland? 5. Wohin fahren viele Menschen?

S. 89/90 Ein Zug in Deutschland

1 schlafen • wohnen • verstehen • reisen • lernen • spielen • fahren
2 2. Karten spielen 3. Urlaub machen 4. Deutsch lernen 5. aus Australien kommen 6. in Deutschland arbeiten
3 *Mögliche Lösungen:* Anna kommt aus Polen. • Martin Miller arbeitet in Deutschland. • Martin Miller reist sehr viel. • Lisa und Tobias spielen Karten. • Lisa und Tobias fahren nach Italien.
4 Anna und Thomas wohnen in Bremen. / fahren nach Süddeutschland. • Frau Schmidt kommt aus Dortmund. / schläft. / fährt nach Italien. / macht Urlaub.
5 2. Sie 3. Er 4. Sie 5. Sie

S. 90/91
1 **a)** 2. spielen 3. fährt 4. wohnen 5. ist 6. kommt
b) 2. wohnen 3. fährt 4. kommt 5. wohnt 6. fahren
2 2. Wer wohnt in Berlin? 3. Wer arbeitet in Deutschland? 4. Wer schläft? 5. Wer fährt nach Köln? 6. Wer macht Urlaub?
3 2. schläft, schläft 3. fährt, fahren 4. wohnt, wohnen 5. reist, reisen 6. lernt, lernt
4 2. fährt, macht, schläft 3. fahren, schlafen, spielen 4. arbeitet, reist, fährt 5. wohnt, fährt
5 **a)** 2. Nein, sie schlafen nicht. 3. Nein, er kommt nicht aus Belgien. 4. Nein, sie wohnt nicht in Brüssel. 5. Nein, sie kommen nicht aus Italien. 6. Nein, sie fährt nicht nach Bremen.
b) 2. Nein, ich komme nicht aus Österreich. 3. Nein, ich wohne nicht in Leipzig. 4. Nein, ich arbeite nicht in Leipzig. 5. Nein, ich fahre nicht nach China.

S. 92/93
1 4 • 2 • 6 • 3 • 5 • 1: Wohin fahrt ihr? – Wir fahren nach München. Und wohin fährst du? – Ich fahre nach Köln. Kommt ihr aus München? – Nein, wir kommen aus Bremen. – Ah ja. Was macht ihr in München? – Wir machen Urlaub.
2 2. sind 3. Macht 4. kommt 5. lerne 6. Verstehst
3 er arbeitet • Lisa und Tobias machen • wir wohnen • du kommst • Anna lernt • Anna und Thomas reisen • du bist • ihr schlaft • ich verstehe • *Lösungswort:* Frankreich
4 2. Wie bitte? Wie heißt du? 3. Wie bitte? Woher kommst du / kommen Sie? 4. Wie bitte? Wo wohnt ihr / wohnen Sie? 5. Wie bitte? Wohin fahrt ihr / fahren Sie?
5 2. Nein, ich komme aus Bremen. 3. Wir fahren nach Österreich. 4. Wir kommen aus Italien. 5. Wir kommen / Ich komme aus Leipzig. 6. Wir machen Urlaub.
6 2. du 3. ihr 4. Sie 5. sie 6. ihr 7. Ich
7 ich komme • wir/sie/Sie machen • du fährst • ihr schlaft • er/sie/ihr arbeitet • du/er/sie/ihr reist
8 **a)** in Moskau arbeiten • sehr viel reisen • Deutsch lernen • nach Japan fahren
b) *Mögliche Lösungen:* Er arbeitet in Moskau. Reist ihr sehr viel? Ich lerne Deutsch. Fahren Sie nach Japan?

S. 94 Auf Wiedersehen

1 2. 30 3. 98 4. 47 5. 16 6. 51 7. 77 8. 63
2 2. 12, 14, 16 3. 29, 30, 31 4. 70, 80, 90 5. 11, 22, 33
3 2. 3 10 82 51 3. 36 10 06 29 4. 089/7 35 17 33 5. 0 81 52/83 84

S. 94/95
1 2. Meine Adresse ist Sandhofstraße 12. 3. Wie ist deine Telefonnummer? 4. Hier das ist meine Karte. 5. Dann noch gute Reise!
2 Wie ist Ihre Adresse? • Wo wohnen Sie? • Wie ist Ihre Telefonnummer?
3 2G • 3I • 4C • 5A • 6E • 7B • 8F • 9H
4 Weber: Nachname • Dillgasse 5, 60439 Frankfurt: Adresse • Tel.: 069/2 67 21 33: Telefonnummer • Fax: 069/2 67 21 34: Faxnummer

S. 96 **Im Deutschkurs**

1 nummerieren • fragen • markieren • antworten • buchstabieren • ergänzen • kombinieren
2 (Bitte) Sprechen Sie (bitte). • (Bitte) Lesen Sie (bitte). • (Bitte) Schreiben Sie (bitte).
3 2. (Bitte) Buchstabieren Sie (bitte). 3. (Bitte) Ergänzen Sie (bitte). 4. (Bitte) Fragen Sie (bitte). 5. (Bitte) Antworten Sie (bitte). 6. (Bitte) Markieren Sie (bitte). 7. (Bitte) Kombinieren Sie (bitte).

S. 97 **Grammatik**

1 2. Frau Mohr reist sehr viel. 3. Deutschland liegt mitten in Europa. 4. Lisa und Tobias spielen Karten. 5. Martin Miller fährt nach Berlin.
2 **a)** 2. Wie heißen Sie? 3. Was machst du hier? 4. Wer macht Urlaub?
b) 2. Wohnen Sie in Berlin? 3. Fährt Frau Mohr nach Brüssel? 4. Seid ihr aus Spanien?
3 2. Kommen Sie aus Frankfurt? 3. Verstehen Sie ein bisschen Deutsch? 4. Ich fahre nach Berlin. 5. Wohin fahren Sie? 6. Wir machen Urlaub in Polen / in Polen Urlaub.
4 2. Nummerieren Sie. 3. Ordnen Sie. 4. Buchstabieren Sie. 5. Antworten Sie.

Lektion 2

S. 98 **Bilder aus Deutschland**

1 2. r 3. r 4. f 5. f 6. r 7. f
2 2. **Bahnhof:** Eurocity, Zug 3. **Autobahn:** Lastwagen, Auto 4. **Gebäude:** Kirche, Rathaus
3 2. Zitrone 3. Adresse 4. Mensch 5. Frage 6. Gebäude 7. Restaurant 8. Berg
4 1. Das ist eine Stadt in Deutschland. Die Stadt heißt Frankfurt. 2. Das ist der Hauptbahnhof in Köln. Viele Züge fahren nach Köln. 3. Das ist ein Platz in Frankfurt. Das Gebäude rechts ist das Rathaus.

S. 99/100
1 **ein/der:** Hafen, Platz, Lastwagen • **eine/die:** Stadt, Region • **ein/das:** Restaurant, Gebäude, Rathaus
2 2. eine 3. ein 4. eine 5. ein 6. ein 7. ein 8. ein
3 1. Das, das 2. Das, Die 3. Die, der 4. Die
4 2. Sie heißt 3. Er ist 4. Er macht 5. Sie liegen

S. 100/101
1 2. ein • Der 3. ein, Das 4. eine, Die 5. ein, Das
2 2. Das ist ein Bus. Der Bus ist voll. 3. Das ist eine Kirche. Die Kirche ist alt. 4. Das ist ein Restaurant. Das Restaurant ist gut. 5. Das ist ein Zug. Der Zug ist lang.
3 **a)** 2. Autos 3. Lastwagen 4. Städte 5. Häuser 6. Dörfer
b) 2. Berg 3. Zug 4. Straße 5. Autobahn 6. Restaurant
4 **Singular:** Zug, Auto, Stadt • **Plural:** Dörfer, Kirchen, Plätze
5 2. Plural 3. Singular 4. Singular 5. Plural 6. Plural 7. Singular 8. Singular
6 **-e:** Berge, Plätze, Städte, Bahnhöfe • **-(e)n:** Autobahnen, Regionen, Kirchen, Straßen • **-er:** Dörfer • **–:** Lastwagen • **-s:** Restaurants
7 2. Das sind Züge. Die Züge fahren nach Italien. 3. Das sind Berge. Die Berge liegen in Österreich. 4. Das sind Schiffe. Die Schiffe kommen aus Spanien. 5. Das sind Fabriken. Die Fabriken liegen im Ruhrgebiet. 6. Das sind Kirchen. Die Kirchen sind in Köln.

S. 102–104 Eine Stadt, ein Dorf

1 2. Die Frauen essen Schokoladentorte. 3. Anna Brandner trinkt Kaffee. 4. Die Kinder spielen Fußball. 5. Ein Mann wartet schon 20 Minuten. 6. Der Bus kommt nicht.
2 2G • 3H • 4C • 5F • 6B • 7A • 8E
3 2. Tomaten, Zitroneneis 3. Zug, Bus 4. Fußball, Karten 5. Journalist, Fotografin
4 2. trinkt 3. spielen 4. warten 5. fahren 6. ist
5 2. Café 3. jeden Tag 4. trinkt 5. 10 Minuten 6. Bus 7. spielen 8. nicht viele
6 2. eine, Die, Sie 3. –, Die, Sie 4. ein, Der, Er 5. ein, Das, Es 6. ein, Der, er
7 2. Wie bitte, wie heißt sie? 3. Wie bitte, woher kommt sie? 4. Wie bitte, wo liegt Mailand? 5. Wie bitte, wohin fährt sie? 6. Wie bitte, was ist in Köln?
8 *Mögliche Lösungen:* Eine Frau wartet. Sie wartet schon 20 Minuten. Der Zug kommt nicht. • Das Café ist im Zentrum. Der Mann trinkt Kaffee, die Frau trinkt Tee. Sie essen Torte. • Sie spielen jeden Tag hier. Die Straße ist der Fußballplatz. Hier fahren nicht viele Autos.

S. 104–106

1 2. lang 3. kurz 4. klein 5. lang 6. gut
2 Der Tee ist kalt, aber das Bier ist nicht kalt. Das Eis ist klein, der Kaffee ist auch nicht gut und die Torte ist alt. Wir kommen nicht noch einmal. Auf Wiedersehen!
3 2. Nein, der Mann ist nicht groß! Er ist klein. 3. Nein, das Bier ist nicht schlecht! Es ist gut. 4. Nein, der Bus ist nicht schnell! Er ist langsam. 5. Nein, der Zug ist nicht lang! Er ist kurz. 6. Nein, die Kirche ist nicht links! Sie ist rechts.
4 2. Das Bananeneis ist klein und schlecht. 3. Das Hotel ist groß und schlecht. 4. Der Lastwagen ist groß und langsam. 5. Das Geschäft ist groß und gut. 6. Der Computer ist klein, gut und schnell.

S. 106

1 2. der Eiskaffee 3. die Schokoladentorte 4. der Schnellzug 5. die Großstadt
2 3/4: das Bananeneis • 5/6: der Zitronentee • 7/8: das Bergdorf • 9/10: die Hafenstadt • 11/12: die Weltkarte

S. 107 Die Stadt Frankfurt

1 Auto und kein Bus. • Menschen. • gehen zu Fuß. • viele Theater, Hotels, Restaurants und Kinos. • ist ganz nah. • Kino, kein Kaufhaus und kein Museum. • arbeiten nicht hier, sie arbeiten im Zentrum.

S. 107–109

1 **Menschen,** die Fotografin, Frauen, Männer, der Journalist • **das Wohnhaus,** Banken, Geschäfte, die Schule, der Supermarkt • **das Auto,** Züge, der Bus, das Schiff, der Lastwagen
2 2C • 3F • 4B • 5A • 6E
3 keine Geschäfte • keine Bank • kein Museum • keine Post • keine Hotels • keine Schule • kein Restaurant • kein Kaufhaus
4 2. Das ist kein Auto. Das ist ein Haus. 3. Das ist kein Fotoapparat. Das ist ein Computer. 4. Das ist keine Kirche. Das ist ein Auto. 5. Das sind keine Zitronen. Das sind Fotoapparate. 6. Das ist kein Computer. Das ist eine Fabrik. 7. Das ist kein Haus. Das ist eine Kirche. 8. Das sind keine Bananen. Das sind Zitronen.
5 **a)** 2. Nein, hier sind keine Hotels. 3. Nein, das ist kein Museum. 4. Nein, hier ist keine Bank. 5. Nein, das sind keine Wohnhäuser. 6. Nein, Frankfurt ist keine Kleinstadt.
b) 2. Nein, ich schlafe nicht. / Nein, wir schlafen nicht. 3. Nein, der Zug fährt nicht nach Bonn. 4. Nein, der Urlaub ist nicht lang. 5. Nein, ich wohne nicht in Österreich. 6. Nein, Rostock liegt nicht in Süddeutschland.
c) 1. Nein, ich warte nicht. 2. Nein, der Bus kommt nicht. 3. Nein, hier ist kein Geschäft. 4. Nein, wir arbeiten nicht. 5. Nein, das Auto ist nicht schnell. 6. Nein, das ist keine Schule.
6 4. kein Kaufhaus 5. nicht voll 6. keine Bank 7. nicht wohnen 8. nicht fahren 9. keine Wohnhäuser 10. nicht nah

S. 110
In Köln

1 2. Na, wie geht's? 3. Nervös? Warum? 4. Kein Problem! Ich habe ein Auto. 5. Kommen Sie, mein Auto ist hier.
2 2B • 3A • 4B

S. 110/111

2 2. 270 3. 3513 4. 960000 5. 1895 6. 21566 7. 833 8. 483
3 2F • 3E • 4C • 5B • 6A
4 411 • 2318 • 2381 • 53800 • 370412
5 2. zwölftausenddreißig, zwölftausendeinhundertelf 3. hundertachtzehn, hunderteinundachtzig 4. dreihundertsiebenundsechzig, dreihundertsechsundsiebzig 5. vierzigtausendacht, vierhunderttausendacht

S. 112

1 2. Wie viele, Hier wohnen 8140000 Menschen. 3. Wie hoch, Die Kirche ist 161 Meter hoch. 4. Wie viele, Hier wohnen 114 Menschen. 5. Wie hoch, Er ist 3 Meter hoch. 6. Wie alt, Es ist (ungefähr) 50 Jahre alt.
2 3. Wer 4. Was 5. Wer 6. Was 7. Was 8. Wer

S. 113
Im Deutschkurs

1 1. Buch 2. Wörter, Grammatik 3. Blatt Papier, Heft, Kugelschreiber, Bleistift
2 2. er 3. ist 4. ein 5. in 6. Eis 7. Wort 8. Buch, Bier

S. 113
Grammatik

1 **Nomen:** der Radiergummi, das Bild, die Schule, das Papier • **Adjektive:** schlecht, nah, falsch, richtig • **Verben:** wiederholen, glauben, gehen, wissen
2 1. weiß 2. warte 3. Weißt 4. warten 5. Wisst, wissen 6. weiß

Lektion 3

S. 114
Meine Familie und ich

1 fantastisch • mitmachen • Vorname • Jahre • Beruf • Hausfrau
2 1 • 10 • 5 • 3 • 7 • 4 • 2 • 8 • 6 • 9
3 2. Wie alt sind Sie? 3. Was sind Sie von Beruf? 4. Woher kommen Sie? 5. Wo wohnen Sie?

S. 115/116

1 2C • 3A • 4B
2 Du • hat • hat • hat • wir • haben
3 *Mögliche Lösungen:* Ich habe eine Frage. • Wir haben ein Haus in Österreich. • Herr und Frau Berger haben drei Kinder. • Maria hat kein Foto.
4 1. ist 2. sind, haben, sind 3. Bin, Ist 4. bist 5. Haben 6. ist, sind
5 heißt • Haben • heißen • habe • Hast • habe • ist • sind • seid • ist • bin • ist

S. 116/117

1 2. Was sind Sie von Beruf? / Was bist du von Beruf? 3. Haben Sie Kinder? / Hast du Kinder? 4. Wie alt sind Ihre Kinder? / Wie alt sind deine Kinder 5. Wo wohnen Sie? / Wo wohnst du? 6. Wie ist Ihre Telefonnummer? / Wie ist deine Telefonnummer?
2 deine • meine • deine • meine • deine • Mein • dein • meine • deine • mein • Dein • mein • Dein
3 1. meine, meine, Mein, meine 2. Ihr, Ihre, Ihre, Ihr, Ihre 3. dein, dein, deine, dein (deine: Pl.), dein, deine 4. Ihre, deine, Ihr, Ihre, dein
4 dein • Ihr • Mein • deine • Meine • Ihre

S. 118–120 Die Hobbys von Frau Mainka

1 Karten spielen • lesen • Tennis spielen • Musik hören • singen

2 Urlaub machen • Musik hören • Grammatik lernen • ins Kino gehen • Zug fahren • Torte essen

3 2. Ich lese gern. / Ich lese nicht gern. 3. Ich jogge gern. / Ich jogge nicht gern. 4. Ich esse gern Eis. / Ich esse nicht gern Eis. 5. Ich höre gern Musik. / Ich höre nicht gern Musik.

4 Sebastian singt nicht gern. • Philipp reist nicht gern. • Ich lerne gern / nicht gern Deutsch. • Lisa spielt gern Gitarre. • Thomas joggt nicht gern. • Ich mache gern / nicht gern Sport. • Frau Mainka hört gern Musik.

5 **a)** oft • manchmal • selten • nie
b) *Mögliche Lösungen:* Ich fahre manchmal Bus. • Ich fahre nie Auto. • Ich lerne oft Wörter. • Ich lerne immer Grammatik. • Ich esse selten Eis. • Ich esse nie Torte. • Ich esse immer Schokolade.

6 **b)** 2. f 3. f 4. r 5. r

S. 120 Das Formular

1 2. Hobby 3. Adresse 4. Familienname 5. Beruf 6. Alter 7. Vorname 8. Ort

S. 122 Montag, 9 Uhr, Studio 21

1 2. Es ist dreiundzwanzig Uhr. 3. Es ist vierzehn Uhr fünfundreißig. 4. Es ist siebzehn Uhr vierzig. 5. Es ist acht Uhr einundfünfzig. 6. Es ist ein Uhr dreiundzwanzig. 7. Es ist zwanzig Uhr acht. 8. Es ist sechs Uhr zehn.

2 2. Um neun Uhr fünfundvierzig kommt Frau Schnell. 3. Um zehn Uhr fängt das Casting an. 4. Um 12 Uhr ist Pause. 5. Um dreizehn Uhr fünfundfünfzig sind Herr und Frau Franke dran.

S. 122–125

1 2. stattfinden 3. mitspielen 4. anfangen 5. mitmachen 6. da sein

2 2. mit 3. dran 4. aus 5. mit 6. statt

3 **a)** **Trennbare Verben:** mitmachen, anfangen, stattfinden • **Nicht trennbare Verben:** singen, fragen, warten, arbeiten
b) machen mit • fängt an • warten • füllen aus • arbeitet • fragt • Singen

4 Ich bin dran. • Sie sind noch nicht dran. • Natürlich bin ich dran. • Entschuldigung, ich glaube, die Frau hier links ist dran. • Wir sind dran. • Sie ist jetzt dran.

5 Wer fängt zuerst an? • Fangen Sie an? • Nein, ich fange nicht an. • Du fängst an. • Ach nein, warum fangt ihr nicht an? • Nein, Frau Baumann fängt an.

6

	Verb	**Satzmitte**	**Satzende**
Wer	macht	heute	mit?
	Füllen	Sie bitte das Formular	aus.
	Findet	das Spiel heute	statt?
Wir	fangen	am Montag um acht Uhr	an.
Tobias	spielt	auch	mit.

7 2. Die Leute nehmen Platz. 3. Um 19.20 Uhr sind alle Leute da. 4. Um 19.30 Uhr fangen sie an. 5. Die Leute lesen Texte. 6. Herr Sandos ist dran. 7. Er ist nervös. 8. Alle machen gern mit.

8 möchte • möchte • möchte • möchte • Möchten

9 *Mögliche Lösungen:* Sebastian möchte nicht ins Kino gehen. • Ich möchte gern Deutsch lernen. • Anna und Tom möchten gern Tennis spielen. • Ihr möchtet nicht mitspielen. • Wir möchten gern reisen.

S. 125/126

1 Ihre, Ihr, Ihre • Seine, Sein, Sein

2 *Mögliche Lösungen:* Das ist mein Mann und sein Auto. • Das ist meine Mutter und ihre Katze. • Das ist Stefan und sein Computer.

3 ihr, ihr, ihre, • Ihre, Ihr, Ihr, Ihre

S. 126/127

1 2. f 3. f 4. r 5. r

2 **a)** **maskulin:** der Onkel, der Mann, der Vater • **feminin:** die Tante, die Großmutter • **Plural:** die Großeltern, die Kinder, die Geschwister

b) 2. Geschwister 3. der Großvater 4. der Sohn 5. die Großeltern 6. die Ehefrau

S. 127/128

1 **Musik:** das Klavier, das Lied, hören, die Flöte • **Familie:** die Geschwister, die Tante, verheiratet, der Onkel, die Großeltern

2 eure • Unsere • euer • eure • Unser • unsere • euer • Unser • eure • Unsere • euer

3 **a)** 2. sein 3. ihr 4. seine 5. ihr 6. sein

b) 2. unsere 3. euer 4. dein 5. eure 6. unsere

S. 129

Im Deutschkurs

1 ausfüllen • mitbringen • vorlesen • nachsprechen • mitkommen

2 2. Ich komme nicht mit. / Ich möchte nicht mitkommen. 3. Ich singe nicht mit. / Ich möchte nicht mitsingen. 4. Ich lese nicht vor. / Ich möchte nicht vorlesen. 5. Ich spiele nicht mit. / Ich möchte nicht mitspielen.

3 **a)** Freitag, Samstag, Donnerstag, Sonntag, Dienstag, Mittwoch, Montag

b) *Tarzan* kommt am Donnerstag um 20.30 Uhr und am Sonntag um 22.45 Uhr. • *James Bond 007* kommt am Dienstag und am Mittwoch um 20.00 Uhr und am Samstag um 21.45 Uhr. • *Drei Männer und ein Baby* kommt am Donnerstag um 18.15 Uhr. • *Titanic* kommt am Freitag um 20.15 Uhr und am Sonntag um 19.00 Uhr. • *Bambi* kommt am Montag um 14.30 Uhr und um 16.15 Uhr.

Lektion 4

S. 130

Der Münsterplatz in Freiburg

1 2. die Kellnerin 3. der Kaffee 4. das Eis 5. das Buch 6. der Tee

2 2. bringt 3. liest 4. fotografiert 5. isst 6. verkauft

S. 131–134

Foto-Objekte

1 2. r 3. r 4. f 5 f 6. r

2 *Mögliche Lösungen:* die Kellnerin beobachten • Bücher lesen, kaufen, verkaufen • das Auto beobachten, verkaufen, kaufen • einen Kaffee trinken, verkaufen, kaufen • die Marktfrau beobachten • Obst und Gemüse essen, verkaufen, kaufen • einen Brief lesen

3 **a)** 2. Freiburg 3. Timo 4. Er 5. das Kind 6. Timo

b) 2. einen Souvenirladen 3. einen Stadtplan, Souvenirs 4. den Münsterturm, das Café 5. einen Kaffee 6. den Kaffee

4 **a)** 2. ein 3. – 4. eine 5. einen

b) 2. den 3. die 4. die 5. den

5 einen • einen • eine • einen • einen • eine • ein • –

6 **a)** *Mögliche Lösungen:* Frau Daume – Stadtplan • Timo – Eis • Marlene Steinmann – Fotoapparat • die Touristen – Souvenirs • der Student – Computer

b) *Mögliche Lösungen:* 2. Frau Daume kauft einen Stadtplan. 3. Timo kauft ein Eis. 4. Marlene Steinmann kauft einen Fotoapparat. 5. Die Touristen kaufen Souvenirs. 6. Der Student kauft einen Computer.

7 **a)** 2. einen Fahrer / – Fahrer 3. eine Fotografin 4. zwei Lastwagen-Fahrer 5. einen Ehemann

b) 1. Anzeige Nr. 5 • 2. Anzeige Nr. 2 • 3. Anzeige Nr. 3 • 4. Anzeige Nr. 1 • 5. Anzeige Nr. 4

8 2. Der Mann trinkt einen Kaffee und liest ein Buch. 3. Herr und Frau Daume beobachten Timo. 4. Die Kellnerin bringt ein Eis. 5. Die Marktfrau isst ein Sandwich. 6. Marlene Steinmann kauft Obst und Gemüse.

9 2. Die Kellnerin bringt den Kaffee. 3. Die Marktfrau hat einen Marktstand. 4. Die Studentin kauft einen Computer. 5. Frau Daume beobachtet den Münsterplatz. 6. Timo hat einen Fotoapparat.

10 *Mögliche Lösungen:* In Rostock fotografiert Marlene Steinmann die Schiffe und den Hafen. In Frankfurt fotografiert sie das Rathaus, den Platz, Restaurants, Cafés und Menschen. In Süddeutschland fotografiert sie die Berge, eine Kirche und ein Dorf.

S. 134/135

1 2. Obst, Eis 3. Ein Buch, ein Buch 4. eine Zeitung, einen Stadtplan 5. den Münsterplatz, Die Menschen 6. einen Kaffee, Ein Bier

2 **Subjekte:** 2. er 3. Frau Daume 4. sie 5. sie 6. Sie 7. ich 8. ich
Akkusativ-Objekte: 2. Obst 3. ein Auto 4. den Münsterplatz 5. Straßen und Plätze 6. einen Kaffee 7. einen Tee 8. ein Sandwich

3 *Mögliche Lösungen:* den Mann sehen, beobachten, fotografieren, suchen • einen Brief schreiben, suchen • das Alphabet lernen, schreiben • ein Wort lernen, buchstabieren • das Kind sehen, beobachten, fotografieren, suchen • Katzen sehen, beobachten, fotografieren, suchen • den Namen schreiben, buchstabieren, lernen

4 **Wen:** beobachten, fotografieren, suchen • **Was:** beobachten, fotografieren, suchen, buchstabieren, schreiben

5 2. Wen? 3. Wer? 4. Wen? 5. Was? 6. Was? 7. Wer? 8. Was?

S. 136/137

Eine Freiburgerin

1 2. Sie braucht einen Fotoapparat. 3. Sie brauchen einen Computer. 4. Er braucht einen Kugelschreiber. 5. Er braucht ein Klavier. 6. Er braucht ein Deutschbuch.

2 2. keinen 3. keinen 4. kein 5. keine 6. kein

3 keinen Mann • keine Kinder • keine Wohnung • keinen Urlaub • keinen Beruf • keinen Mann • keine Kinder • keine Wohnung • keinen Urlaub • keine Probleme

4 ... kein Haus und keine Zeit. Timo hat ein Fahrrad und Zeit. Er hat kein Telefon, keinen Fernseher, kein Auto und kein Haus. • Herr und Frau Daume haben ein Telefon, einen Fernseher, ein Auto, ein Fahrrad und ein Haus. Sie haben keine Zeit. • Die Marktfrau hat ein Telefon, einen Fernseher, ein Fahrrad und Zeit. Sie hat kein Auto und kein Haus.

5 **a)** In Schöndorf gibt es eine Kirche, eine Schule, ein Rathaus, einen Sportplatz, einen Marktplatz und ein Geschäft. • In Schönstadt gibt es zwei Kirchen, drei Schulen, ein Rathaus, ein Kaufhaus, eine Fabrik, einen Bahnhof, Restaurants, einen Supermarkt und zwei Sportplätze.
b) In Schöndorf gibt es kein Kaufhaus, keine Fabrik, keinen Bahnhof, keine Restaurants und keinen Supermarkt.

S. 137–139

Das Münster-Café

1 2. der Apfelsaft 3. der Kaffee, die Milch, der Zucker 4. die Wurst 5. der Käse 6. das Sandwich 7. das Mineralwasser

2 2. essen 3. lesen 4. kaufen 5. arbeiten

3 3. Frau Schröder: Haben Sie Obstkuchen? 4. Kellnerin: Ja, wir haben heute Apfelkuchen und Schokoladenkuchen. 5. Frau Schröder: Dann hätte ich gern einen Apfelkuchen. 6. Kellnerin: Und was möchten Sie trinken? 7. Frau Schröder: Einen Tee bitte.

4 2. **Kaffee:** eine Tasse 3. **Kuchen:** ein Stück, zwei Stück 4. **Torte:** ein Stück, zwei Stück 5. **Mineralwasser:** ein Glas, eine Flasche

5 1. ein Stück, 2. ein Stück, eine Tasse, 3. eine Tasse, ein Glas (eine Tasse) 4. zwei Stück, eine Flasche

6 2. nehme 3. nimmst 4. nehme 5. Nehmen 6. nehmen 7. nimmt

7 ich sehe • du/er/sie/es liest • ihr sprecht • du/er/sie/es isst • du siehst • er/sie/es spricht

8 ich sehe, du siehst, wir sehen, sie/Sie sehen • ich lese, er/sie/es liest, wir lesen, ihr lest • du sprichst, wir sprechen, sie/Sie sprechen

9 1. spreche 2. esse, isst 3. lese, liest 4. nimmt, nehme 5. sehe, sieht

S. 140

1 sofort • Zusammen • Das macht • machen Sie • zurück
2 dreiundzwanzig Euro fünfundachtzig • neunzehn Euro neunundneunzig • achtzehn Euro dreißig • acht Euro fünfundsechzig
3 **bestellen:** Ich nehme einen Kaffee. Ich möchte ein Stück Obstkuchen. Was nehmen Sie? • **bezahlen:** Das macht 15 €. Das stimmt so. Zusammen oder getrennt? Was macht das?

S. 141/142

Am Samstag arbeiten?

1 *Mögliche Lösungen:* 1. Er muss reisen, Interviews machen und schreiben. 2. Sie muss reisen und fotografieren. 3. Sie muss in die Schule gehen, lernen, lesen und schreiben.
2 2. Dann musst du arbeiten! 3. Dann musst du Urlaub machen! 4. Dann musst du mehr schlafen! 5. Dann musst du bezahlen! 6. Dann musst du ein Taxi nehmen!
3 2. Musst 3. muss 4. müssen 5. müsst 6. müssen
4 **Schreibwarenladen:** Milch • **Bäckerei:** Gemüse • **Marktstand:** Zeitung
5 **Das können Sie essen oder trinken:** ein Glas Apfelsaft, ein Stück Kuchen, ein Sandwich, eine Tasse Kaffee, eine Flasche Mineralwasser • **Das können Sie nicht essen oder trinken:** eine Wasserflasche, eine Kaffeetasse, ein Saftglas, ein Weinglas
6 hätte • nehme • ist • macht • sind

S. 143/144

1 **a)** *Mögliche Lösungen:* Universität – viel lernen • Café – Kaffee trinken • Kino – einen Film sehen • Straße – Fahrrad fahren • Bäckerei – Brot kaufen
b) Universität: Hier kann Katrin viel lernen. • Café: Hier kann Katrin Kaffee trinken. • Kino: Hier kann Katrin einen Film sehen. • Straße: Hier kann Katrin Fahrrad fahren. • Bäckerei: Hier kann Katrin Brot kaufen.
2 2. Kannst 3. kann 4. können 5. Könnt 6. können
3 2. kann 3. muss 4. müssen 5. können 6. muss
4 1. müssen 2. kann 3. müssen 4. können 5. muss 6. kann, muss 7. müssen 8. Musst, Kannst
5

	Verb (Modalverb)	Satzmitte	Satzende (Infinitiv)
Was	möchte	Timo	machen?
Er	möchte	viele Fotos	machen.
Timo	kann	aber nicht gut	fotografieren.
Das	muss	er noch	lernen.

6 2. Beat und Regula möchten morgen kommen. 3. Müssen wir Kaffee kaufen? 4. Wir müssen keinen Kaffee kaufen. 5. Wir können Kuchen kaufen! 6. Regula und Beat möchten doch immer Torte essen! 7. Dann kaufen wir Kuchen und Torte.

S. 145

Im Deutschkurs

1 *Mögliche Lösungen:* 2. Einen Brief kann man lesen und schreiben. 3. Ein Wort kann man buchstabieren, hören, lesen und schreiben. 4. Gemüse kann man essen, verkaufen und kaufen. 5. Apfelsaft kann man trinken, verkaufen, kaufen und machen. 6. Musik kann man machen und hören. 7. Kuchen kann man essen, verkaufen, kaufen und machen. 8. Die Zeitung kann man lesen, kaufen und verkaufen.
2 *Mögliche Lösungen:* Man muss Deutsch sprechen und Grammatik lernen. • Man kann fragen und Dialoge hören. • Man kann nicht schlafen, nicht essen und nicht trinken.
3 2. man 3. er 4. Sie 5. man 6. Er 7. sie, sie

Lektion 5

S. 146/147 Leute in Hamburg

1 2. Lehrer 3. Verkäufer 4. Journalist 5. Kellner
2 2. Journalistin 3. Lehrer 4. Rentnerin 5. Fotograf 6. Köchin 7. Ärztin 8. Hausfrau
3 2. Sie fotografiert Menschen. 3. Er bringt Kaffee und Kuchen. 4. Sie verkauft Obst. 5. Er macht Interviews. 6. Er hat ein Restaurant.
4 **b)** 2. f 3. r 4. r 5. f

S. 147/148 Ein Stadtspaziergang

1 2E • 3B • 4F • 5D • 6A
2 **besichtigen:** eine Kirche, eine Stadt, ein Museum, den Hafen in Bremen • **beobachten:** Autos, eine Katze, Fische

S. 148/149

1 2. … auf den Markt gehen!“ 3. … in einen Schreibwarenladen gehen!“ 4. … auf den Kirchturm steigen!“ 5. … in ein Café gehen!“ 6. … ins Zentrum fahren!“
2 *Mögliche Lösungen:* auf ein Haus schauen, in ein Haus gehen • auf den Markt schauen, auf den Markt gehen • auf die Schule schauen, in die Schule gehen • auf einen Supermarkt schauen, in einen Supermarkt gehen • auf die Stadt schauen, in die Stadt gehen • auf den Stadtplan schauen • auf die Straße schauen, auf die Straße gehen • auf Geschäfte schauen, in Geschäfte gehen
3 ins • auf den • auf die • auf den • auf den • ins • ins • in ein • in ein
4 **a)** wo • wohin • wohin • wohin • wo • wohin • wo
b) 2. Wohin geht er zuerst? 3. Wohin geht er dann? 4. Wo trinkt er einen Tee? 5. Wohin fährt er danach? 6. Wohin fährt er abends? 7. Wo ist er morgen? 8. Wohin fährt er am Montag?

S. 150 Der Tag von Familie Raptis

1 2. Mittags 3. Nachmittags 4. Abends 5. Nachts
2 *Mögliche Lösungen:* 2. morgens, abends 3. nachts, nachmittags 4. mittags 5. nachmittags, abends 6. nachmittags, abends
3 **a)** 2. Mittags frühstückt sie. 3. Nachmittags macht sie den Haushalt und kauft ein. 4. Abends trinkt sie Kaffee und fährt ins Krankenhaus. 5. Nachts arbeitet sie.
b) *Mögliche Lösungen:* Krankenschwester, Ärztin

S. 151/152

1 1. seinen, seinen (seine: Pl.) 2. ihren, ihren (ihre: Pl.), ihre 3. sein, seinen, seinen, sein 4. ihr, ihre, ihr
2 *Mögliche Lösungen:* Kostas fotografiert seine Kinder. • Kostas fotografiert seine Frau. • Die Kinder fotografieren ihre Großeltern. • Die Kinder fotografieren ihren Vater. • Die Kinder fotografieren ihre Katze. • Jakob fotografiert seine Schwester Lena. • Lena fotografiert ihren Bruder Jakob. • Die Eltern fotografieren ihre Kinder.
3 2. unser 3. unser 4. unseren 5. unser 6. unsere • 2. euer 3. euer 4. euren 5. euer 6. eure
4 *Mögliche Lösungen:* Ich suche meine Flöte. • Du suchst dein Fahrrad. • Lena und Jakob suchen ihre Katze. • Kostas Raptis sucht seine Kinder. • Wir suchen unseren Stadtplan. • Ihr sucht euer Auto. • Sie suchen Ihre Bücher.
5 **a)** 2. Seine Arbeit ist anstrengend, aber interessant. 3. Er arbeitet von Montag bis Freitag und manchmal auch am Wochenende. 4. Er hat nicht immer Zeit für seine Familie. 5. Abends bringt Kostas die Kinder ins Bett.
b) *Mögliche Lösung:* Andrea ist Deutschlehrerin von Beruf. Ihr Mann heißt Kostas und ihre Kinder heißen Lena und Jakob. Morgens frühstücken alle zusammen. Dann bereitet Andrea ihren Deutschunterricht vor und macht den Haushalt. Abends unterrichtet sie Deutsch.

S. 153/154 Früher und heute

1 a) **Früher:** Briefe, Lebensmittelgeschäfte, Busse, Radios, Fahrräder • **Heute:** E-Mails, Supermärkte, S-Bahnen, Fernseher, Autos
b) Früher gab es nur Lebensmittelgeschäfte, heute gibt es auch Supermärkte. • Früher gab es nur Busse, heute gibt es auch S-Bahnen. • Früher gab es nur Radios, heute gibt es auch Fernseher. • Früher gab es nur Fahrräder, heute gibt es auch Autos.
2 2. waren 3. sind 4. hatten 5. war
3 1. waren, hatte 2. hatten, Es gab, ist 3. waren, sind, gibt es 4. ist

S. 154
1 2E • 3G • 4D • 5H • 6A • 7F • 8C
2 2. Arbeiten Sie in Hamburg? / Arbeiten Sie nicht in Hamburg? 3. Trinken Sie nicht gern Kaffee? 4. Haben Sie eine Tochter? / Haben Sie keine Tochter? 5. Haben Sie keinen Computer? 6. Reisen Sie viel?

S. 155–157
1 Sehen Sie bitte im Kursbuch auf die Seite 64: der Lauch • die Karotte • die Fleischbrühe • der Aal • die Gabel • der Teller • das Messer • die Kräuter • der Essig • das Öl • das Salz •
2 der Pfeffer • der Topf
3 Abendessen • Frühstück • Mittagessen
4 2. salzt 3. kocht 4. legt, brät 5. schneidet
essen: das Brot: ich esse es, die Suppe: ich esse sie, die Tomaten: ich esse sie • **trinken:** die Getränke: ich trinke sie, der Saft: ich trinke ihn, die Milch: ich trinke sie, das Bier: ich trinke es
5 2. sie 3. ihn 4. sie 5. sie 6. ihn
6 2. ihn 3. sie 4. sie 5. sie 6. es 7. ihn 8. sie
7 2. Ich brauche sie nicht. 3. Ich brauche es nicht. 4. Ich brauche sie nicht. 5. Ich brauche sie nicht.
8 *Mögliche Lösung:* ... legt sie in die Brühe. Dann wäscht man den Lauch und schneidet ihn klein. Die Karotten wäscht man auch, schält sie und schneidet sie auch klein. Dann kocht man das ganze Gemüse zusammen. Zum Schluss gibt man die Kräuter in die Suppe und salzt und pfeffert die Suppe.

S. 158/159
1 a) 2. meine 3. meine 4. unseren 5. meine 6. meinen
b) 2. ihre 3. seine 4. ihren 5. seine 6. ihren
2 2. Ohne Fotoapparat 3. Ohne Ball 4. Ohne Radio 5. Ohne Karten
3 2. die 3. die 4. den 5. den
4 2. Das Radio ist für seine Kinder. 3. Die Flöte ist für seinen Sohn Jakob. 4. Die Computerspiele sind für seine Tochter Lena. 5. Der Fotoapparat ist für seine Eltern. 6. Die Schokolade ist für seinen Freund Thomas.
5 2. Wofür 3. Für wen 4. Für wen 5. Wofür 6. Wofür
6 2. Wofür 3. Wofür 4. Für wen 5. Für wen 6. Für wen

S. 160/161
1 **du:** für dich • **er:** für ihn • **sie:** für sie • **wir:** für uns • **ihr:** für euch • **Sie:** für Sie • **sie:** für sie
2 2. euch 3. uns 4. uns, euch 5. mich, dich 6. mich / uns
3 2. uns 3. uns 4. dich 5. uns 6. euch 7. uns 8. mich
4 2. ich, ihn, mich 3. Ich, es 4. ich, sie 5. ihr, sie 6. dich 7. er 8. sie 9. euch
5 2. sie 3. sie 4. ihn 5. ihn 6. sie 7. ihn 8. sie 9. ihn 10. sie 11. es 12. sie 13. sie 14. es

Lektion 6

S. 162–164 Ortstermin Leipzig

1 Klassentreffen • Programm • Treffpunkt • Kaffeepause • Feiern • Musik
2 die Schokoladentorte • das Klassentreffen • der Stadtspaziergang • der Treffpunkt • das Wochenende • das Krankenhaus
3 2. r 3. f 4. r 5. f
4 2. Wo ist das Klassentreffen? 3. Was liegt zehn Jahre zurück? 4. Wohin gehen alle um 16.30 Uhr? 5. Wann gehen sie in die Gosenschenke?
5 **Gespräch 1** (▶◁): Und wann? • Dann bis Dienstag. Tschüs. • **Gespräch 2** (●◁): Guten Tag, Frau Marek. • Kann ich bitte Jens sprechen? • Vielen Dank und auf Wiederhören.
6 2. Bierkeller 3. Gaststube 4. Vereinszimmer 5. Biergarten
7 1. ein Bier 2. Goslar 3. 1000 Jahre alt 4. in Deutschland

S. 165 Das Klassentreffen

1 **a)** *Lösungswort:* ABITUR
b) 1R • 2U • 3T • 4I • 5B • 6A

S. 166/167

1 2D • 3F • 4H • 5B • 6G • 7C • 8A • 9I
2 2. geplant 3. getrunken 4. gehabt 5. gesessen 6. gefunden
3 Hast … gemacht • hat • haben … gemacht • Habt … gemacht • haben … gemacht • hast … gemacht
4 2. haben … gegessen 3. hat … getrunken 4. haben … gelacht 5. haben … geplant
5

	Verb	Satzmitte	Satzende (Partizip Perfekt)
Er	hat	Geld	gefunden.
	Hat	er gestern Wein	getrunken?
Was	hat	er gestern	gegessen?
Er	hat		gelacht.

6 2. Was haben sie gemacht? 3. Sie haben im Restaurant gesessen. 4. Haben sie gut gegessen? 5. Sie haben gut gegessen und getrunken. 6. Haben sie den Bahnhof gefunden? 7. Sie haben den Bahnhof gefunden. 8. Sie haben die Reise gemacht.

Treffpunkt Augustusplatz

S. 168

1 du wirst • er/sie/es wird • wir werden • ihr werdet • sie/Sie werden
2 2D • 3A • 4E • 5B
3 2. werden 3. wird 4. ist 5. werde 6. ist
4 spazieren gehen • nach Leipzig fahren • zu Fuß gehen • Zug fahren • ins Café gehen • nach Hause fahren, gehen

S. 169/170

1 2. geworden 3. gefahren 4. gefeiert 5. getroffen 6. geblieben 7. gewesen 8. gesehen
2 **sein:** werden, gehen, fliegen, sein, bleiben • **haben:** essen, finden, trinken, haben, lachen, treffen
3 hat • hat • hat • ist • haben • ist • hat • ist • ist • hat
4 *Mögliche Lösungen:* Ich habe eine Arbeit gefunden. • Tina ist nach Russland geflogen. • Wir haben Freunde getroffen. • Peter ist in Wien geblieben. • Ich bin krank geworden. • Wir haben Tee getrunken.
5 2. Sie haben Glück gehabt und eine Arbeit gefunden. 3. Tanja ist nach Spanien geflogen. Sascha ist krank geworden. 4. Elisabeth ist nach Erfurt gefahren. Ihre Großmutter ist 85 geworden. 5. Elisabeth hat Geburtstag gefeiert und ist nach Eisenach gefahren.

S. 171

1 **regelmäßig:** gehabt – haben, gesagt – sagen, gefeiert – feiern, gekauft – kaufen • **unregelmäßig:** geblieben – bleiben, gesehen – sehen, geschlafen – schlafen, geworden – werden, geflogen – fliegen, geschrieben – schreiben

2 2. Nein, ich habe keinen Wein getrunken. 3. Nein, ich bin nicht nach Leipzig gefahren. 4. Nein, ich habe kein Geld gefunden. 5. Nein, ich bin nicht krank geworden. 6. Nein, ich habe keine Freunde getroffen.

Stadtspaziergang durch Leipzig

S. 171

1 *Mögliche Lösung:* Das ist das Café Riquet. Es ist in Leipzig. Hier kann man schön sitzen, Milchkaffee trinken und Kuchen essen.

Jahrgang „19 hundert 72“

S. 172/173

1 2. 1953 3. 1607 4. 2013 5. 2029 6. siebzehnhundertvierundneunzig 7. zweitausendfünf 8. achthundert

2 **a)** die Heirat • die Demonstration • das Frühstück • der Spaziergang • das Studium • die Frage • die Antwort • die Reise • der Unterricht

b) besuchen – der Besuch • waschen – die Wäsche • besichtigen – die Besichtigung • feiern – die Feier • fliegen – der Flug • singen – der Gesang

3 2A • 3B • 4F • 5C • 6D

4 2. Herr Filipow studiert Deutsch. 3. Viele Menschen demonstrieren für den Frieden. 4. Marlene Steinmann fotografiert Menschen in Freiburg. 5. Ich nummeriere die Sätze. 6. In Übung 2 kombinieren wir Nomen und Verben.

5 **Lebenslauf:** Studium, Schulabschluss, Arbeit, Heirat, Schule, geboren

6 **b)** *Mögliche Lösung:* Von 1978 bis 1982 bin ich in die Grundschule gegangen. Von 1982 bis 1990 bin ich in die Thomas-Schule gegangen. Dort habe ich 1990 Abitur gemacht. Von 1990 bis 1996 habe ich in Frankfurt studiert. Von 1996 bis 1997 war ich arbeitslos (bin ich arbeitslos gewesen). Seit 1997 bin ich Fotografin. 1998 habe ich geheiratet. Und 1999 ist unsere Tochter Lena geboren. Seit 1999 bin ich Hausfrau.

Kommen und gehen

S. 175–177

1 7:40 – zwanzig vor acht • 6:30 – halb sieben • 23:45 – Viertel vor zwölf • 5:15 – Viertel nach fünf • 10:35 – fünf nach halb elf • 13:20 – zwanzig nach eins • 15:25 – fünf vor halb vier

2 2. Viertel nach sieben 3. halb zwei 4. zehn nach zehn 5. ein Uhr 6. Viertel vor acht

3 2. 6.30 Uhr / 18.30 Uhr 3. 11.45 Uhr / 23.45 Uhr 4. 5.55 Uhr / 17.55 Uhr 5. 10.35 Uhr / 22.35 Uhr 6. 1.20 Uhr / 13.20 Uhr

4 2. Um 18.54 Uhr. 3. Um 15.45 Uhr und um 20.15 Uhr. / Um Viertel vor vier und um Viertel nach acht. 4. Um 17.55 Uhr und um 18.25 Uhr. / Um fünf vor sechs und um fünf vor halb sieben. 5. Um 15 Uhr, um 19.49 Uhr und um 20 Uhr. / Um drei, um zehn vor acht und um acht.

5 2. um halb zwei (13.30 Uhr) 3. um Viertel nach zwei (14.15 Uhr) 4. um fünf nach halb drei (14.35 Uhr) 5. um fünf Uhr (17 Uhr)

6 halb sieben • Viertel vor acht • Viertel nach neun • halb zehn

7 2. am 3. um 4. Von … bis 5. Um 6. Ab 7. seit 8. Am

Inhalt der Grammatik

Der Satz

1 Satzformen

In der Regel hat jeder Satz im Deutschen ein **Subjekt** und ein **Verb**.

Frau Schmidt schläft.
Anna und Thomas fahren nach Süddeutschland.

Es gibt auch weitere **Satzteile**.

Timo fotografiert den Münsterplatz.	Akkusativ-Objekt
Martin Miller arbeitet in Deutschland.	Ortsangabe
Kostas arbeitet auch am Wochenende.	Zeitangabe
Der Kaffee ist kalt.	*sein* + Adjektiv
Marlene Steinmann ist Fotografin.	*sein* + Nomen

Man kann zwei Sätze mit *und, aber, oder* kombinieren. ***und***, ***aber***, ***oder*** stehen **zwischen Satz 1 und Satz 2**. Das **Verb** steht auf seiner **normalen Satzposition**.

Satz 1		**Satz 2**
Hören Sie die Dialoge	und	nummerieren Sie.
Heute arbeite ich,	aber	morgen habe ich Zeit.
Fahren Sie nach Wien	oder	bleiben Sie hier?

2 Der Aussagesatz

→ L1, 4

Das **Verb** steht auf **Position 2**.

	Position 2	
Anna	kommt	aus Polen.
Sie	lernt	in Bremen Deutsch.
Martin Miller	reist	viel.

Das **Subjekt** steht im Deutschen **vor oder nach dem Verb**.

	Position 2	
Frau Schmidt	macht	Urlaub.
Du	wohnst	in München.
Vielleicht	kommt	ihr einmal nach Köln.

Tipp Das Subjekt bestimmt die Verb-Endung:

Ich fahre nach Berlin.

Heute kommt Martin.

Auch andere Elemente können auf Position 1 stehen, z. B. ein Adverb, das Akkusativ-Objekt oder ein anderer Satzteil.

Heute fährt Frau Mohr nach Brüssel.

▶ Siehst du das Rathaus?
◁ Das Rathaus kann ich nicht sehen, aber den Kirchturm sehe ich.

▶ Möchtest du nach Berlin fahren?
◁ Nach Berlin fahre ich nicht gerne, die Stadt ist teuer!

3 Die Fragesätze

→ L1, 3, 5

W-Fragen

Mit W-Fragen fragt man nach bestimmten Informationen. Das **Verb** steht auf **Position 2**, das **W-Wort** steht auf **Position 1**.

Frage			**Mögliche Antwort**
	Position 2		
Wer	ist	das?	Frau Schmidt. (Das ist Frau Schmidt.)
Wie	heißt	er?	Christian Hansen. (Er heißt Christian Hansen.)
Wo	wohnen	Sie?	In Frankfurt. (Ich wohne in Frankfurt.)
Woher	kommt	Herr Opong?	Aus Afrika. (Er kommt aus Afrika.)
Wohin	fahrt	ihr jetzt?	Nach München. (Wir fahren nach München.)
Was	fehlt	hier?	Der Artikel. (Der Artikel fehlt.)
Wann	findet	das Casting statt?	Um 10 Uhr. (Es findet um 10 Uhr statt.)
Wofür	brauchst	du Geld?	Für ein Auto. (Ich brauche Geld für ein Auto.)

Ja-/Nein-Fragen

Mit Ja-/Nein-Fragen will man wissen: Stimmt das? Ist das richtig? *Ja* oder *nein*?
Das **Verb** steht auf **Position 1**.

Frage		**Mögliche Antwort**
Position 1		
Kommst	du aus Russland?	Ja. (Ich komme aus Russland.)
Sind	Sie Herr Bauer?	Nein, mein Name ist Hansen.
Ist	das Ihr Buch?	Ja, danke.
Fängt	der Film jetzt an?	Nein, noch nicht.

Tipp Das Verb steht auf **Position 1**, das **Subjekt** steht **direkt hinter dem Verb**.

Bei negativen (verneinten) Fragen antwortet man mit ***doch*** oder ***nein***.

Frage		**Mögliche Antwort**
Position 1		
Kommen	Sie nicht mit?	Doch, ich komme gern mit. Nein, ich habe keine Zeit.
Hast	du kein Auto?	Doch, natürlich. Nein, ich fahre Fahrrad.

4 Der Imperativ-Satz

→ L1

Das **Verb** steht auf **Position 1**.

Position 1	
Schreiben	Sie.
Lesen	Sie bitte.
Sprechen	Sie bitte langsam.

Hier verwendet man den Imperativ:

- Bitten und Aufforderungen:
  Markieren Sie bitte.
  Bitte suchen Sie im Text.
- Rat, Tipp: Lernen Sie die Nomen immer mit Artikel und Plural.

Tipp Bei Bitten und Aufforderungen verwendet man meist *bitte*. Ohne *bitte* ist der Imperativ oft unfreundlich. *bitte* kann auch vor dem Verb stehen: Bitte hören Sie den Dialog.

5 Die Satzklammer

→ L2, 3, 4, 6

Viele Verben haben im Satz zwei Teile. Der eine Teil (die Verbform mit Person) steht auf **Position 2 oder 1**, der andere am **Satzende**. Die beiden Verbteile bilden eine **Satzklammer**.

		Verb	Satzmitte	Satzende
Aussagesatz	Frau Mainka	möchte	gern	mitmachen.
W-Frage	Wer	füllt	das Formular	aus?
Ja-/Nein-Frage		Gehst	du oft	ins Kino?
Imperativ		Sprechen	Sie bitte	nach.

Satzklammer

Die Satzmitte kann unterschiedlich gefüllt sein:

Ich spiele		Tennis.
Ich spiele	oft	Tennis.
Ich spiele	sehr oft	Tennis.
Ich spiele	sehr oft mit Peter	Tennis.

Tipp Vergessen Sie den zweiten Verbteil nicht, er bringt wichtige Informationen:
Ich spiele oft Tennis / Karten / Fußball.

Die Satzklammer hat viele Formen:
- trennbare Verben (fängt ... an)
- zweiteilige Verben (hört ... Musik)
- Modalverb + Infinitiv (muss ... gehen)
- Perfekt: *sein* / *haben* + Partizip Perfekt (hat ... gemacht; ist ... gegangen)
- *sein* + Adjektiv / Nomen (ist ... schön; ist ... Lehrerin)

Sätze mit trennbaren Verben

→ L3

Trennbare Verben bilden eine **Satzklammer**. Sie haben ein Präfix (eine Vorsilbe), z. B. *an-* (anfangen). Der **erste Verbteil** (das Präfix, die Vorsilbe) steht am **Satzende**, der **zweite Verbteil** (die Verbform mit Person) steht auf **Position 2 oder 1**.

	Verb		Satzende (Präfix)
Die Show	fängt	um 20 Uhr	an.
Wer	spielt	heute	mit?
	Findet	das Casting heute	statt?
	Lesen	Sie bitte	vor.

Satzklammer

Sätze mit Modalverben

→ L3, 4

Das **Modalverb** steht auf **Position 2 oder 1**, der **Infinitiv** steht am **Satzende**.

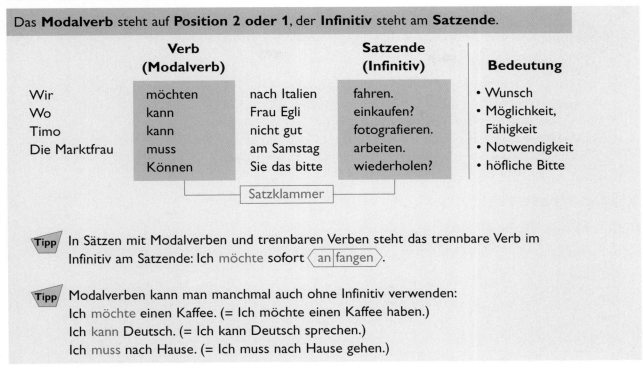

	Verb (Modalverb)		**Satzende (Infinitiv)**	**Bedeutung**
Wir	möchten	nach Italien	fahren.	• Wunsch
Wo	kann	Frau Egli	einkaufen?	• Möglichkeit, Fähigkeit
Timo	kann	nicht gut	fotografieren.	
Die Marktfrau	muss	am Samstag	arbeiten.	• Notwendigkeit
	Können	Sie das bitte	wiederholen?	• höfliche Bitte

Satzklammer

Tipp In Sätzen mit Modalverben und trennbaren Verben steht das trennbare Verb im Infinitiv am Satzende: Ich möchte sofort an|fangen.

Tipp Modalverben kann man manchmal auch ohne Infinitiv verwenden:
Ich möchte einen Kaffee. (= Ich möchte einen Kaffee haben.)
Ich kann Deutsch. (= Ich kann Deutsch sprechen.)
Ich muss nach Hause. (= Ich muss nach Hause gehen.)

Sätze im Perfekt

→ L6

Die Verben ***haben / sein*** stehen auf **Position 2 oder 1**, das **Partizip Perfekt** steht am **Satzende.**

	Verb (*haben / sein*)		**Satzende (Partizip Perfekt)**
Gestern	ist	Frau Mohr nach Brüssel	gefahren.
Sie	hat	dort einen Freund	getroffen.
	Sind	Sie schon einmal in Brüssel	gewesen?

Satzklammer

Sätze mit **sein** *+ Adjektiv / Nomen*

→ L2, 5

Das Verb ***sein*** steht auf **Position 2 oder 1**, das **Adjektiv** bzw. das **Nomen** steht am **Satzende**.

	Verb (*sein*)		**Satzende (Adjektiv / Nomen)**
Der Bus	ist	sehr	langsam.
Frau Mainka	ist		Krankenschwester.
	Seid	ihr ein bisschen	nervös?
	Sind	Sie	Journalist?

Satzklammer

Das Verb

Grundprinzipien:

- Das Subjekt bestimmt die Verb-Endung:
  ich komme   kommst du?   er • sie • es kommt
  wir kommen   kommt ihr?   sie • Sie kommen
- Das Verb bestimmt die übrigen Satzteile:
  Familie Daume beobachtet den Münsterplatz.   Akkusativ-Objekt
  Thomas Bauer wohnt in Bremen.   Ortsangabe

1 Das Präsens

→ L1

Regelmäßige Verben

		komm-en (Infinitiv)
Singular		
1. Person	**ich**	komm-e
2. Person	**du**	komm-st
3. Person	**er • sie • es**	komm-t
Plural		
1. Person	**wir**	komm-en
2. Person	**ihr**	komm-t
3. Person	**sie**	komm-en
	Sie	komm-en

Tipp ***du, ihr***: familiäre Anrede (Familie, Freunde, junge Leute);
Sie: formelle Anrede im Singular und Plural (fremde Erwachsene, formelle Situationen). Vgl. dazu auch S. 205 (Pronomen).
Die Verbform ist identisch mit sie kommen (3. Person Plural).

Verben mit Vokalwechsel

→ L1, 4

Manche Verben ändern bei *du* und *er • sie • es* ihren Vokal. Alle anderen Formen sind im Präsens regelmäßig.

	a → ä: fahren	**e → i: essen**
ich	fahre	esse
du	fährst	isst
er • sie • es	fährt	isst
wir	fahren	essen
ihr	fahrt	esst
sie • Sie	fahren	essen

Ebenso

schlafen: du schläfst	sprechen: du sprichst
waschen: du wäschst	geben: du gibst
anfangen: du fängst an	treffen: du triffst
	lesen: du liest
	sehen: du siehst
	nehmen: du nimmst

Tipp Nicht alle Verben mit *a* oder e haben Vokalwechsel.

Verben mit kleinen Varianten

Die Verben auf ***-den***, ***-ten*** brauchen bei *du*, *er • sie • es* und *ihr* ein -e vor der Verb-Endung.

-den, -ten: finden, arbeiten, warten: du findest, er • sie • es arbeitet; ihr wartet

Die Verben auf ***-ßen***, ***-sen*** brauchen bei *du* kein zusätzliches -s in der Verb-Endung.

-ßen, -sen: heißen, reisen, essen: du heißt, du reist, du isst

Trennbare Verben → L3

Im Deutschen gibt es viele trennbare Verben. Im Infinitiv sehen sie ganz normal aus: anfangen, mitmachen, mitspielen, nachsprechen, stattfinden, vorlesen usw.

Trennbare Verben haben ein betontes Präfix (eine betonte Vorsilbe). Es steht am **Satzende**. Mit dem zweiten Verbteil (Verbform mit Person) bildet es eine **Satzklammer**.

mit|machen	Sebastian Hahn	macht	am Montag auch	mit.
aus|füllen	Die Kandidaten	füllen	das Formular	aus.

Satzklammer

Verben mit diesen Präfixen sind trennbar:
an(fangen), aus(füllen), ein(kaufen), mit(machen), nach(sprechen), vor(lesen), zurück(liegen)

Tipp Trennbare Präfixe sind betont. Lernen Sie die Verben mit der richtigen Betonung:
[a]nfangen, m[i]tmachen, n[a]chsprechen, st[a]ttfinden.

Tipp Nicht trennbar sind zum Beispiel die Präfixe *be-*, *er-* und *ver-*. Sie sind nicht betont:
best[e]llen, bez[a]hlen, erg[ä]nzen, erz[ä]hlen, verk[au]fen.

Diese Verben haben auch zwei Teile und bilden eine **Satzklammer**:

Auto fahren, Fußball spielen, Musik hören, Platz nehmen, Deutsch sprechen, spazieren gehen, da sein, dran sein: Frau Mainka ist um 10 Uhr dran.

Unregelmäßige Verben

Diese Verben sind sehr häufig:

	sein	**haben**	**werden**
ich	bin	habe	werde
du	bist	hast	wirst
er • sie • es	ist	hat	wird
wir	sind	haben	werden
ihr	seid	habt	werdet
sie • Sie	sind	haben	werden

	möcht-	**können**	**müssen**	**wissen**
ich	möchte	kann	muss	weiß
du	möchtest	kannst	musst	weißt
er • sie • es	möchte	kann	muss	weiß
wir	möchten	können	müssen	wissen
ihr	möchtet	könnt	müsst	wisst
sie • Sie	möchten	können	müssen	wissen

Tipp *möcht-* hat keinen Infinitiv!

2 Der Imperativ mit *Sie*

→ L1

Die Verbform des Imperativs mit *Sie* ist identisch mit der *Sie*-Form im Präsens.
Aber das **Verb** steht auf **Position 1**.

Sie kommen	Kommen Sie.
Sie fangen an	Fangen Sie an.

3 Das Perfekt

→ L6

Das Perfekt drückt die Vergangenheit aus. Man verwendet es vor allem in der gesprochenen Sprache, in der Konversation.

Die Form

Das Perfekt hat zwei Teile: eine Verbform von *haben* oder *sein* und das Partizip Perfekt. Beide Teile bilden eine **Satzklammer**. Die Verbform von ***haben*** oder ***sein*** steht auf **Position 2 oder 1**, das **Partizip Perfekt** steht am **Satzende**.

		Verb		**Satzende**
***haben* +** **Partizip Perfekt**	Wir	haben	viel	gelacht.
		Hast	du eine Arbeit	gefunden?
***sein* +** **Partizip Perfekt**	Gestern	sind	wir in Berlin	gewesen.
	Wer	ist	nach Erfurt	gefahren?

Satzklammer

Hilfsverb **haben** *oder* **sein**

Die meisten Verben bilden das Perfekt mit *haben*. Einige wichtige Verben bilden das Perfekt mit *sein*, z. B. Verben der Bewegung oder Veränderung.

- Bewegung: Kevin ist zu Fuß gegangen.
- Veränderung des Orts: Tanja ist nach Spanien geflogen.
- Veränderung eines Zustands: Sascha ist krank geworden.
- Geschehen: Was ist passiert?
- Außerdem: *sein* und *bleiben*: Wo ist Elisabeth gewesen? Sie ist in Erfurt geblieben.

Das Partizip Perfekt

Regelmäßige Verben

Das Partizip Perfekt der regelmäßigen Verben bildet man mit **ge-** und **-t**.

fragen → ge- frag -t
machen → ge- mach -t
sagen → ge- sag -t
wohnen → ge- wohn -t

Tipp Verben auf ***-ten*** haben die Endung **-et**: arbeiten → gearbeitet, heiraten → geheiratet, warten → gewartet

Unregelmäßige Verben

Das Partizip Perfekt der unregelmäßigen Verben bildet man mit **ge-** und **-en**.

fahren → ge- fahr -en
gehen → ge- gang -en
nehmen → ge- nomm -en
werden → ge- word -en

Tipp Bei den unregelmäßigen Verben ändert sich auch oft der wichtigste Vokal (der „Stammvokal"): bleiben → geblieben, fliegen → geflogen, treffen → getroffen

Tipp Lernen Sie die Verben immer so: sprechen – spricht – gesprochen. Eine Liste der wichtigen Verben finden Sie im Anhang (S. 209/210).

4 Das Präteritum von *haben, sein, es gibt*

→ L5

Auch das Präteritum drückt Vergangenheit aus. Die Verben *haben*, *sein* und *es gibt* verwendet man meist im Präteritum, nicht im Perfekt.

	haben	**sein**	**es gibt**
ich	hatte	war	
du	hattest	warst	
er • sie • es	hatte	war	es gab
wir	hatten	waren	
ihr	hattet	wart	
sie • Sie	hatten	waren	

Das Nomen

Zug, Kirche, Schiff sind Nomen.
Nomen, Personen und Orts-/Ländernamen schreibt man groß: der Zug, Marlene Steinmann, Köln, Deutschland.
Nomen haben meist einen Artikel bei sich.

Das Genus (Geschlecht) → L2

Nomen haben ein Genus (Geschlecht): maskulin m, feminin f oder neutrum n.
Der Artikel richtet sich nach dem Genus.

m der Zug, der Mann

f die Kirche, die Frau

n das Schiff, das Auto

Tipp Es gibt nur wenige Regeln für das Genus. Lernen Sie Nomen deshalb immer mit Artikel. Einzelne Regeln sind z. B.:

- Nomen auf *-er* → meist maskulin: der Lehrer, der Schüler, der Vater
- Nomen auf *-e* → meist feminin: die Adresse, die Reise, die Zitrone
- Nomen auf *-ie*, *-ion*, *-ät*, *-ung* → immer feminin: die Melodie, die Situation, die Universität, die Zeitung
- Nomen auf *-in* → immer feminin: die Ärztin, die Kellnerin, die Lehrerin
- Nomen auf *-um* → immer neutral: das Museum, das Studium
- Wochentage → maskulin: der Montag, der Dienstag

Singular und Plural → L2

Nomen verwendet man im Singular und im Plural.

Singular	Plural
das Schiff	die Schiffe
die Stadt	die Städte
die Kirche	die Kirchen
die Lektion	die Lektionen
das Kind	die Kinder
das Haus	die Häuser
das Auto	die Autos
der Lastwagen	die Lastwagen

Tipp Es gibt verschiedene Plural-Endungen: ***-e, -(e)n, -er, -s, –***. Aus ***a, o, u*** wird im Plural meist ***ä, ö, ü***.
Lernen Sie die Nomen immer mit Artikel und Pluralform.

Einige Nomen haben keinen Plural, z. B. der Zucker, der Tee, der Kaffee, der Wein, die Milch, die Butter, das Obst, das Gemüse, das Fleisch usw.

Einige Nomen haben keinen Singular, z. B. die Leute, die Eltern, die Lebensmittel usw.

Artikel und Artikelwörter

Im Deutschen verwendet man Nomen meist mit Artikel: der Berg, eine Fabrik, kein Hotel, meine Großeltern.

Es gibt verschiedene Artikel, z. B. den bestimmten, den unbestimmten, den negativen Artikel und den Possessivartikel.

Artikel	Nominativ m	f	n	Pl
bestimmt	der Text	die Seite	das Buch	die Fragen
unbestimmt	ein Text	eine Seite	ein Buch	– Fragen
negativ	kein Text	keine Seite	kein Buch	keine Fragen
Possessivart.	mein Text	meine Seite	mein Buch	meine Fragen

Artikel	Akkusativ m	f	n	Pl
bestimmt	den Text	die Seite	das Buch	die Fragen
unbestimmt	einen Text	eine Seite	ein Buch	– Fragen
negativ	keinen Text	keine Seite	kein Buch	keine Fragen
Possessivart.	meinen Text	meine Seite	mein Buch	meine Fragen

Tipp Im Plural unterscheidet man nicht nach dem Genus (maskulin, feminin, neutrum).

1 Der unbestimmte und der bestimmte Artikel

→ L2

Hier verwendet man den Artikel:

Das ist ein Hafen. Der Hafen ist in Norddeutschland.
Ich habe eine Schwester, Tina zwei.
Familie Raptis hat zwei Kinder. Der Sohn heißt Jakob, die Tochter Lena.

Die Endungen des **bestimmten Artikels** sind wichtige Signale für Kasus (Fall) und Genus (Geschlecht).

	m	f	n	Pl
Nominativ	**r**	**e**	**s**	**e**
Akkusativ	**n**			

Tipp Merken Sie sich diese Signal-Endungen gut. Sie kommen auch bei anderen Wörtern (Artikel, Adjektive ...) vor.

Tipp Der **unbestimmte Artikel** hat nur bei den femininen Formen und im Akkusativ maskulin Signal-Endungen. Der unbestimmte Artikel hat keinen Plural (–).

Hier verwendet man keinen Artikel:

- Namen: Das ist Frau Mainka. Ihre Kinder heißen Beate und Stefan.
- unbestimmte Mengenangaben: Frau Egli kauft Obst, Butter und Zucker.
- Berufe: Das ist Kostas Raptis, er ist Arzt. Seine Frau ist Lehrerin.
- Städte- und Ländernamen: ▶ Wohnen Sie in Deutschland? ◁ Ja, in Frankfurt.

Tipp Einige Länder haben einen Artikel, z. B. die Schweiz: Urs kommt aus der Schweiz. In der Schweiz gibt es viele Berge. Ich fahre gern in die Schweiz.

2 Der negative Artikel

→ L2, 4

Der negative Artikel *kein* hat dieselben Endungen wie der unbestimmte Artikel *(ein, eine, ein)*. *kein* verneint das Nomen.

▶ Ist das eine Schule? ◁ Nein, das ist keine Schule.
▶ Hast du einen Hund? ◁ Nein, ich habe keinen Hund. Ich habe eine Katze.

3 Der Possessivartikel

→ L3, 5

Der Possessivartikel drückt Besitz und Zugehörigkeit aus.
das Haus von Martin → sein Haus   das Haus von Tanja → ihr Haus

Diese Possessivartikel gibt es:

ich	mein	Das ist mein Hund.
du	dein	Ist das dein Heft?
er	sein	Wo ist Herr Mainka? Und wo ist sein Bus?
sie	ihr	Da ist Frau Solling-Raptis. Das ist ihr Buch.
es	sein	Das Kind isst sein Eis.
wir	unser	Unser Haus ist alt.
ihr	euer	Beate und Stefan, ist das euer Lehrer?
sie	ihr	Lena und Jakob machen jetzt ihre Hausaufgaben.
Sie	Ihr	Guten Tag, Herr Bauer! Eine Frage: Ist das Ihr Auto?
		Guten Tag, Herr und Frau Müller! Eine Frage: Ist das Ihr Auto?

Die Endungen sind wie bei *ein* und *kein*.

		m	f	n	Pl
mein, dein, sein • ihr • sein	Nom.	mein Hund	meine Familie	mein Lied	meine Eltern
	Akk.	meinen Hund	meine Familie	mein Lied	meine Eltern
unser	Nom.	unser Hund	unsere Familie	unser Lied	unsere Eltern
	Akk.	unseren Hund	unsere Familie	unser Lied	unsere Eltern
euer	Nom.	euer Hund	eure Familie	euer Lied	eure Eltern
	Akk.	euren Hund	eure Familie	euer Lied	eure Eltern
ihr • Ihr	Nom.	ihr Hund	ihre Familie	ihr Lied	ihre Eltern
	Akk.	ihren Hund	ihre Familie	ihr Lied	ihre Eltern

Tipp Statt *unsere, unseren* hört man auch *unsre, unsren*.

Pronomen und W-Wörter

1 Die Pronomen *ich*, *du*, *er* • *sie* • *es* ...

→ L1, 5

Die Pronomen ersetzen Namen und Personen bzw. bekannte Nomen.

ich, wir: Sprecher du, ihr, Sie: Hörer
er, sie, es, sie: über diese Personen und Dinge spricht man

Tipp Im Deutschen kann man die Pronomen nicht weglassen.
Kommst du heute? Wir spielen Karten. Philipp kommt auch. Er hat heute Zeit.

	Singular					**Plural**			
Nominativ	ich	du	er	sie	es	wir	ihr	sie	Sie
Akkusativ	mich	dich	ihn	sie	es	uns	euch	sie	Sie

So werden die Pronomen verwendet:

- Bezug auf Nomen:

Das ist Martin Miller. Er ist Journalist. Kennen Sie ihn?

Das ist Andrea, meine Frau. Sie ist Deutschlehrerin. Ich liebe sie.

Das ist das Münster. Es ist sehr schön. Timo fotografiert es.

- „Kommunikations"-Pronomen:

***du*-Situation**

Kostas: Andrea, ohne dich ist das Leben nicht schön!
Andrea: Ja, ja. Wo sind die Kinder jetzt? Lena, Jakob, wo seid ihr, ich sehe euch nicht!
Kostas: Wann haben wir mal wieder einen Abend nur für uns? Was meinst du?
Andrea: Einen Abend nur für uns? Ohne die Kinder? Was machen wir ohne sie?

***Sie*-Situation**

Chef: Herr Bauer, Sie arbeiten sehr gut! Ich möchte Sie und Ihre Frau gern einladen und für Sie kochen. Es gibt Fisch und Gemüse.
Herr Bauer: Oh, vielen Dank. Ich frage meine Frau.
Chef: Sehr gut, fragen Sie sie bald.

Wann verwendet man *du* / *ihr* ...?
- in der Familie
- mit Kindern (bis ca. 15)
- mit Freunden
- manchmal mit Kollegen

Wann verwendet man *Sie* ...?
- mit fremden Erwachsenen
- in formellen Situationen: Arbeit, Einkaufen, Behörden, Polizei ...
- wenn man nicht sicher ist: *Sie* oder *du*?

Tipp *Sie* kann Singular oder Plural sein.

2 Das Pronomen *man*

→ L4

man ist unbestimmt: Es gibt keine konkrete Person oder man spricht für alle Leute.

Sagt man auf Deutsch auch „Souvenir?"
Heute kann man den Münsterturm gut sehen!
Früher hatte man mehr Zeit.

Tipp Bei konkreten Personen verwendet man *er*, *sie*, *es*: Pablo lernt Deutsch. Er braucht ein Wörterbuch.

3 W-Wörter

→ L1, 4, 5

W-Wörter sind Fragewörter. Man fragt nach bestimmten Informationen (vgl. auch S. 195, Fragesätze), z. B. *wie*, *wann*, *wo*, *woher*, *wohin* usw.

Nach Personen oder Sachen fragt man unterschiedlich.

	Person	**keine Person, Sache**
Nominativ	Wer ist das? – Kostas Raptis.	Was ist das? – Ein W-Wort.
Akkusativ	Wen siehst du? – Lutz. Ohne wen möchtest du nicht leben? – Ohne meine Familie. Für wen kochst du? – Für meine Frau.	Was isst du? – Eine Suppe. Ohne was möchtest du nicht leben? – Ohne meine Musik. Wofür braucht Martin das Geld? – Für einen Computer.

Tipp Kombination W-Wort + Präposition: Bei der Frage nach Sachen kann es besondere W-Wörter geben: Wofür arbeiten Kostas und Andrea? – Für ihr Haus.

Präpositionen

Präpositionen kombiniert man mit Nomen. Sie stehen vor dem Nomen. Das Nomen hat dann einen bestimmten Kasus.

1 Orts- oder Richtungsangaben

→ L1, 5

Woher? ? ⟶ **aus**	**Wo?** (?) **in**	**Wohin?** ⟶ ? **nach**
Herr Hansen kommt aus Frankfurt.	Er wohnt in Frankfurt.	Er fährt nach Leipzig.
Herr Becker kommt aus Deutschland.	Thomas und Anna wohnen in Deutschland.	Herr Schapiro fährt nach Deutschland.
Länder mit Artikel:		
Herr Egli kommt aus der Schweiz.	Beat und Regula leben in der Schweiz.	Marlene Steinmann fährt in die Schweiz.

auf + Akkusativ	
Wohin?	Martin Miller steigt auf den Kirchturm. Er schaut auf die Stadt.
in + Akkusativ	
Wohin?	Lena und Jakob gehen in den Kindergarten. Erna König geht in das (ins) Café.
von ... nach	
Wohin?	Der Eurocity fährt von Norden nach Süden. Von Rostock fahren viele Schiffe nach Russland.

2 Zeitangaben

→ L3, 6

am		**Tag**
Wann?	Am Dienstag kommt Herr Wunderlich. Sehen wir uns am Sonntag um zehn Uhr?	
um		**Zeitpunkt**
Wann?	Das Casting fängt um zehn Uhr an. Familie Troll ist um Viertel nach eins dran.	

Tipp Bei Jahreszahlen steht keine Präposition: Ich bin 1970 geboren. 1989 habe ich Abitur gemacht.

seit		**Dauer**
Seit wann?	Seit zwanzig Minuten warte ich, und der Bus kommt nicht. Wir haben uns seit 1990 nicht gesehen.	Tipp
ab		**Dauer**
Ab wann?	Ab 19.30 Uhr: Feiern mit Essen, Trinken und Musik.	
(von ...) bis	Bis 1995 hat Steffi Sport studiert.	**Zeitraum**
(Von wann) bis wann?	Von zehn Uhr bis zehn Uhr dreißig ist Frau Mainka dran. Von 1976 bis 1980 ist Kevin in die Thomas-Schule gegangen.	

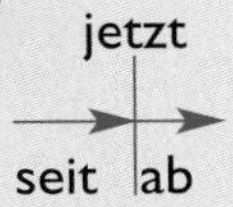

3 Andere Präpositionen

→ L5

für + Akkusativ		
Für wen? (Personen) Wofür? (Sachen)	Kostas arbeitet für seine Familie. Er braucht das Geld für das Haus.	Tipp Statt *für das* hört man auch *fürs*.
ohne + Akkusativ		
Ohne wen? (Personen) Ohne was? (Sachen)	Frau König macht keinen Urlaub ohne ihre Freundinnen. Martin Miller kann nicht ohne Computer arbeiten.	

Die Negation (Verneinung)

nicht *und* kein

→ L1, 2

nicht verneint Sätze und Satzteile. *kein* verneint nur das Nomen.

nicht	kein
Das Rathaus ist nicht alt.	Das ist kein Rathaus.
Ich sehe die Kinder nicht.	Martin Miller hat keine Kinder.

Das sagt und hört man oft:

- ▶ Ich gehe ins Kino. Kommst du mit? ◁ Nein, ich habe keine Lust.
- ▶ Trinken wir einen Kaffee? ◁ Nein, ich habe keine Zeit.
- ▶ Gehen wir in ein Restaurant? ◁ Nein, ich habe kein Geld.

Weitere Verneinungen

→ L3, 5

nie: Ich gehe nie ins Kino, aber ich sehe gern fern.
nichts: Ohne meinen Kaffee geht nichts!

nicht mehr: Sie wohnen nicht mehr in Leipzig.
kein … mehr: Ich möchte keinen Kaffee mehr.

doch *und* nein

→ L5

Auf positive Fragen antwortet man mit *ja* oder *nein*. Auf negative Fragen antwortet man mit *nein* oder *doch*.

▶ Haben Sie den Fischmarkt nicht gesehen?
◁ Doch, ich habe ihn gestern gesehen. ◁ Nein, ich hatte gestern keine Zeit.

▶ Haben Sie kein Auto?
◁ Doch, natürlich! ◁ Nein, ich fahre immer Zug!

Adverbien

Adverbien geben Zusatzinformationen. Sie haben keine Endungen.

Ortsangaben: Wo passiert etwas?	hier, dort, rechts …
Zeitangaben: Wann passiert etwas?	heute, jetzt, abends …
Häufigkeitsangaben: Wie oft passiert etwas?	immer, oft, manchmal, selten, nie
Andere Adverbien:	vielleicht, leider, gern(e), sofort …

Adverbien stehen auf **Position 1 oder** in der **Satzmitte**.

Position 1	Verb	Satzmitte	Satzende
Morgen	arbeiten	wir nicht.	
Tina	geht	gern	ins Kino.
Wir	möchten	sofort nach Hause	gehen.

Satzklammer

Alphabetische Liste der wichtigsten Verben mit Unregelmäßigkeiten

Infinitiv	3. P. Sing. Präsens	3. P. Sing. Perfekt
anfangen	fängt an	
ankreuzen	kreuzt an	
ausfüllen	füllt aus	
aussprechen	spricht aus	
bedeuten	bedeutet	
beginnen	beginnt	
beobachten	beobachtet	
besichtigen	besichtigt	
bestellen	bestellt	
besuchen	besucht	
betonen	betont	
bezahlen	bezahlt	
bleiben	bleibt	ist geblieben
braten	brät	hat gebraten
bringen	bringt	
buchstabieren	buchstabiert	hat buchstabiert
demonstrieren	demonstriert	hat demonstriert
einkaufen	kauft ein	
einladen	lädt ein	
ergänzen	ergänzt	
erklären	erklärt	
erzählen	erzählt	
essen	isst	hat gegessen
fahren	fährt	ist gefahren
fernsehen	sieht fern	
finden	findet	hat gefunden
fliegen	fliegt	ist geflogen
fotografieren	fotografiert	hat fotografiert
geben	(es) gibt	(es) hat gegeben
gehen	geht	ist gegangen
haben	hat	hat gehabt
heißen	heißt	hat geheißen
kennen	kennt	hat gekannt
kombinieren	kombiniert	hat kombiniert
kommen	kommt	ist gekommen
komponieren	komponiert	hat komponiert
können	kann	
lesen	liest	hat gelesen
liegen	liegt	
markieren	markiert	hat markiert
mitbringen	bringt mit	

Infinitiv	3. P. Sing. Präsens	3. P. Sing. Perfekt
mitkommen	kommt mit	
mitmachen	macht mit	
mitsingen	singt mit	
mitspielen	spielt mit	
müssen	muss	
nachsprechen	spricht nach	
nehmen	nimmt	hat genommen
nummerieren	nummeriert	hat nummeriert
organisieren	organisiert	hat organisiert
passieren	passiert	ist passiert
salzen	salzt	hat gesalzen
schlafen	schläft	hat geschlafen
schneiden	schneidet	hat geschnitten
schreiben	schreibt	hat geschrieben
schwimmen	schwimmt	ist geschwommen
sehen	sieht	hat gesehen
sein	ist	ist gewesen
singen	singt	hat gesungen
sitzen	sitzt	hat* gesessen
sortieren	sortiert	hat sortiert
spazieren gehen	geht spazieren	ist spazieren gegangen
sprechen	spricht	hat gesprochen
stattfinden	findet statt	
steigen	steigt	ist gestiegen
studieren	studiert	hat studiert
treffen	trifft	hat getroffen
trinken	trinkt	hat getrunken
verbinden	verbindet	
vergessen	vergisst	
verkaufen	verkauft	
verstehen	versteht	
vorbereiten	bereitet vor	
vorlesen	liest vor	
waschen	wäscht	hat gewaschen
werden	wird	ist geworden
wiederholen	wiederholt	
wissen	weiß	hat gewusst
zuordnen	ordnet zu	
zurückkommen	kommt zurück	
zurückliegen	liegt zurück	
zusammenpassen	passt zusammen	

* in Süddeutschland, Österreich und der Schweiz auch: ist gesessen

Alphabetische Wortliste

Die folgende Wortliste enthält den Wortschatz der Texte, Dialoge und Aufgaben der Kursbuch-Lektionen 1 bis 6.

– Nicht aufgenommen wurden Artikelwörter, Zahlwörter, grammatische und phonetische Fachbegriffe sowie Eigennamen von Personen und Städten.
– Nomen erscheinen mit ihrem Artikel und der Pluralform. Nomen, die nur im Singular oder Plural verwendet werden, sind entsprechend mit *(nur Sing.)* oder *(nur Pl.)* gekennzeichnet.
– Verben erscheinen nur im Infinitiv. Eine Liste der wichtigsten Verben mit Unregelmäßigkeiten finden Sie auf Seite 209/210.
– Zur Erleichterung des Auffindens im Text sind hinter jedem Eintrag nicht nur Lektion und Seite, sondern auch die jeweilige Text- oder Aufgabennummer angegeben; zum Beispiel bedeutet „alt L2, 21/1a", dass das Wort „alt" zum ersten Mal in Lektion 2, auf Seite 21 und dort in der Aufgabe 1a erscheint.
– Wörter, die auf der Liste zum *Zertifikat Deutsch* stehen, sind mit • markiert. Sie sind besonders wichtig für Sie.

A

Aal, der, -e L5, 64/1
Aalsuppe, die, -n L5, 58/1
• Abend, der, -e L1, 8/2
Abendessen, das, - L5, 60/1b
• abends L5, 60/1a
• aber L1, 14/5
• Abitur (Abi), das *(nur Sing.)* L6, 68
• Abitur machen L6, 70/1a
• Adresse, die, -n L1, 16/1
Afrika L1, 10/1
• aktiv L5, 62/1a
Akzent, der, -e L2, 23/8
alle L2, 26/1
• allein L5, 61/7
alles L2, 26/1
alles klar L1, 16/1
Alpen, die *(nur Pl.)* L2, 21/1a
• Alphabet, das, -e L1, 10/3
• also L1, 16/1
• alt L2, 21/1a
• Alter, das *(nur Sing.)* L3, 33/3
Altstadt, die, -städte L2, 25/5
• am Montag L3, 36/1
• am Stadtrand L2, 26/1
Amerika L1, 10/1
• anfangen L3, 38/1a
• Angst, die, Ängste L6, 70/1a
ankreuzen L5, 61/6
anstrengend L5, 60/1a
• Antwort, die, -en L1, 9/3b
• antworten L1, 14/3
Apfelkuchen, der, - L6, 70/1a
Apfelsaft, der *(nur Sing.)* L4, 50/1
• Arbeit, die *(hier nur Sing.)* L5, 61/6
• arbeiten L1, 13/1b
arbeitslos L6, 76/2b
Argentinien L1, 10/3a
• Arzt, der, Ärzte L5, 56/1
• Ärztin, die, -nen L5, 57/3
Asien L1, 10/1
Assistentin, die, -nen L3, 38/1a
• auch L1, 10/1
• auf + *Akk.* L5, 58/1
• auf Deutsch L4, 54/1
• Auf Wiedersehen! L1, 8/2
• Aufgabe, die, -n L2, 30/2
• aus L1, 9/3b
aus aller Welt L6, 75/1
• ausfüllen L3, 37/1
• aussprechen L4, 54/1
Australien L1, 10/1
• Auto, das, -s L1, 11/6
• Auto fahren L3, 36/2
• Autobahn, die, -en L2, 20/1a

B

• Bäckerei, die, -en L4, 52/2b
• Bahnhof, der, -höfe L2, 20/1a
• bald L1, 16/1
Banane, die, -n L1, 11/6
Bananeneis, das *(nur Sing.)* L2, 25/5

Band, die, -s L6, 76/2b
• Bank, die, -en L2, 27/4
Bayern L2, 21/1a
• bedeuten L6, 75/1
• beginnen L6, 75/1
• Beispiel, das, -e L1, 12/3a
• zum Beispiel (z. B.) L2, 20/1a
Belgien L1, 10/3a
• beobachten L4, 46/1a
• Berg, der, -e L2, 21/1a
• Beruf, der, -e L3, 33/2
• besichtigen L5, 58/1
• bestellen L4, 50/2
Bestellung, die, -en L4, 50/2
• besuchen L5, 60/1a
Besucher, der, - L6, 75/1
Besucherin, die, -nen L6, 75/1
• beten L6, 75/1
betonen L4, 48/6b
• Bett, das, -en L5, 60/1a
• Bewegung, die, -en L6, 73/4
• bezahlen L4, 51/5
• Bier, das, -e L1, 11/6
• Bild, das, -er L2, 20
Biografie, die, -n L6, 77/3
• bis L1, 16/1
• (ein) bisschen L1, 13/1c
• bist → sein L1, 9/3b
• bitte L1, 8/1
• bitte schön L4, 50/2
• Blatt, das, Blätter L2, 30/1
• Blatt Papier, das, - L2, 30/1
• bleiben L6, 72/2a
• Bleistift, der, -e L2, 30/1
• Blume, die, -n L6, 69
• braten L5, 65/3
• brauchen L4, 49/1
• Brief, der, -e L3, 40/1
• bringen L4, 45/2a
• Brot, das, -e L4, 52/2a
• Bruder, der, Brüder L3, 40/1
Brühe, die, -n L5, 65/2a
Brunnen, der, - L6, 68
• Buch, das, Bücher L2, 30/1
• buchstabieren L1, 18/1
• Büro, das, -s L3, 33/2
• Bus, der, Busse L2, 20/1a
Busfahrer, der, - L3, 39/4b
• Butter, die *(nur Sing.)* L4, 52/2a

C

ca. (circa/zirka) L6, 69
• Café, das, -s L2, 24/1
Casting, das, -s L3, 38/1a
China L1, 10/3a
Chor, der, Chöre L6, 75/1
Choral, der, Choräle L6, 75/1
• Computer, der, - L1, 11/6
Computerspiel, das, -e L3, 39/5b

D

• da L2, 27/5
• da sein L3, 38/1a
• damals L6, 70/1a
• Dame, die, -n L4, 50/2
danach L5, 58/1
Dänemark L1, 10/3a
• danke L1, 16/1
• dann L1, 15/7
• das L1, 13/1c
dazu L5, 65/2a
DDR, die (Deutsche Demokratische Republik) L6, 75/1
• dein, deine L3, 35/7
• Demonstration, die, -en L6, 75/1
demonstrieren L6, 76/2a
• denn *(Partikel)* L4, 48/6a
• deshalb L4, 49/1
Deutsch *(Sprache)* L1, 8/1
Deutschbuch, das, -bücher L5, 63/4
Deutschkurs, der, -e L1, 18
• Deutschland L1, 9/4a
Deutschlehrer, der, - L5, 57/3
Deutschlehrerin, die, -nen L5, 56/1
Dialog, der, -e L1, 9/4
• Dienstag, der, -e L3, 42/3
Diktat, das, -e L2, 29/C
• doch *(Partikel)* L2, 27/4
• doch *(Antwort)* L5, 62/1a
Dom, der, -e L2, 28/2
• Donnerstag, der, -e L3, 42/3
• Dorf, das, Dörfer L2, 21/1a
• dort L5, 58/1
dran sein L3, 38/1a
Druckbuchstabe, der, -n L3, 37/1
• du L1, 9/3

E

Ecuador L1, 10/3a
• egal L3, 41/4
Ehefrau, die, -en L3, 37/1
Ehemann, der, -männer L3, 37/1
• Ei, das, -er L4, 52/2a
• eigentlich L1, 16/1
• einkaufen L4, 52/2
Einkaufspassage, die, -n L6, 75/2a
• einladen L3, 40/1
Einladung, die, -en L6, 68
• (ein)mal L1, 16/1
• Eis, das *(nur Sing.)* L2, 24/1
Eiskaffee, der *(nur Sing.)* L2, 25/5
Elbe, die *(Fluss)* L5, 58/1
elegant L5, 58/1
• Eltern, die *(nur Pl.)* L3, 39/5b
• E-Mail, die, -s L3, 37/1
• endlich L4, 46/1a
• Entschuldigung! L2, 30/3
• er L1, 12/1
ergänzen L1, 16/1
• erklären L3, 40/2b
• erst L5, 60/1a
• erzählen L5, 61/6
• es L1, 19
• es geht → gehen L2, 28/1
• es gibt → geben L4, 45/2a
es ist *(Uhrzeit)* L6, 78/3
• essen L2, 24/1
• Essig, der *(nur Sing.)* L5, 64/1
• etwas L4, 48/6
• euer, eure L3, 41/4
• Euro, der, - L4, 51/5a
Eurocity, der, -s (EC) L1, 12/1
• Europa L1, 10/1

F

• Fabrik, die, -en L2, 20/1a
• fahren L1, 12/1
• Fahrrad, das, -räder L4, 49/1
• Fahrrad fahren L4, 49/1
• falsch L1, 13/1a
• Familie, die, -n L3, 32
Familienidylle, die, -n L5, 66/3
Familienname, der, -n L3, 33/2
Familienstand, der *(nur Sing.)* L3, 34/4a
fantastisch L3, 33/2
• Fax, das, -e L3, 37/1
• fehlen L1, 15/7
• Feier, die, -n L6, 68
• feiern L6, 68
Fernmeldeturm, der, -türme L2, 29/4
• fernsehen L3, 33/2
• Fernsehen, das *(nur Sing.)* L3, 32/1
Fernsehshow, die, -s L3, 32/1
• Film, der, -e L3, 37/1
• finden L1, 11/6
• Fisch, der, -e L5, 65/3
• Flasche, die, -n L4, 50/2
• Fleisch, das *(nur Sing.)* L5, 65/3
Fleischbrühe, die, -n L5, 64/1
• fliegen L6, 72/1a
Flöte, die, -n L3, 41/4
• Fluss, der, Flüsse L2, 29/3a
• Formular, das, -e L3, 37/1
• Foto, das, -s L3, 34/4a
Fotoapparat, der, -e L1, 11/6
Fotograf, der, -en L5, 57/3
• fotografieren L4, 45/2a
Fotografin, die, -nen L1, 13/1c
• Frage, die, -n L1, 9/3b
• fragen L1, 14/3
Fragezeichen, das, - L1, 12/3b
Frankreich L1, 10/3a
• Frau *(Anrede)* L1, 9/3b
• Frau, die, -en L2, 24/1
• Freitag, der, -e L3, 42/3
• Freund, der, -e L5, 60/1a
• Freundin, die, -nen L5, 60/1a
• freundlich L3, 40/1
• Frieden, der *(nur Sing.)* L6, 75/1
friedlich L6, 75/1
• früher L5, 62/1
• Frühstück, das *(nur Sing.)* L5, 60/1a
• frühstücken L5, 60/1a
• für L3, 33/2
• für + *Akk.* L5, 57/4
• Fußball, der, -bälle L2, 24/1
Fußballplatz, der, -plätze L2, 24/1
Fußball spielen L2, 24/1
• Fußgängerzone, die, -n L5, 58/1
• zu Fuß (gehen) L2, 26/1

G

• Gabel, die, -n L5, 64/1
• ganz L2, 26/1
• die ganze Familie L3, 40/1

• Gebäude, das, -   L2, 20/1a
• geben (es gibt)   L5, 65/2a
• geboren (sein)   L6, 76/2a
• Geburtstag, der, -e   L6, 72/2a
• Gegenwart, die *(nur Sing.)*   L6, 77/3
• gehen   L2, 26/1
• gehen *(funktionieren)*   L5, 60/1a
• Geld, das *(nur Sing.)*   L4, 49/1
• Gemüse, das *(nur Sing.)*   L4, 44/1
Gemüsesuppe, die, -n   L5, 65/2b
• genau   L4, 48/6b
• gern   L3, 33/2
• Geschäft, das, -e   L2, 26/1
• geschieden   L3, 37/1
• Geschwister, die *(nur Pl.)*   L3, 40/1
• Gespräch, das, -e   L5, 62/1a
• gestern   L5, 62/1a
• getrennt   L4, 51/5b
• Gitarre, die, - n   L3, 36/2
• Gitarre spielen   L3, 36/2
Gitarrist, der, -en   L6, 76/2b
Gitarristin, die, -nen   L6, 76/2b
• Glas, das, Gläser   L4, 50/2
• glauben   L2, 27/5
• Glück, das *(nur Sing.)*   L5, 66/3
Gose, die, -n   L6, 69
Grammatik, die *(hier nur Sing.)*   L2, 30/2
Griechenland   L5, 61/6
• groß   L2, 20/1a
Großbritannien   L1, 10/3a
• Großmutter, die, -mütter   L3, 39/5b
• Großstadt, die, -städte   L2, 25/5
• Grundschule, die, -n   L6, 77/3
• Gruß, der, Grüße   L3, 40/1
• gut   L1, 8
• Guten Abend!   L1, 8/2
• Guten Morgen!   L1, 8/2
• Guten Tag!   L1, 8/2

H

• haben   L3, 34/4a
• Hafen, der, Häfen   L2, 20/1a
• halb (zehn)   L6, 78/1
• Hallo!   L1, 8/2
• Handel, der *(nur Sing.)*   L6, 75/1
Harz, der *(Gebirge)*   L6, 69
• ich hätte gern → haben   L4, 50/2
• Hauptbahnhof, der, -höfe   L2, 20/1a
• Haus, das, Häuser   L2, 21/1a
• Hausfrau, die, -en   L3, 33/2
• Haushalt, der *(hier nur Sing.)* L5, 60/1a
Haustier, das, -e   L3, 41/6a
• Heft, das, -e   L2, 30/1
Heirat, die *(nur Sing.)*   L6, 76/2b
• heiraten   L6, 76/2a
• heiß   L2, 25/3
• heißen   L1, 9/3
• Herr *(Anrede)*   L1, 9/3b
• herzlich   L6, 70/1a
• heute   L1, 13/1b
• hier   L1, 10/1
• Hobby, das, -s   L3, 36/1
• hoch   L2, 28/2
Hochschulabschluss, der, -abschlüsse L6, 77/3
• hoffentlich   L6, 70/1a
Honduras   L1, 10/3a
• Honig, der *(nur Sing.)*   L4, 52/2a
• hören   L1, 8/1
• Hotel, das, -s   L2, 26/1
• hübsch   L3, 34/4a
• Hund, der, -e   L3, 40/1
• Hunger, der *(nur Sing.)*   L5, 58/1
• Hunger haben   L5, 58/1

I

Idealfrau, die, -en   L5, 66/3
• Idee, die, -n   L4, 50/2
• ihr   L1, 15/7
• Ihr, Ihre   L3, 33/2
• ihr, ihre *(Sing.)*   L3, 39/4a
• ihr, ihre *(Pl.)*   L3, 41/4
• im   L1, 9/3b
im Jahr 2000   L6, 73/5b
im Zentrum (von)   L2, 21/1a
• immer   L2, 20/1a
• immer noch   L6, 70/1a
• in   L1, 9/3b
• in + *Akk.*   L5, 58/1
in die Schule gehen   L3, 39/4b
Indien   L1, 10/3a
• ins   L3, 36/1
ins Bett bringen   L5, 60/1a
• interessant   L5, 58/1
• Interview, das, -s   L3, 35/8
• ist → sein   L1, 9/3b
Italien   L1, 13/1a

J

- ja *(Antwort)* L1, 9/3b
- ja *(Partikel)* L5, 62/1a
- Jahr, das, -e L2, 28/2

Jahreszahl, die, -en L6, 76/1
Jahrgang, der, -gänge L6, 76
Japan L1, 10/3a

- jeden Tag L1, 12/1
- jetzt L1, 17/3

joggen L3, 36/1

- Journalist, der, -en L1, 13/1b
- Journalistin, die, -nen L5, 56/3
- Juli, der *(nur Sing.)* L6, 68

K

- Kaffee, der *(nur Sing.)* L1, 11/6

Kaffeepause, die, -n L6, 68

- Kalender, der, - L3, 42/3
- kalt L2, 25/3

Kandidat, der, -en L3, 39/5
Kandidatin, die, -nen L3, 33/2
Kantate, die, -n L6, 75/1
Kantor, der, -en L6, 75/1
Karotte, die, -n L5, 64/1

- Karte, die, -n *(Spielkarte)* L1, 13/1a

Karte, die, -n *(Visitenkarte)* L1, 16/1

- Karten spielen L1, 13/1a
- Kartoffel, die, -n L5, 65/3

Kartoffelsuppe, die, -n L5, 65/2b

- Käse, der *(nur Sing.)* L4, 50/1
- Katze, die, -n L3, 40/1
- kaufen L4, 46/1a
- Kaufhaus, das, -häuser L2, 26/1
- kein, keine L2, 26/1
- Kellnerin, die, -nen L4, 44/1

Kenia L1, 10/3a

- kennen L1, 10/3a
- Kind, das, -er L2, 24/1
- Kindergarten, der, -gärten L5, 60/1a
- Kino, das, -s L2, 26/1
- Kirche, die, -n L2, 21/1a

Kirchturm, der, -türme L5, 58/1

- klar L1, 16/1b
- Klasse, die, -n L6, 68/1

Klassentreffen, das, - L6, 68/1

- Klavier, das, -e L3, 41/4
- klein L2, 25/2

klein schneiden L5, 65/2a
Kleinstadt, die, -städte L2, 25/5
Koch, der, Köche L5, 56/1

- kochen L5, 65/2a

Köchin, die, -nen L5, 56/2
kombinieren L1, 12/2b

- kommen L1, 9/3b

komponieren L6, 75/1

- können L4, 46/1a
- Kontakt, der, -e L5, 62/1a
- Kontinent, der, -e L1, 10/2
- krank L6, 72/1a

krank werden L6, 72/1a

- Krankenhaus, das, -häuser L5, 60/1a
- Krankenschwester, die, -n L3, 33/2

Kräuter, die *(nur Pl.)* L5, 64/1

- Krimi, der, -s L3, 32/1

Kuba L1, 11/7

- Kuchen, der, - L4, 50/1
- Kugelschreiber, der, - L2, 30/1
- Kunde, der, -n L5, 62/1a
- Kundin, die, -nen L5, 62/1a
- Kurs, der, -e L1, 9/3b
- Kursbuch, das, -bücher L2, 30/2
- kurz L1, 14/6

L

- lachen L6, 70/1a
- Laden, der, Läden L5, 58/1
- Land, das, Länder L1, 10/3a
- lang L1, 14/6
- langsam L2, 25/2
- Lastwagen, der, - L2, 20/1a

Lauch, der *(nur Sing.)* L5, 64/1

- laut L4, 48/6b
- Leben, das, - L5, 66/3

Lebenslauf, der, -läufe L6, 76/2a

- Lebensmittel, das, - L5, 64/1

Lebensmittelgeschäft, das, -e L5, 62/1a

- ledig L3, 37/1
- leer L2, 25/2
- legen L5, 65/2a
- Lehrer, der, - L5, 57/3
- Lehrerin, die, -nen L5, 57/3
- leicht L5, 61/7
- leider L1, 15/7
- leiten L6, 75/1
- lernen L1, 10/4
- lesen L1, 8/1
- letzte Woche L6, 73/5b
- letztes Jahr L6, 73/5b

• Leute, die *(nur Pl.)* L4, 46/2
• liebe, lieber *(Briefanrede)* L3, 40/1
• Lied, das, -er L3, 40/1
• liegen L1, 10/1
• links L2, 20/1a
• Löffel, der, - L5, 64/1a
• lustig L6, 70/1a
Luxemburg L1, 10/3a

M

• machen L1, 13/1a
• machen *(kosten)* L4, 51/5b
• Mahlzeit, die, -en L5, 60/1b
• Mai, der *(nur Sing.)* L6, 70/1a
Main, der *(Fluss)* L2, 26/1
• mal L1, 16/1
Mama, die, -s L4, 48/6a
• man L4, 54/1
• manchmal L3, 36/4
• Mann, der, Männer L2, 24/1
• Mann, der, Männer (*hier* = Ehemann) L3, 34/4a
• markieren L1, 8/1
Marktfrau, die, -en L4, 44/1
Marktstand, der, -stände L4, 44/1
• Marmelade, die, -n L4, 52/2a
Marokko L1, 10/3a
• mehr L5, 62/1a
• mein, meine L3, 32
Melodie, die, -n L3, 41/4
• Mensch, der, -en L1, 10/1
Messe, die, -n L6, 75/1
• Messer, das, - L5, 64/1
Messestadt, die, -städte L6, 75/1
Messeturm, der, -türme L2, 29/4
• Meter, der, - L2, 28/2
• Milch, die *(nur Sing.)* L4, 50/1
Milchkaffee, der *(nur Sing.)* L6, 70/1a
• Mineralwasser, das *(nur Sing.)* L4, 50/1
• Minute, die, -n L2, 24/1
• mitbringen L3, 40/1
• mitkommen L3, 40/1
• mitmachen L3, 33/2
Mitschüler, der, - L6, 70/1a
Mitschülerin, die, -nen L6, 70/1a
• mitsingen L3, 42/1
• mitspielen L3, 40/1
• Mittag, der, -e L5, 60/1a
• Mittagessen, das, - L5, 60/1b
• mittags L5, 60/1a
• mitten in L1, 12/1
• Mittwoch, der, -e L3, 42/3
• möcht- L3, 33/2
• Moment, der, -e L4, 51/5b
im Moment L3, 33/2
• Montag, der, -e L3, 36/1
• am Montag L3, 36/1
• morgen L1, 13/1b
• Morgen, der, - L1, 8/2
• morgens L5, 60/1a
• müde L5, 58/1
Münster, das, - L4, 44/1
• Museum, das, Museen L2, 26/1
• Musik, die *(nur Sing.)* L3, 36/1
Musik hören L3, 36/1
Musik machen L3, 40/1
Musikhochschule, die, -n L6, 76/2b
• müssen L4, 52/1
• Mutter, die, Mütter L3, 39/4b

N

Na? L2, 28/1
na gut L2, 27/4
na ja L5, 62/1a
• nach L1, 12/1
nach Hause (fahren) L6, 78/4
• Nachbar, der, -n L5, 60/1a
• Nachbarin, die, -nen L5, 60/1a
• nachmittags L5, 60/1a
• Nachricht, die, -en L3, 32/1
nachsprechen L3, 42/1
• nachts L5, 60/1b
• nah L2, 26/1
• Name, der, -n L1, 9/3b
• natürlich L3, 34/4a
• negativ L2, 26/3
• nehmen *(Platz)* L3, 33/2
• nehmen L4, 50/2
• nein *(Antwort)* L1, 9/3b
• nervös L2, 28/1
• nett L1, 16/1
• neu L5, 61/6
• nicht L1, 13/1a
nicht mehr L5, 57/4
• nichts L5, 60/1a
• nie L3, 36/4
• niemand L6, 76/2b
• noch L1, 15/7

noch einmal L1, 18/4
• Norddeutschland L2, 20/1a
• Norden, der *(nur Sing.)* L1, 12/1
Norwegen L1, 10/3a
• Nummer, die, -n L2, 27/4
nummerieren L1, 9/4
• nur L2, 26/1

O

Objekt, das, -e L4, 46
• Obst, das *(nur Sing.)* L4, 44/1
Obstkuchen, der, - L4, 50/2
• oder L1, 10/1
• oft L3, 36/4
• ohne L5, 60/1a
• Öl, das, -e L5, 64/1
Oman L1, 10/3a
• Onkel, der, - L3, 40/1
Orangensaft, der *(nur Sing.)* L4, 52/2a
• ordnen L1, 17/2b
• organisieren L5, 60/1a
• Ort, der, -e L3, 37/1
Ortstermin, der, -e L6, 68
• Osten, der *(nur Sing.)* L1, 12/1
• Österreich L1, 10/1

P

• (ein) paar L6, 72/2a
Panik, die *(nur Sing.)* L4, 54/3
Papa, der, -s L4, 48/6a
• Papier, das *(hier nur Sing.)* L2, 30/1
• Partner, der, - L3, 37/1
• Partnerin, die, -nen L3, 37/1
• passen L1, 18/1
passend L6, 71/2
• passieren L6, 72/1
Passion, die, -en L6, 75/1
• perfekt L6, 76/2b
• Person, die, -en L3, 40/1
• Pfeffer, der *(nur Sing.)* L5, 64/1
pfeffern L5, 65/3
• planen L5, 60/2
• Platz, der, Plätze *(Stadt)* L2, 21/1a
• Platz nehmen L3, 33/2
Polen L1, 10/3a
Popgruppe, die, -n L6, 75/1
• Portion, die, -en L4, 51/6
• positiv L2, 26/3
• Post, die *(nur Sing.)* L2, 27/4
• Postkarte, die, -n L5, 58/1
• Postleitzahl, die, -en L3, 37/1
• prima L3, 38/3
• Problem, das, -e L2, 28/1
• Produkt, das, -e L1, 11/6
• Produktion, die, -en L3, 37/1
Produzent, der, -en L3, 38/1a
• Programm, das, -e L6, 68
• Prospekt, der, -e L5, 58/1
• Punkt, der, -e L1, 12/3b

R

Radiergummi, der, -s L2, 30/1
• Radio, das, -s L3, 39/4b
Radio hören L3, 39/4b
• Rathaus, das, -häuser L2, 21/1a
• rechts L2, 20/1a
• Region, die, -en L2, 20/1a
• Reise, die, -n L1, 16/1
• reisen L1, 13/1b
Rentner, der, - L5, 56/1
Rentnerin, die, -nen L5, 56/1
Reportage, die, -n L5, 58/1
• Restaurant, das, -s L2, 21/1a
Revolution, die, -en L6, 75/1
Rhein, der *(Fluss)* L2, 29/3a
• richtig L1, 13/1a
Rose, die, -n L6, 69
Ruhrgebiet, das L2, 20/1a
Russland L1, 9/3b

S

• Saft, der, Säfte L4, 50/1
• sagen L2, 25/2
• Salat, der, -e L4, 52/2a
• Salz, das *(nur Sing.)* L5, 64/1
salzen L5, 65/3
• Samstag, der, -e L3, 42/3
• Samstagnachmittag, der, -e L4, 46/1a
Sandwich, das, -es L4, 46/1a
• Sänger, der, - L6, 75/1
• Satz, der, Sätze L1, 15/9
• sauer L6, 69
S-Bahn, die, -en L5, 58/1
schälen L5, 65/2a
Schatz *(Kosewort)* L4, 50/2
• schauen L5, 58/1
• Schiff, das, -e L2, 20/1a
• schlafen L1, 13/1a

• schlecht L2, 25/3
• Schluss, der *(nur Sing.)* L5, 65/2a
zum Schluss L5, 65/2a
• schmecken L5, 58/1
• schneiden L5, 65/2a
• schnell L2, 25/2
Schnellzug, der, -züge L2, 25/5
• Schokolade, die *(nur Sing.)* L1, 11/6
Schokoladeneis, das *(nur Sing.)* L2, 25/5
Schokoladenkuchen, der, - L4, 50/2
Schokoladentorte, die, -n L2, 24/1
• schon L1, 13/1c
schon einmal L5, 62/1a
• schön L3, 33/2
• schreiben L1, 8/1
Schreibwarenladen, der, -läden L4, 52/2b
Schulabschluss, der, -abschlüsse L6, 76/2b
• Schule, die, -n L2, 27/4
• Schüler, der, - L3, 37/1
• Schülerin, die, -nen L3, 37/1
• Schweiz, die L1, 10/1
• Schwester, die, -n L3, 40/1
• schwimmen L5, 62/1a
• sehen L3, 36/1
• sehr L1, 13/1b
• sein L1, 19/3
• sein, seine L3, 39/5a
• seit L6, 69/2
• Seite, die, -n L2, 30/2
• selten L3, 36/4
• Sendung, die, -en L3, 32/1
Show, die, -s L3, 32/1
• sicher L3, 41/4
• Sie L1, 8/1
• sie *(Sing.)* L1, 13/1b
• sie *(Pl.)* L1, 13/1c
• sind → sein L1, 9/3b
• singen L3, 36/2
• Situation, die, -en L1, 13/1
• sitzen L6, 70/1a
• so L2, 28/1
• so weit sein L6, 70/1a
• sofort L4, 50/2
• Sohn, der, Söhne L3, 34/4a
• Sonntag, der, -e L3, 42/3
sortieren L2, 24/1
• Souvenir, das, -s L4, 46/1a
Souvenirladen, der, -läden L4, 46/1a
Spanien L1, 10/3a
• spazieren gehen L5, 60/1a
Spaziergang, der, -gänge L5, 58
Speisekarte, die, -n L4, 51/6
Spezialität, die, -en L5, 58/1
• spielen L1, 13/1a
• Sport, der *(nur Sing.)* L3, 36/1
Sport machen L3, 36/2
• Sprache, die, -n L1, 8/1
• sprechen L1, 8/1
• Stadt, die, Städte L2, 20/1a
• Stadtplan, der, -pläne L4, 46/1a
Stadtrand, der *(nur Sing.)* L2, 26/1
• stattfinden L3, 38/1a
• steigen L5, 58/1
• Straße, die, -n L2, 22/3
• Stück Kuchen, das, - L4, 50/2
• Student, der, -en L3, 37/1
• Studentin, die, -nen L3, 37/1
• studieren L6, 76/2a
Studio, das, -s L3, 38
• Studium, das, Studien L6, 76/2b
• suchen L1, 10/2
• Süddeutschland L1, 13/1c
• Süden, der *(nur Sing.)* L1, 12/1
• Supermarkt, der, -märkte L2, 26/1
• Suppe, die, -n L5, 65/2a
• Symbol, das, -e L6, 75/1

T

• Tag, der, -e L1, 8
• Tageszeit, die, -en L5, 60/1b
• Tante, die, -n L3, 40/1
• Tasse, die, -n L4, 50/1
• Taxi, das, -s L2, 28/1
Taxifahrer, der, - L3, 39/4b
Taxifahrerin, die, -nen L5, 57/3
• Tee, der *(nur Sing.)* L1, 11/6
• Telefon, das, -e L3, 37/1
Telefongespräch, das, -e L6, 69/3
• telefonieren L6, 69/3
Telefonnummer, die, -n L1, 16/1b
• Teller, der, - L5, 64/1
• Tennis, das *(nur Sing.)* L3, 36/1
• Tennis spielen L3, 36/1
• teuer L5, 58/1
• Text, der, -e L1, 10/2
Texter, der, - L6, 76/2b
• Theater, das, - L2, 26/1
• Tipp, der, -s L5, 65/2a

tja L3, 36/1
• Tochter, die, Töchter L3, 34/4a
• toll L3, 40/1
• Tomate, die, -n L1, 11/6
• Topf, der, Töpfe L5, 64/1
Torte, die, -n L2, 25/5
• Tourist, der, -en L2, 29/3b
Touristen-Information, die, -en L2, 28/2
• Traummann, der, -männer L6, 77/3
• treffen L5, 60/1a
Treffpunkt, der, -e L6, 68
• trinken L2, 24/1
Trockenobst, das *(nur Sing.)* L5, 64/1
Tschüs! L1, 8/2
Tunesien L1, 10/3a
Turm, der, Türme L2, 29/4

U
übrig bleiben L6, 69/2
• Uhr, die, -en L3, 36/1
Uhrzeit, die, -en L6, 78/2
• um ... Uhr L3, 36/1
• um wie viel Uhr L3, 42/3
• und L1, 9/4
Ungarn L1, 10/3a
• ungefähr L2, 28/2
• Universität, die, -en L2, 27/4
• unser, unsere L3, 40/1
unsportlich L3, 36/1
• Unterricht, der *(nur Sing.)* L5, 60/1a
• unterrichten L5, 60/1a
• Urlaub, der, -e L1, 13/1a
• Urlaub machen L1, 13/1a

V
• Vater, der, Väter L3, 39/5b
Veränderung, die, -en L6, 70/1a
Verb, das, -en L1, 18/1
• verbinden L4, 45/2a
verbessern L5, 161/5
• Vergangenheit, die *(nur Sing.)* L6, 77/3
• vergessen L5, 65/2a
• verheiratet L3, 34/4a
• verkaufen L4, 45/2a
• Verkäufer, der, - L5, 57/3
• Verkäuferin, die, -nen L5, 56/1
• verstehen L1, 9/4
• Verwandte, der, -n L6, 72/2a
• viel L1, 13/1b
• viele L1, 8/1
• Vielen Dank! L2, 28/1
• vielleicht L1, 12/1
• Viertel vor / nach (drei) L6, 78/1
Vietnam L1, 10/3a
Visitenkarte, die, -n L1, 17/2
Vokal, der, -e L1, 14/6a
• Volkshochschule, die, -n L5, 60/1a
• voll L2, 20/1a
• von L2, 20/1a
• von ... bis L5, 61/6
von ... nach L2, 20/1
• vorbei (sein) L6, 70/1a
• vorbereiten L5, 60/1a
vorlesen L3, 42/1
Vorname, der, -n L3, 33/2
• vorstellen L6, 77/4c

W
Wandel, der *(nur Sing.)* L6, 75/1
• wann L3, 38/1a
• warten L2, 24/1
• warum L2, 24/1
• was L1, 14/5
• waschen L5, 65/2a
• Wasser, das *(nur Sing.)* L5, 65/2a
• wecken L5, 60/1a
• Wein, der, -e L1, 11/6
• weiß → wissen L2, 27/4
• weiterfragen L3, 34/4a
• weitermachen L1, 10/4
• Welt, die, -en L1, 10
aus aller Welt L6, 75/1A
Weltkarte, die, -en L1, 10/1
• wen L4, 46/1a
• wer L1, 14/3
• werden L6, 72/1a
• Westen, der *(nur Sing.)* L1, 12/1
• Wetter, das *(nur Sing.)* L4, 50/2
• wichtig L4, 48/6b
• wie *(Frage)* L1, 9/3
• Wie bitte? L1, 15/7
• Wie geht's? → gehen L2, 28/1
• wie viel L3, 42/3
• wie viele L2, 28/2
• Wie viel Uhr ist es? L6, 78/3
• wie *(Vergleich)* L6, 70/1a
wie früher L6, 70/1a
wie immer L6, 70/1a

- wiederholen L2, 30/3
- Wiedersehen! (*Kurzform von* Auf Wiedersehen!) L3, 36/1
- wir L1, 15/7
- wissen L2, 27/4
- wo L1, 8/1
- Woche, die, -n L6, 73/5b
- Wochenende, das, -n L4, 49/1

wofür L5, 66/1
- woher L1, 9/3b
- wohin L1, 12/1
- wohl L5, 62/1a
- wohnen L1, 9/3b

Wohnhaus, das, -häuser L2, 26/1
- Wohnung, die, -en L4, 49/1
- Wort, das, Wörter L2, 23/7
- Wörterbuch, das, -bücher L4, 49/3

Wörterheft, das, -e L4, 54/3
- Wurst, die, Würste L4, 50/1

Z

- z. B. (= zum Beispiel) L2, 20/1a
- Zahl, die, -en L1, 16/1
- Zeit, die *(hier nur Sing.)* L4, 49/3
- Zeit haben L4, 49/3
- Zeitung, die, -en L4, 46/1a
- Zentrum, das, Zentren L2, 21/1a
- ziemlich L3, 36/1
- Zitrone, die, -n L1, 11/6

Zitroneneis, das *(nur Sing.)* L2, 25/5
- zu Abend essen L5, 60/1a
- zu Fuß gehen L2, 26/1
- zu Hause (sein) L5, 60/1a
- zu Mittag essen L5, 60/1a

zu zweit L5, 62/1a

Zubereitung, die, -en L5, 65/3
- Zucker, der *(nur Sing.)* L1, 11/6
- zuerst L5, 58/1
- zufrieden L4, 46/1a
- Zug, der, Züge L1, 12/1
- zum Beispiel (z. B.) L2, 20/1a

zum Schluss L5, 65/2a

zuordnen L4, 50/1
- zurück L4, 51/5b
- zurückkommen L5, 60/1a
- zurückliegen L6, 68/1
- zusammen L3, 40/1
- zusammenpassen L2, 23/4

Zutat, die, -en L5, 65/3

zweimal L6, 75/1

Zypern L1, 10/3a

Quellennachweis

S. 10: Weltkarte: Klett-Perthes, Gotha • S. 20: Fotos: Nordsee-Tourismus-Service GmbH, Husum; Hansestadt Rostock (Irma Schmidt); Fotoarchiv (Edgar Zippel), Essen; KED • S. 21: Fotos: KED (Foto 1 und 2); Peter Butz, München • S. 22: Fotos: KED • S. 23: Deutschlandkarte (Vignette): Klett-Perthes, Gotha S. 24: Fotos: Helga Lade, Frankfurt; Huber, Garmisch-Partenkirchen; Mauritius (Benelux Press), Stuttgart • S. 26: Fotos: Helga Lade, Frankfurt; Fotoarchiv (Manfred Vollmer), Essen • S. 27: Fotos: KED • S. 28: Foto: KED; Logo: Köln Tourismus Office • S. 45: Foto: Karl-Heinz Raach, Merzhausen • S. 46: Foto: Karl-Heinz Raach, Merzhausen • S. 47: Vignette: Karl-Heinz Raach, Merzhausen • S. 51: Foto: Karl-Heinz Raach, Merzhausen • S. 52: Foto: Karl-Heinz Raach, Merzhausen • S. 56: Foto: Tourismus-Zentrale, Hamburg • S. 58: Fotos: KED; Anna Heyken, Wingst; Tourismus-Zentrale, Hamburg • S. 59: Vignette: Tourismus-Zentrale, Hamburg • S. 68: Fotos: Deutsche Luftbild, Hamburg; Marion Butz, Stuttgart; Logo: Gosenschenke „Ohne Bedenken", Leipzig • S. 69: Fotos: Leipzig Tourist Service e. V. (Schmidt) (Fotos A und D); Kaffeehaus Riquet, Leipzig; Gosenschenke „Ohne Bedenken", Leipzig; Text: Gosenschenke „Ohne Bedenken", Leipzig • S. 71: Vignette: Deutsche Luftbild, Hamburg • S. 72: Foto: Sabine Scharr, Geradstetten • S. 75: Fotos: Leipzig Tourist Service e. V. (Fischer); dpa (Wolfgang Kluge), Stuttgart; Leipzig Tourist Service e. V. (Giese); Leipziger Messe GmbH • S. 76: Foto: Andreas Kunz, Stuttgart • S. 86: Weltkarte: Klett Perthes, Gotha • S. 99: Fotos: Thomas Lennertz, Bad Krozingen; Marion Butz, Stuttgart • S. 102: Fotos: Helga Lade, Frankfurt; Huber, Garmisch-Partenkirchen; Mauritius (Benelux Press), Stuttgart • S. 107: Fotos: Helga Lade, Frankfurt; Fotoarchiv (Manfred Vollmer), Essen • S. 109: Fotos: Helga Lade, Frankfurt; Fotoarchiv (Manfred Vollmer), Essen; KED (Foto 1 und 4) • S. 134: Fotos: Hansestadt Rostock (Irma Schmidt); KED (2 und 3); Peter Butz, München • S. 140: Foto: Karl-Heinz Raach, Merzhausen • S. 143: Foto: KED • S. 149: Foto: KED • S. 154: Foto: KED • S. 162: Foto: Marion Butz, Stuttgart; Logo: Gosenschenke „Ohne Bedenken", Leipzig • S. 164: Text und Zeichnung: Gosenschenke „Ohne Bedenken", Leipzig • S. 169: Foto: Sabine Scharr, Geradstetten • S. 170: Foto: Mauritius (Kugler), Stuttgart • S. 171: Foto: Kaffeehaus Riquet, Leipzig • S. 173: Foto: KED • S. 176: Text: Süddeutsche Zeitung, Wochen-Fernsehprogramm vom 09.11.2000, München • S. 177: Text: Nach Allerleirauh. Viele schöne Kinderreime, versammelt von H. M. Enzensberger. insel taschenbuch 115, 1982, S. 32. © Suhrkamp Verlag Frankfurt am Main 1961 •

Alle übrigen Fotos: Jürgen Leupold, Stuttgart
Alle übrigen Zeichnungen: Dorothee Wolters, Köln

Trotz intensiver Bemühungen konnten nicht alle Rechte-Inhaber ermittelt werden.
Für entsprechende Hinweise ist der Verlag dankbar.

www.passwort-deutsch.de

Im Medienverbund *Print – Audio – Internet* ist das Online-Angebot zu **Passwort Deutsch** komplementär zum Lehrwerk: Parallel dazu entwickelt, bietet es ein innovatives didaktisches Angebot, in dem sich Online-Aktivitäten, Offline-Aufgaben sowie vielfältige Tipps und Hinweise zum Lernen mit dem Internet zu einem zeitgemäßen medienadäquaten Zusatzangebot verbinden. Lerneraktivitäten und Interaktionsformen werden den Chancen des Internet im Hinblick auf interaktives, lernerautonomes und interkulturelles Lernen gerecht. So stellt das Online-Angebot zu **Passwort Deutsch** Lernenden und Lehrenden einen echten, substanziellen Mehrwert zur Verfügung.

Zu jedem Band finden Sie für Ihren Deutschkurs:

- Online-Aktivitäten, Zusatzaufgaben, landeskundliche Informationen
- Ein aktuelles, wechselndes Angebot: Spiele, Neues, Kurioses
- Kommunikation und Interaktion: Vorschläge für Projekte und Lernerkontakte
- Service: Tipps und Ressourcen zum Deutschlernen mit dem Internet
- Modulare Zusatzangebote z. B. zu berufsorientiertem Deutsch

Hinweise zu neuen Angeboten
oder Veränderungen auf
www.passwort-deutsch.de
oder zu Ereignissen,
die für Sie interessant sind.

Sie möchten Rückmeldungen geben zu Ihren Erfahrungen mit dem Lehrwerk? Sie haben eine Frage oder eine Anregung zum Online-Angebot?
Oder möchten Sie einfach nur wissen, wer hinter **Passwort Deutsch** und **www.passwort-deutsch.de** steht?
Die richtige Verbindung bekommen Sie hier.

In einem Forum können Lehrende ihre Erfahrungen mit **Passwort Deutsch** austauschen. Hier können Sie auch signalisieren, wenn Ihre Lerner Kontakt zu anderen Gruppen suchen bzw. an einem Austausch interessiert sind.
Für Ihre Arbeit mit **Passwort Deutsch** finden Sie Hinweise und Tipps, wie Sie das Online-Angebot in Ihren Unterricht integrieren können.

Klett Edition Deutsch

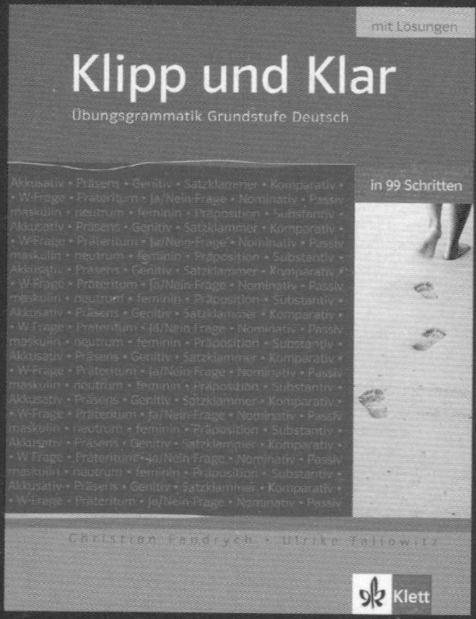

Grammatik in 99 Schritten

In 99 Schritten zum Zertifikat Deutsch – für den Unterricht und zum Alleinlernen

Klipp und Klar

Übungsgrammatik Grundstufe Deutsch

Klar und übersichtlich:
99 Doppelseiten erklären und üben 99 Grammatikkapitel.

Einfache Regeln:
Jeder Lerner kann die Grammatikerklärungen verstehen.

Praxisnah:
Zahlreiche Übungen sind kleine Texte und Dialoge aus dem Alltag. Sie zeigen, wie und wann man die Grammatik benutzt.

Systematisch:
Die Grammatikthemen kommen in der gleichen Reihenfolge wie im Unterricht: Die ersten Kapitel sind leicht – auch der Wortschatz ist einfach – dann kommt Schritt für Schritt ein bisschen mehr dazu. *Klipp und Klar* lässt sich deshalb parallel zu jedem Grundstufen-Lehrwerk benutzen.

Prüfungsrelevant:
Alle wichtigen Grammatikthemen der Prüfung Zertifikat Deutsch werden geübt.

Nützlich:
- mit vielen Bildern, die die Grammatik darstellen
- mit Lerntipps, Grammatiktabellen und Register
- mit Lösungen

Klipp und Klar

mit Lösungen, 256 S. 3-12-675326-4
ohne Lösungen, 232 S. 3-12-675328-0

Bestellung und Beratung bei Klett:
Ernst Klett Sprachen, Postfach 10 26 45, 70022 Stuttgart
Telefon 07 11 · 66 72-10 10, Telefax 07 11 · 66 72-20 80
www.klett-edition-deutsch.de

S675910

Klett